本书为河南省教育科学规划2023年度重点课题
"'双减'政策背景下家校社合作育人体系建构及应用研究"
（2023JKZD29）部分研究成果

为了课堂教学改革的
学校组织变革

贺新向　著

南京大学出版社

图书在版编目(CIP)数据

为了课堂教学改革的学校组织变革 / 贺新向著. —
南京 : 南京大学出版社, 2024.4
ISBN 978 - 7 - 305 - 22762 - 2

Ⅰ. ①为… Ⅱ. ①贺… Ⅲ. ①课堂教学－教学改革－
研究 Ⅳ. ①G424.21

中国国家版本馆 CIP 数据核字(2024)第 066585 号

出版发行　南京大学出版社
社　　址　南京市汉口路 22 号　　　　邮　编　210093
书　　名　**为了课堂教学改革的学校组织变革**
　　　　　　WEILE KETANG JIAOXUE GAIGE DE XUEXIAO ZUZHI BIANGE
著　　者　贺新向
责任编辑　曹　森　　　　　　编辑热线　025 - 83686756
照　　排　南京南琳图文制作有限公司
印　　刷　苏州市古得堡数码印刷有限公司
开　　本　718 mm×1000 mm　1/16　印张 14.25　字数 256 千
版　　次　2024 年 4 月第 1 版　2024 年 4 月第 1 次印刷
ISBN 978 - 7 - 305 - 22762 - 2
定　　价　88.00 元

网址：http://www.njupco.com
官方微博：http://weibo.com/njupco
官方微信号：njupress
销售咨询热线：(025) 83594756

* 版权所有,侵权必究
* 凡购买南大版图书,如有印装质量问题,请与所购
　图书销售部门联系调换

前　言

　　学校组织变革问题，一直以来是基础教育改革的实践难点与研究热点。特别是减负政策以来，如何在"课堂教学、作业设计与延时服务"三方面提质增效已成为学校高质量发展亟待解决的重要问题。无论是学校组织变革，还是基础教育高质量发展，其关键在于深化课程改革。而课程改革的深处是课堂教学改革，教学作为学校的核心技术系统，课堂教学改革是牵一发而动全身的系统工程，没有学校组织层面的变革，课堂教学改革势必会浅尝辄止、举步维艰。因此，基于课堂教学改革的学校组织变革问题研究显然非常迫切。

　　诚然，学校组织变革研究可以有诸多视角，本书之所以将课堂教学改进作为学校组织变革的切入点、着力点和关键点，主要是以下三个方面的原因：第一，学校改革的成果应通过学生学习与发展成效来体现。第二，教学改革的深化同现行学校的组织制度、规则以及行为方式等，正日趋产生诸多的摩擦与冲突，因此，课堂教学改革学校的实践困境也越来越备受关注。第三，课堂教学改革与学校组织变革如何才能相辅相成、相得益彰，课堂教学改革持续推进中的学校变革问题有待进一步深化研究。

　　就学校如何实现从课堂教学改革到学校整体转型发展问题，本研究力图在研究视角、研究内容和研究方法方面有所创新，主要展开以下三个方面问题的探讨：

　　第一，为了课堂教学改革的学校组织变革如何持续推行。综合把握课堂教学改革与学校组织变革的理据和理路，具体分析了从课堂教学改革到学校组织变革的演进过程。

　　第二，不同类型学校成功变革的关键路径与有效策略是什么。深描了学校组织变革的系统策略，具体以课堂教学改革引发的组织变革学校为案例，从变革理论、变革实践与变革策略三个维度，描述三所案例学校从课堂教学到组织整体变革不同层面、不同阶段的问题情境和矛盾,及其真实、跌宕的蜕变历程。

第三,学校组织变革有哪些可以依循的规律。探讨分析学校的个体行为、群体过程与组织变革系统基础上归纳了:教师教学信念及行为方式的发生与转变之要;自主、高效的学校组织结构、流程与制度的形成与持续之方;革新自我、富有影响力的学校领导者的蜕变之路;变革学校与环境之间的良性互动之术;不断形成的能够促进师生更好地学习与发展的学校新样态、新文化之策。在此基础上,建构了课堂教学改革引发学校组织变革的模型。

笔者由衷期待那些正在筹划和即将致力于学校组织变革的同仁能够通过阅读本书收获变革之策的"干货",能够借鉴以上基于课堂教学改革的学校组织变革案例中的经验,理解和把握学校变革自下而上与自上而下有机结合运行机制与策略,领会案例学校变革主体的成人成事之道。我想,如果此愿成真,这将是我们以教育为业者共同之幸事。

最后,由于作者水平和时间有限,书中难免有疏漏和粗浅之处,恳请读者不吝赐教,提出宝贵意见。

贺新向

目 录

导 论

> 变革能挽救一个充满困境的世界,如果没有意义的话,你知道,我们是没有必要努力去寻找的。①
>
> ——富兰

一、学校组织变革的内涵与研究意义

（1）学校组织变革的内涵

学校,是指基础教育学校,属于组织的一种。我们如何定义组织,反映了对组织本质的认识。结合现代组织理论的思想,本研究学校组织的界定为:为实现教育目标,教师运用教育教学专业技术,明确分工,相互合作,形成一致的教学价值观、信念和规范的过程。学校组织过程的实质是一种文化实践活动,学校组织具有独立性、系统性、"文化"特性。学校组织变革是指学校整体转型,是学校为了适应外部环境和组织内部改善,有目的、有计划地改变学校组织的目标与信念、管理、领导与教学等行为方式,以促使师生主动发展与学校效能提升的过程。其特征为:其一,主动性,是有计划的系统变革,是基于使命和目标的自我革新过程;其二,整体性,是整体性变革,是教学行为系统、组织管理系统、学校领导系统、学校环境系统等各个分系统相互关联、互相作用的系统性变革;其三,复杂性,其主要表现为目标多元、策略权变、上下互动、横向沟通与整体协调。

---

① 富兰.教育变革新意义[M].赵中建,陈霞,李敏,译.北京:教育科学出版社,2005:29.

（2）课堂教学改革的内涵

课堂教学改革是指在班级授课制环境中，通过改变教学设计及实施方式，促使学生自主、合作、探究学习的"教与学"行为方式转变。其主要内涵包括：其一，课堂教学改革的本质是教学行为转变；其二，课堂教学改革实施是学校的组织过程；其三，课堂教学改革的最终目的是提升育人价值，进而实现学校育人目标。

（3）研究意义

本研究将为学校整体转型提供理论启示与实践借鉴：一方面，充实学校组织变革理论研究，特别是对基于课堂教学改革的学校组织变革的系统研究，将弥补学校组织变革理论研究的不足；另一方面，有利于教育领导者与管理者提升变革领导力与管理水平，促进其对学校课堂教学改革和组织管理变革的理解、把握和实施。

二、研究的主要内容

本研究通过对基于课堂教学改革的学校组织变革的过程如何、具体策略是什么、变革的要素及其关系是怎样的这三个主要问题的探索，提炼基于课堂教学改革的学校组织变革的一般规律。内容框架包括：第一章，导论，从研究的实践需求与理论定位等层面来阐述学校组织变革的内涵、研究意义、研究内容、研究思路与方法以及研究的梳理与述评。第二章，课堂教学改革启动及学校环境关系改变。探究课堂教学改革为什么启动、是怎样启动的、启动时怎样引起学校环境关系改变，进而把握课堂教学改革启动的过程。第三章，基于课堂教学改革的学校组织行为转变。基于课堂教学改革的组织行为转变意指教师教学行为方式转变。通过课堂教学改革中学校教学系统重建的实践描述，归纳分析教学系统重建是怎样引起教师教学行为方式转变的。第四章，基于课堂教学改革的学校管理系统改进。探讨学校管理系统怎样改进以促进教学系统重建及教师教学行为转变的问题。第五章，基于课堂教学改革的学校领导变革。探讨学校领导在课堂教学改革中是怎样转变的问题。第六章，课堂教学变革引发学校组织变革系统分析。梳理课堂教学改革引发学校组织变革的过程、分析其演进逻辑，在关键因素相关性分析基础上把握组织变革的实施原则、学校组织变革的模型及动力机制。

三、研究思路与方法

（1）分析思路与方法

具体步骤包括：第一步，理清研究的问题。主要采用文献分析法。第二步，初步考察与思考。主要采用文献资料分析法、访谈法、实地观察法。第三步，研究设计与理论假设建构。主要采用文献分析法、访谈法、观察法与归纳分析法。第四步，案例分析展开。主要采用演绎分析法、访谈法、观察法、文献资料分析法、归纳分析。第五步，系统分析学校组织系统变革的过程、概括演进逻辑与组织变革模型，得出研究结论。主要运用系统思维与归纳分析和概括分析方法。

（2）案例研究方法

结合本书要探讨的问题选择了质的研究之案例研究法作为主要研究方法。具体的步骤和方法包括：案例研究方法的依据与选取，多案例选择与设计，案例数据收集与分析，研究者角色与伦理问题理清，研究效度保障与理论归纳。其中案例数据收集过程中主要运用了文献法、访谈法、观察法。

（3）多案例选择与设计

案例学校选择中兼顾了基础教育各学段学校（包括小学、初中、高中）、民办与公办不同的办学体制、学校地域分布、校龄等，在保证案例学校典型性的同时争取类型多样化。被选择的案例学校至少有 5 年变革实践，且始终是同一个校长主持的，并有明显的组织系统变革特征与显著成效，而不只是某一方面的局部变化。依据文献梳理与收集的案例数据情况，本研究使用以下几个标准来定义学校组织变革的成效。其一，教学行为方式发生变化；其二，学校组织结构与管理方式变化；其三，学校领导转变；其四，学校文化特色彰显，办学成效（学校规模与质量、教师发展、学业成绩与学校美誉度）提升。然后，经过有目的的测试对比案例学校产生可被"直接复现"①［直接复现即多案例研究中，与多实验研究的实验一样，多次实验（案例）都产生了预测的类似的结果］的数据，按照复制逻辑从多所学校中选定三所学校作为学校组织变革的典型个案，一所民办小学、一所民办初中和一所公办高中。由于这三所学校分布于不同的区域环境、不同学段、不同办学体制，它们基于课堂教学改革的组织变革的具体措施和办法各具特色，致使案例数据收集达到了"理论饱和"。理

---

① 殷. 案例研究方法的应用[M]. 周海涛, 夏欢欢, 译. 重庆：重庆大学出版社, 2014: 9.

论饱和就是在每个时点上,新获得的知识增量变得极小,因为研究者看到的现象都是以前已经看到过的。① 案例具体情况见表1-1。

表1-1　案例基本情况

学校	学段	体制	建校时间	地 域	学校定位
X学校	小学	民办	2002年	上海边缘	打工子弟学校
C学校	初中	民办	2012年	濒临北京	高收费寄宿制初中
G学校	高中	公办	1949年	中部省会城市	首批省级示范高中

（1）数据收集与分析

本研究中的数据收集主要是与学校组织变革相关的数据资料,包括与学校组织变革内容相关的文件、档案记录、采访、直接观察与参与性观察、实物证据等。数据收集的主要方法有观察法、访谈法、文献分析法。

观察法运用中,研究者以四种不同角色进入现场:第一,作为完全的参与者,即隐蔽的研究者角色。如,第一次田野调查中,研究者以同行学习者的身份与众多到访者一起参加案例学校的观课、座谈、报告。第二,作为参与者的观察者,已知的研究者角色。例如,研究者将研究要收集数据的提纲预先告知校长,校长告知笔者要观察的对象,并安排笔者参加他们的会议或教研活动,进行实地观察。第三,作为观察者的参与者,观察角色次于参与角色。笔者观摩课堂教学活动之后,和学校活动组织者一起参与评课并交流意见。第四,完全的观察者,研究者只观察不参与。例如,研究者在事先未告知的情况下参加了G学校教学质量分析会议。

访谈方法主要采取三种方式。面对面、电话访谈与组群访谈。面对面多是一对一访谈。例如,与校长和相关负责人访谈。电话访谈,用于了解相关历史事件或者笔者不便到场的关键事件的细节。组群访谈,研究者对参与者进行一对多或者组群访谈。例如,同一个备课组教师座谈。

文献分析法主要包括对各种文献资料进行收集与分析。包括学校的正式文字材料,如文件、会议记录,发表于报纸、杂志、电视媒体的相关报道与信息等;私人文献,如日记、日志与电子邮件或者个人材料、讲稿等。

---

① 李平,曹仰峰.案例研究方法:理论与范例——凯瑟琳·艾森哈特论文集[C].北京:北京大学出版社,2012:16.

数据收集中采用"证据三角形"策略。[①] 主要包括:资料三角形(不同证据来源);研究者三角形(不同的评估来源);理论三角形(同一资料集合的不同维度);方法论三角形(各种不同方法)。例如,考察同一事件或者数据的不同出处,进行真伪验证。研究中笔者多次与还没有进行或者正在起步阶段的教学改革学校的校长与管理者、教师一起进行案例学校实地观察,听取他们对某一事件的观点与意见,并展开讨论。访谈的对象位于三个层级,对教学管理数据收集中的访谈,先从 1 个年级负责人、参与的一般教师成员、校级领导开始,然后用"滚雪球"的方式去选择其他的利益相关的被访者。最终在每个学校确定了大约 10 个较为固定的被访者(包括校长 1 人与相关的校级领导 1—2 人、中层领导 3—4 人、班主任 1—2 人、教师 3—4 人),以保障同一事件的不同证据来源。对同一组事件数据来源至少从三个独立方法(包括文献、访谈与观察)进行证实与记录。

(2)研究者角色及伦理问题

质的研究之案例研究实质上是一种解释性研究。这通常要求研究者潜心于参与者持续的真实的经验之中,这就给研究过程划定了一个策略性的、伦理的和个人观念的范围。[②] 研究者时刻保持对这些问题的敏感和认识,才能够清楚地识别其研究的主题与过程中的偏见、价值观与利害关系。因此,笔者时刻保持对自身克服研究者的偏见、研究者是以多重身份进入学校及研究伦理问题[③]的觉察。

(3)研究效度

质的研究中的"效度"这一概念是衡量研究结果与实际研究的相符程度的。笔者尽量避免本研究"效度"失真的文化前设不一致和偏见问题。笔者时刻反省与参与者的文化假设是否不一致,根据参与者的假设概念来理解数据,同时,研究坚持站在参与者的角度,通过他们所做的事情、说的话来推演其看待世界和建构意义的方法,从而在研究中真实地报告他们的意义。对于研究者所研究问题所持的"前见"或者是"成见"问题,一方面,笔者对通过自己的实践经验或者文献查阅所得出的预设,诸如组织变革的模式、运行机制等知识保

① 殷. 案例研究:设计与方法(第 4 版)[M]. 周海涛、李永贤、李虔,译. 重庆:重庆大学出版社,2004:124 - 125.

② 克雷斯威尔. 研究设计与写作指导:定性、定量与混合研究的路径[M]. 崔延强,主译. 重庆:重庆大学出版社,2007:146 - 147.

③ 同②,51 - 54.

持觉知。另一方面,对自己的前见随时觉察,警惕这种成见对资料的采集和分析,将这种偏见"搁置",努力消除偏见的影响,避免其以不同的形式影响研究的进程和观点。鉴于以上效度失真的原因,笔者在数据收集中除了采用"证据三角形"策略,还运用证伪法,多角度对结论进行验证。即在建立了一个"假设"之后,想尽办法证明假设的不真实和不完全真实,从而使自己的研究趋于严谨。

（4）理论归纳

案例研究中的理论归纳"是一个从数据到普遍的主题再到概括模式或理论的归纳过程,研究者首先从参与者那里收集详尽的信息,根据这些信息归纳出范畴或主题,再根据这些主题或范畴得出一般范式、理论或原理,然后再把它们与该课题的个人经验或者现存文献进行比较"。[①] 本研究关于课堂教学改革引发学校组织变革的理论归纳,先通过个别访谈法与观察法收集案例学校组织变革的信息,然后通过开放式访谈和实地观察收集学校组织变革有哪些举措,变革前后主要的变化是什么等。分析这些数据进行"基于课堂教学改革的学校组织变革"的主题确立,从一般的学校组织变革理论中假定基于课堂教学改革的学校组织变革的理论框架,对案例学校变革过程进行描述,归纳分析学校系统变革的策略、原理与模型,然后把它们与已有的经验与文献进行比较。对基于课堂教学改革的学校组织变革的四个分系统的研究也同样采用这样的归纳逻辑。

四、研究述评

（1）国外研究述评

国外的研究主要集中在以下几个方面:第一,归纳了学校组织变革启动的一般规律。已有的研究关于学校组织变革启动即是什么因素引发了组织变革,学者的观点大致可分为两种:一种是着眼变革的动机,即为什么要变革;另一种关注变革的指向,即应当变成什么。学者们分析了西方国家走过的过度依靠政府、依赖自由市场引发的学校变革路径,更新社会民主多元办学主体诸如特许学校等的学校变革之道,提出了学校变革的第四条道路将是受一个国家教育图景、网络带来的力量、社区的系统化变革影响下的变革路径,主要包

---

① 克雷斯威尔.研究设计与写作指导:定性、定量与混合研究的路径[M].崔延强,主译.重庆:重庆大学出版社,2007:105.

括目标和伙伴关系支柱、专业精神原则、一致性的催化作用等三个方面。① 认为学校组织变革的动因,是知识社会和学习革命到来将使学校面临新的挑战,应当"以连贯一致且含深层意义的改革计划来代替那些表面化且相互脱节的变革循环"。② "大多数组织发展项目的提出的动因是负责人或校长认为他们代表着一种有成果希望的方法。"从根本上讲,启动组织发展项目完全是"因为一个价值观问题,而且,组织发展所要求的思维方式不像那些总是落后于发展工作的传统哲学"。③(Weisbord,1978)提出了一种学校发展转变的模式,学校逐渐从混乱结构走向权威结构,到韦伯结构,再转变为专业结构。④ 瑞典霍克舒尔·圣加伦和彼得·戈麦兹(Peter Gomez)提出了一种整合理论观点,指出学校应从稳定型向发展型演变,这种转型主要体现在四个方面的转变,即从技术结构转向社会结构、从宫殿型组织转向帐篷型组织、从科层制转向网络组织、从外部组织转向自组织。⑤ 对于学校变革的道德目的,古德莱德提出了四项:促进批判性的文化适应、提供学习知识的机会、建立有效的师生关系、训练良好的乘务员关系(服务员关系),⑥提出了"道德目标旨在对学生的生活产生积极的影响……必须超越个体,必须在本质上更为宏大,更具有群体性。其最终的衡量目标只能是成绩优异者和成绩较差的学生之间的差距明显缩小"。⑦

第二,提炼了学校组织变革的系统策略。其一,多视角的开放系统策略。20 世纪 80 年代以来,旨在提高学校效能、增进学校适应等教育变革研究在世界各国纷纷掀起。对学校变革的研究由外部启动学校变革的市场化机制和标准化控制,逐步转向关注学校内部的学校组织效能与改进研究。研究关注焦点转向如何有效改进学校,认为改进的关键在管理,"人们开始相信,如果想要提高教育的质量,就必须将着眼点由课堂层面转向组织层面,并着力改善学校

---

① 富兰.变革的挑战:学校改进的路径与策略[M].叶颖,高耀明,周小晓,译.北京:北京大学出版社,2013:30-31.

② 富兰.教育变革新意义[M].赵中建,陈霞,李敏,译.北京:教育科学出版社,2005:28.

③ 林达.理论与战略:国际视野中的学校发展[M].范国睿,主译.北京:教育科学出版社,2002:207-208.

④ 霍伊,米斯克尔.教育管理学:理论·研究·实践[M].范国睿,译.北京:教育科学出版社,2007:96-99.

⑤ 林达.理论与战略:国际视野中的学校发展[M].范国睿,主译.北京:教育科学出版社,2002:58.

⑥ 富兰.变革的力量:深度变革[M].中央教育科学研究所,加拿大多伦多国际学院,组织翻译.北京:教育科学出版社,2004:14-15.

⑦ 同⑥,18.

系统和学校管理"。① 学校改进策略的焦点主要是战略规划的制订,全面质量管理,改进学生成就的管理对策等。② 例如,罗伯特·钦的验证——理性的变革策略、权力——强制策略和规范——再教育或组织自我更新策略:验证——理性的变革策略旨在普及新思想和新做法而采用的有计划、有管理的普及策略,代替了传统上那种无计划地向学校传播新思想的过程。主要战术有研究、开发和普及;农业模式;知识、生产、利用的 KPU 模式、人事选择和更替等;权力——强制的变革策略倾向于使用制裁手段迫使采用者屈服于这些制裁手段,可以是政治的、经济和道德上的手段。还可以是调整掌权者的人员结构;规范——再教育或组织自我更新策略与前两者强调外部力量的重要不同,欧文斯整合了几个重要的理论和概念来支持这一策略,旨在说明规范——再教育策略主张,包括健康组织(标准)、组织自我更新、学习型组织(或组织发展OD)、社会技术观点、力场分析等。③ 他进一步强调组织发展要建立"一种发展的或促进成长的组织文化。这种文化的特点是全面激励、强调个体和团体成就、人格尊严、兼容感情、基于问题解决而不是争论的胜负"。④ 波·林达提出学校变革不仅是技术的变革、态度和行为的变革,不仅仅是结构性变革,也不仅是规范与价值观的变革,而是整个学校系统在整个社会中的角色的变革,包括它的可行性、适应性、它与服务对象和社会的关系,以及角色、内容和方法的变革,核心是构建一个全新的教育传输系统。是"一个相互适应与发展的过程"在这个过程中,最重要的是熟悉学校的创新性与适应性在组织轮廓矩阵中位置的基础上进行不同的变革战略,主要从六个方面展开,包括核心与价值观、价值观、伦理观、总体印象、基本原则与假设、成员的作用。关于成员的作用,他强调在教师主宰学生伦理观的学校,学生观很重要,特别是作为主体本身的学生处于积极的变革关系之中学会应对未知世界,学会开放式地解决问题,学会在团队中学习、创造是十分重要的。⑤ 美国社会学家欧内斯特·R. 豪斯(Ernest R. House)关于学校组织变革的技术观点、政治观点、文化观点。罗兰德·G. 保尔斯顿(Rolland G. Paulston)提出了学校变革的两种主要类

① 冯大鸣. 美、英、澳教育管理前沿图景[M]. 北京:教育科学出版社,2004:98-99.
② 同①,224.
③ 欧文斯. 教育组织行为学:适应型领导与学校改革(第八版)[M]. 窦卫霖,等译. 北京:中国人民大学出版社,2007:189-197.
④ 同③,206.
⑤ 同③,134-140.

型,平衡范式和冲突范式。其二,学习型组织策略。彼得·圣吉认为组织发生根本性变化或转型在于建构学习型组织,把学习作为重塑自我和改变组织运行的根本方法。其三,关键问题策略。迈克尔·富兰列出了学校变革的五个关键问题:愿景的形成;渐进的规划;采取主动和责任分担;职员发展与援助、追踪与问题解决。[①] 他强调实施任何一项变革要把握的三个因素:使用新的课程材料的可能性、使用新的教学方法的可能性、改变信念的可能性。学校组织层面的变革最终要达到共享意义与计划的一致性。[②] 对于学校变革过程特别是从教师、学生、学校等层面研究提出了"重塑教学专业文化——建立并培养有目的的学习共同体"。[③]

第三,强调变革领导的特质及关键作用。萨乔万尼提出抵及学校改善的核心应是道德领导,提出了校长领导权威应当来自共同体规范和专业理想即共同理念,指出了校长应致力于先奉献、后领导以及发扬专业美德的团队精神。迈克尔·富兰对教育变革中的校长角色、标准、领导特征研究表明,成功校长以"关系为中心"(合作型工作关系),注重"专业标准""从外向内看(在全国寻找思想和联系)"并"监控学校"。[④] 对于变革中校长角色的重要特征他这样解释:对于学校能力的界定包括教师专业知识、专业共同体、计划的一致性、技术资源、校长领导力。校长的领导力使前四项越来越好。[⑤] 指出了校长在学校变革中最为重要的是重塑学校文化,培养学习共同体并随情境不同而转变领导风格。[⑥] 罗伯特·G.欧文斯提出了在当代科学领导范例强调团队的合作方式——适应性领导,其目的是改变领导与下属的关系,通过一致的目标和双方共同的价值观激励和激发下属,是一个建造组织人力资源的过程。[⑦] 鲍曼(L. G. Bolman)和迪尔(T. Deal)对影响教育变革而采用的教育策略总结了四种流行的模式:结构领导者、人力资源领导者、政治领导者和象征派领导

---

① 林达.理论与战略:国际视野中的学校发展[M].范国睿,主译.北京:教育科学出版社,2002:129.
② 富兰.教育变革新意义[M].赵中建,陈霞,李敏,译.北京:教育科学出版社,2005:40.
③ 同②,144.
④ 同②,153.
⑤ 同②,154-155.
⑥ 同②,155-159.
⑦ 欧文斯.教育组织行为学:适应型领导与学校改革(第八版)[M].窦卫霖,温建平,译.北京:中国人民大学出版社,2007:235-236.

者。① 郑燕祥教授从国际教育变革与领导发展视野对学校领导的情境的改变趋势与范式转变进行总结：从短期成效转为策略和未来去向；从简单技术转为科技和文化的转变；从维持学校运作到追求学校效能和绩效责任；从公营化转为民营化和市场化；从外在结构控制到校本管理和人的积极性；从孤立的学校管理到家长和社区的参与；从量的管理到追求品质，从学校改进到学校发展。

通过梳理国外学校组织变革理论发现，主要形成了以下三方面启示：第一，重视营造自主、开放的学校组织生态与环境。在组织变革过程中，理论研究形成了学校组织转向的共识——学校逐渐成为决策的基本单位，具有选择变革的机会和条件的自主权，自主、共同决策、参与式管理成为成功组织变革的基本特点和集中体现。第二，指向有效学习的系统策略。学校组织变革理论注重于政府、区、学校、教师、学生整体教育系统变革，宏观理论与策略研究。这些策略都强调了学校是"一个相互适应与发展的过程"，重塑教学专业文化——建立并培养有目的的学习共同体。第三，学校变革中的道德领导、学习领导与文化领导取向。学习领导是对教学领导的一种超越，学习领导的重点不在于领导者行使了什么权力、怎么行使权力，而在于领导者影响的受体——教师和学生（尤其是学生）改变了什么。② 学习领导要求校长始终将"学习"作为学校活动的本质和目的，营造有利于学习的条件和安全的心理环境，创设领导活动与学习活动的沟通机制，让每位教师体验领导责任的分享与分担、共享绩效与责任。与此同时进行有意识的文化领导，不断植入新的信念与价值观。文化领导需要校长对学校文化现状的"基质甄别"、新文化"意涵的揭示"、体验式活动中教师"情感的融入"等三个中介条件③进行分析，形成相对清晰的逻辑思路，进行学校组织文化重塑。

（2）我国学校组织变革研究的现状与反思

我国将教育管理理论体系作为社会科学的研究起步较晚，从 20 世纪 70 年代我国才陆续有关于学校变革的文章散见于教育管理的文献之中，独立的研究论著和愈益丰富多样的研究成果则出现在 20 世纪 80 年代。20 多年来，随着我国课程改革的全面深入推进，学校组织变革理论研究呈现了蓬勃发展的新态势，主要体现在对学校组织变革意义与价值的认同，学校组织变革多维

footnote① 冯大鸣. 沟通与分享：中西教育管理领衔学者世纪会谈[M]. 上海：上海教育出版社，2002：142.

② 哈里斯. 分布式领导：不同的视角[M]. 冯大鸣，译. 上海：上海教育出版社，2012.

③ 冯大鸣. 西方教育管理 21 世纪进展研究[M]. 北京：高等教育出版社，2014：257.

为了课堂教学改革的学校组织变革

010

度研究热点的形成以及相关领域学者共同参与的多学科研究视角等。第一，对学校组织变革研究的意义与价值认同度普遍较高。学者普遍重视学校组织变革研究的价值和意义。学校组织变革的重大意义和作用体现在理论与实践两个层面。从理论层面看，学校组织变革研究能够丰富现代教育治理体系和现代学校制度学科发展。从实践层面看，课程改革背景下学校转型发展，一方面需要政策主导和行政推动，另一方面需要智力支持和专业引领。学校组织变革一般规律与系统策略将为学校深化教学改革、促进师生发展和管理方式转变等方面提供科学的理念、行动的知识、组织化的策略与制度化的方法。

第二，对学校组织变革的主要素研究较为深入。已有的学校组织变革的研究呈现出一个比较突出的特点，那就是学校组织变革的几个关键的要素引发了多位学者的深入与持续关注。研究者不仅对某一要素改革提出了具有深度的认识和结论，甚至可以说形成了研究的热点和亮点。目前，学校组织变革的研究至少已经出现了几个比较集中的热点话题。

一个热点话题就是对于课程教学改革与学校组织变革关系的研究。关于课程教学改革与学校组织变革关系问题，学者们的观点相对集中体现为课程教学对学校组织变革的有力促进与传统学校组织的制约。龚厚忠将学校组织的特性及变革的低效性归因为教育制度和学校组织自身的结构性缺陷，学校应顺应新课程改革的要求构建学习型组织。[1] 钟晨音等认为学校组织所具有的科层体制、松散结构、双重系统等特性，是课程改革实施的阻力与障碍，学校组织变革应面向课程改革，促使组织结构扁平化与团队化，管理方式人本化、管理职能柔性化与创新化。[2] 龙君伟认为新课程是学校组织变革的主要驱动力。学校应建立扁平化的组织结构，成为学习型组织，建立新型的合作教学文化，倡导行动研究等组织变革策略。[3] 蔡红英等阐述了新课程改革对学校组织的工作任务、教师、组织结构、教育技术四个方面提出的变革要求，提出了建立扁平化组织结构、使学校成为学习型组织、建立新型合作的领导方式、变革学校文化、倡导行动研究等建议。[4] 还有学者提出了应以教学方式变革为导

① 龚厚忠.试论新课程推行中的学校组织变革[D].武汉:华中师范大学,2006.
② 钟晨音,刘迎春.基础教育课程改革与学校组织变革[J].浙江师范大学学报(社会科学版),2007,32(6):96-100.
③ 龙君伟.新课程与学校组织变革[J].教育理论与实践,2003(19):17-19.
④ 蔡红英,李有军.论新课程改革与学校组织变革[J].科协论坛,2007(3):180-182.

向展开学校组织变革,提出了渐进式系统改进、全面与重点结合、整体结构优化与关键职能完善相结合、动力激发与机制保障相结合、研究带动与行政推进结合等学校组织变革策略。① 王红岩认为课程改革是学校组织变革的直接动力,学校必须进行组织变革才能适应课程改革的需要。学校应在新的课程理念指引下根据自身生存和发展需要,进行组织目标、结构、文化等方面自上而下的变革。② 陆云泉认为学校应聚焦"教与学"技术核心,以教学方式变革为核心与导向,应采取小步子推进、研究带动与行政推进有机结合、全面推进与重点先行结合、整体结构优化与"关键部位"职能相结合、"软"动力与"硬"机制相结合等五项有效的学校组织变革策略。③

　　另一个热点话题是关于学校变革的机制与制度策略的研究。学者们对学校变革的机制与制度研究,主要集中在学校整体转型发展的主题,以"新基础教育"团队及其研究成果为典型代表。叶澜认为新世纪中国学校的整体性转型主要"转"在:价值提升、重心下移、结构开放、过程互动、动力内化等五个方面,并具体阐述了五个方面的理论与策略。④ 杨小微主张学校转型应从学校组织系统的转变和学校制度与机制创新两个方面展开,组织系统包括学校管理思路和范式变化、领导角色转变、激发教师团队活力、机构重组与职能转变;制度和机制方面,主要是成人成事的制度导向、动态生成的方式、制度内容变化、制度创新与文化生成的相互作用。⑤ 他从学校与社会不同关系模式的视角总结了学校变革的理论范型及其实践策略:适应与促进理论范式对应的是以"主动作业为核心"的"做中学"与"教学做合一"实践策略;冲突与批判理论范式对应的是学生自治,思想型的变革理论家,无实践策略等;互动与共长理论范式对应检修(学校系统)与创建(校外教育机构)并举的策略。⑥ 他也提出了学校组织变革的任务导向、系统开发和生态优化三种策略。任务导向策略强调变革任务的意义和价值、力图使其成为全校员工的目标和价值观;系统开

　　① 陆云泉.以教学方式变革为导向的学校组织变革的策略选择[J].中小学管理,2013(9):14-16.
　　② 王红岩.课程改革推进中的学校组织变革研究——以一所小学为个案[D].长春:东北师范大学,2012.
　　③ 同①.
　　④ 叶澜.实现转型:新世纪初中国学校变革的走向[J].探索与争鸣,2002(7):10-14.
　　⑤ 杨小微.转型中的学校组织变革与制度[J].基础教育,2006(3):23-25.
　　⑥ 杨小微.全球化进程中的学校变革:一种方法论的视角[M].上海:华东师范大学出版社,2004:184.

发策略包括了探索性实验、验证性实验、推广性和发展性实验,它主要强调技术理性;生态优化策略主要是指学校内部及其外部环境的优化。① 有学者对历史变迁中的学校变革进行梳理,总结了具有代表性的作为科层组织学校的变革、作为开放系统的学校变革、作为学习型组织学校变革等不同的变革模式和策略,同时明确了衡量变革的标准是学生的全面、个性、健康和可持续发展。② 有学者分析了学校变革的两种机制即选择机制和适应机制,变革要素的内容和多元性,提出了学校变革的内部解决式、追求卓越式、事先预测式、刺激反应式四种模式。③ 有学者强调学校组织变革应突出"以人为本",关键在于领导者角色定位、学校相关人员之间的参与关系、学校人事发展新规划、建立非直线型课程体系以及组合学校各子系统等五个方面的策略。④ 有学者分析了教师专业发展的组织困境,提出了确立发展三维目标(学校学生教师)、双重取向(专业、科层)的管理模式、合作的组织文化、学习型组织等学校组织变革的四个指向。⑤ 李继秀认为关于学校组织层面保障机制,应当实现从价值标准到组织形式、运行机制的变革。⑥ 操太圣等认为学校组织变革的最终目标在于学校组织文化的重建,但教师由于对自身价值观念的维护可能会怀疑、否定,甚至抵制变革,所以激发教师对学校发展愿景和变革目标的认同是学校组织变革顺利实施的关键。⑦

还有一个热点话题就是关于学校变革领导的研究。随着人们对学校变革研究的深入,变革领导及其关键作用越来越受到关注。冯大鸣教授在比较中外校长负责制发展的基础上提出,校长负责制应聚焦四个方面的转变:由外控管理学校走向自主管理学校;校长角色定位由"英雄"转变为"领导者的领导";学校民主管理机制依法健全;学校——家长——社区伙伴关系的完整建构。⑧ 有学者对学校转型中校长的理想角色包括角色再定位、角色新内涵进行了阐

---

① 杨小微. 社会转型时期学校变革的方法论初探[D]. 上海:华东师范大学,2002:139-140.

② 范国睿. 多维视野中的学校及其变革[J]. 教育发展研究,2004,24(10):37-42.

③ 任琳琳. 学校变革发生机制研究[D]. 长春:东北师范大学,2011.

④ 刘朋,宁彦锋. 走向以人为本的学校:美国学校组织变革模型及其启示[J]. 比较教育研究,2002(8):49-51.

⑤ 崔波. 以教师专业发展为导向的学校组织变革研究[J]. 教学与管理,2010(24):6-8.

⑥ 李继秀. 教师发展与学校组织变革创新[J]. 教育研究,2008(3):79-83.

⑦ 操太圣,卢乃桂. 论学校组织变革中的教师认同[J]. 华东师范大学学报,2005,23(3):43-48.

⑧ 冯大鸣. 美英澳教育管理前沿图景[M]. 北京:教育科学出版社,2004:187-191.

述,提出了校长思维方式转型和行为方式更新等主张。① 认为素质教育改革背景下,变革型领导理论的核心是:在建立领导者和追随者共享愿景、共同期待和价值追求基础上,通过唤起组织成员内在信仰、激发潜在动机和能力,进而促使组织文化彻底改变。变革领导的主要维度是确定方向、人员发展、组织重新设计。与传统学校领导相比,变革型领导的特征是:强调组织成员独特的价值观;是关系领导,一种以共同愿景为基础的和谐关系;具有发展取向、以促进组织转变为根本。强调应由交易型发展为转变型,关注学校“生活世界”的建构,鼓励参与激发内在工作动力和能量。② 有学者在归纳了变革型领导理论要点基础上指出,校长角色转型可施以平衡领导、通过高层次需求开展领导、推行分布式领导及践行道德领导。③ 孙友林、廖辉等学者研究了变革领导的角色行为与策略,提出领导策略的选择要把握扬长避短、灵活、信息的有效流通为标尺几个原则。④ 费蕾英归纳了个案学校校长的变革干预行为,指出变革前阶段、激励变革阶段与保持动力阶段的校长干预行为的方式。⑤ 朱炜认为学校组织变革的成功之道就是强化学校文化领导力,重塑校长“唤醒者”“播种者”和“激励者”的文化领导角色。诊断文化、共享领导、沟通意义、建设专业共同体、培育信任是强化文化领导力的关键。⑥ 戴洪晨、张军风等认为,校长在学校变革中的关键作用是文化缔造者,校长课程领导是学校变革和学校文化生成的“引爆点”。

第三,学者开展的多视角研究。主要包括王有升从社会学视角探讨了学校教育的现实存在与发展变革的内在机制。⑦ 楚旋提出了学校改进的哲学层面(回归生活世界)、社会学层面(改进范式因素及其改进)、建构层面(改进的策略及建议)三个层面。⑧ 徐书业从文化学、生态学角度提出了转型学校变革

① 吴遵民,李家成.学校转型中的管理变革——21世纪中国新型学校管理理论的构建[M].北京:教育科学出版社,2007:107-142.

② 卢乃桂,李晓雷,黎万红.西方变革领导理论对中国教育改革的启示[J].复旦教育论坛,2010(5):25-30.

③ 张新平.校长角色转型研究——基于伯恩斯变革型领导理论的思考[J].教育发展研究,2008(5-6):44-50.

④ 孙友林,廖辉.学校变革中的校长领导策略[J].乐山师范学院学报,2009(11):16-19.

⑤ 费蕾英.学校组织变革进程中校长干预行为的研究——以上海市一所小学为个案[D].上海:华东师范大学,2006.

⑥ 朱炜.强化校长的文化领导力:学校组织变革的成功之道[J].教育发展研究,2013(24):32-35.

⑦ 王有升.理念的力量——基础教育学校改革的社会学研究[D].上海:华东师范大学,2004.

⑧ 楚旋.基础教育改革背景下的学校改进范式研究[D].北京:北京师范大学,2011.

需要凝聚"生命—创造—审美"的学校文化和精神。① 张立新从教育学的立场探讨了学校组织变革过程中学校教育价值引领下的内部组织结构变革和权责下移、变革的过程与机制分析、活动形态与推进策略。② 李春玲从政府公共管理学的视角对政府主导型学校变革研究后发现,政府主导型学校变革的困境主要有变革目标模糊、变革方案的有限理性、变革主体的缺位、变革过程的冲突和博弈等,提出了建立共识、变革内在制度与外在制度配套、健全制度体系、打造一支精干的变革代理人队伍等对策。③ 张水玲从社会生态学的视角认为社会转型期我国公立中小学校的组织变革与联动办学。④ 还有学者从方法论的视角指出了学校变革方法论的三个演变,即变革焦点及分析单位的变化、变革理论与变革策略的互动、变革过程思维方式提升。应当以连续性思维超越二元对立思维,从实体要素思维转向关系思维、以系统思维超越线性思维、从系统思维走向复杂思维。⑤ 杨小微总结了学校变革的方法论取向:实证的取向,强调"假设—验证"程序;解释学的倾向,强调"共同体验、相互理解";行动反思倾向,强调行动者成为反思的实践者。并在此基础上指出了学校变革方法论的一种新取向,即构思—实践—反思—重建。⑥

目前,我国的学校组织变革研究还存在一定的局限,现阶段最为突出的局限体现在两个方面:第一,是组织变革系统研究难以适切学校变革实践,理论研究与实践明显脱节。组织变革系统研究难以适切学校变革实践主要表现为理论成果与学校变革实践之间的脱节。其一,表现在研究目标方面的理论偏好,具体表现为:研究多立足学校组织变革理论的归纳与逻辑自洽;方法论视角的研究多是从方法本身的优越与价值展开的理论建构;即便是学校变革策略的研究,也多注重自上而下的、应然性的理论阐述,而基于学校实践的核心问题解决的扎根式理论建构研究较少,能够针对学校变革实践的问题与困境展开的可行性和操作性的应用型研究更少。例如,对于学校组织变革的动因、过程和策略研究,理论架构的多,规范性理论与一般性策略研究的多,基于问题解决的务实性策略研究比较少。致力于建构能够指导学校变革"实践的理

---

① 徐书业. 变革的趋向:转型期的学校文化生态研究[D]. 重庆:西南师范大学,2003.
② 张立新. 当代我国学校内部组织变革研究[D]. 上海:华东师范大学,2007.
③ 李春玲. 理想的现实建构:政府主导型学校变革研究[D]. 上海:华东师范大学,2007.
④ 张水玲. 社会转型期我国公立中小学组织变革研究[D]. 杭州:浙江师范大学,2002.
⑤ 杨小微. 全球化进程中的学校变革:一种方法论的视角[M]. 上海:华东师范大学,2004:177 - 204.
⑥ 杨小微,刘良华. 学校转型性变革的方法论[M]. 北京:教育科学出版社,2011:22.

论"的研究更是稀缺。其二,体现在理论热点及其研究对象方面的局限,例如,研究多聚焦学校变革的某一要素或领域,能够将学校作为开放—复杂系统,就学校整体转型的困境与策略展开的系统性研究较少。即便是学校组织变革系统研究,多是借助学校变革数据的理论的逻辑创建,而在理论与实践交互作用下将学校变革的历程作为研究对象进行田野式观察与案例研究的比较少。缺乏将如何实现动态过程变革情境作为对象的研究。第二,研究方法与手段不够丰富,实证研究较为薄弱。就学校组织变革研究方法而言,理想层面的定性研究多,实践层面的定量研究少,以应用为目的的应激性策略研究多,理论分析、实践反思和基层视角相结合的研究尚缺。笔者认为解决以上问题应在以上研究对象、视角、目标和内容方面的改进基础上,改进研究方法,强化质性研究,注重实证研究之案例研究。

综上所述,学校组织变革的研究要真正能够成为学校转型发展的理论指导与课程改革实践的重要支持和驱动系统,我们需要从以下几个方面进一步拓展和充实。第一,确定并完善学校组织变革的研究框架。研究学校变革时应首先从考察学校系统和社会关系的新视角把握学校组织的特征。学校组织变革研究对象的把握即便是学校变革系统某一领域的探究,也应当置于学校整体的变革系统中去考察,务必重视学校变革要素与分系统之间的相互作用与关系,并将之作为重要的研究对象,进行综合分析。第二,探索和丰富学校组织变革的方法论体系与有效的研究途径应借鉴学校变革研究的方法新取向以及全球视野的方法论演变,将组织变革研究重点置于引起有效学习的背景下,以系统权变理论为研究的理论起点,从学校变革历史和文化视角来理解组织现象与组织行为。因此,实证研究、质性研究的方法和多元视角应是目前学校组织变革研究的重要途径。第三,重视课程改革的现实矛盾与实践难题的学校系统层面的反思。应凸显学校组织变革较强社会实践性、应用研究的特性,致力于怎样将组织变革理论运用到学校组织变革的现场与问题情境,进而产出关于学校组织变革"实践的理论"。不仅需从改革实践问题解决的组织系统变革视角,对其过程进行分系统描述,探讨策略与机制、变革模型建构,而且应重视变革要素关系及其相互作用的综合分析与系统把握,采取深入学校实地参与观察、互动理解与共同建构的方法。

第二章
课堂教学改革启动及学校环境关系改变

> "创造一种愿景可以促使我们赞成理想的未来"。它表明我们对现实的失望,把我们同未来的愿景联系起来,"是带着我们对机构及其工作方式的怀疑从暗室里走了出来"。确实,它促使我们离开暗室,带着对我们自己和我们正在做的事情的怀疑走了出来。①
>
> ——富兰

本章从学校环境关系的视角,立足于学校组织系统的整体观,聚焦课堂教学改革启动及学校环境关系变化,在组织环境理论框架下展开学校课堂教学改革启动分析,探究课堂教学变革启动与学校环境理论,描述课堂教学变革启动及其学校环境要素影响,归纳课堂教学改革启动的策略与基于课堂教学改革的学校环境管理策略,分析课堂教学改革启动引起的学校组织与环境关系的变化,揭示课堂教学改革启动中学校、校长、环境主要素之间的作用。

---

① 富兰. 变革的力量:透视教育改革[M]. 中央教育科学研究所,加拿大多伦多国际学院,组织翻译. 北京:教育科学出版社,2004:20.

第一节　课堂教学改革启动及学校环境要素探究

一、变革决策理论探讨

(一) 决策过程理论:一种满意的策略

赫伯特·西蒙关于"有限理性"理论的发现为我们建构了一种决策的管理模式,在对管理者实际的与应然的决策方式比较基础上提出了一种满意的策略。这一策略建立在以下理论假设[①]:决策是一个解决组织问题的动态过程,在此过程中会有新的问题产生;不可能存在完全理性化的决策管理者要寻求令人满意的决策;决策是对所有重要的组织任务与功能进行管理的一般的行动模式;价值观是决策的有机组成部分。在此基础上概括出了一个具体的决策行为圈,包括五个环节:第一,确认问题,界定即时问题与长远问题,这是决策的关键。第二,分析困难,对当前情境中的问题进行分类。第三,确立令人满意的对策标准,即明确可接受方案的要素有哪些,实现的最低标准是什么,以使决策者明确所做的决策是可接受的,也是"正确"的。第四,制定一个行动方案,行动方案具体化,预测方案的结果,选择行动路线这是决策过程的中心环节。第五,启动行动方案,主要包括计划、沟通、监控、评估四个环节,这是决策的最后一个步骤。

(二) 课堂教学改革启动的决策过程理论框架

与一般意义上的决策不同的是,课堂教学变革启动的特殊性表现在变革目标与价值的确立势必会受到组织困境的压力,变革和困境总是相伴的,困境是变革的源泉和永恒动力。然而困境与问题不同,问题是可以通过参照以往的经验或现有的政策来解决的困难,困境则是当决策者为了任何一种目标和利益而做出的选择时都会牺牲其他有价值的目标。换言之,是当前组织框架内无法解决的问题,可能会触及组织目标与价值的选择与改变。课堂教学改革的实质是基于新的教学目标与价值的教学行为方式及其组织过程的转变,新的教学目标、教学行为方式和组织过程势必引起教学价值观乃至教学文化的转变,这就意味着首先存在这样一个事实与价值的前

① 霍伊,米斯克尔.教育管理学:理论·研究·实践[M].范国睿,译.北京:教育科学出版社,2007:291-302.

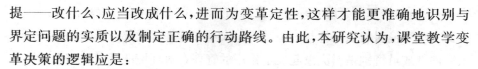

提——改什么、应当改成什么,进而为变革定性,这样才能更准确地识别与界定问题的实质以及制定正确的行动路线。由此,本研究认为,课堂教学变革决策的逻辑应是:

第一步,针对当前情境,质疑与批判,分析困境是什么,明确课堂教学改革的背景与意义、目标与价值;第二步,分析确认变革的问题,促使目标达成需要厘清的当前问题与长远问题;第三步,在前两步的基础上明晰问题解决的标准,对学校条件与环境进行分析,拟定解决问题的策略,制定一个变革行动计划;第四步,采取一系列的行动,保障启动计划有序、稳妥与有效实施。

鉴于此,本研究认为课堂变革启动的决策过程包括四个步骤,明确变革目标与价值——确认问题——制定变革启动方案——启动变革,并以此作为改革启动过程及其问题分析的逻辑,展开实践描述。

课堂教学改革启动预示着学校的旧有秩序与学校环境关系失衡,这就需要进一步探究学校与环境相互作用的关系及特征,进而理清课堂教学改革启动的学校环境影响要素,把握课堂教学改革启动中学校与环境之间的互动关系。

二、学校与环境关系认识

(一) 学校与环境相互渗透的客观性

学校与环境之间存在着相互渗透的客观实在性。学校组织是开放的,环境与学校组织内部各系统均有一些可渗透的界线。一方面,学校组织理论与实践都受到社会价值系统的影响,而价值系统不仅是组织内部决定的,而且是受社会文化与规范影响的,环境无不对组织的价值、目标与人等资源的输入和输出产生直接影响。这种环境对组织中个体、组织运行与组织目标等不同方面的渗透无不影响着学校组织的管理观念与组织文化。另一方面,组织的目标与价值创造也影响和改造着环境,自然承担着组织系统生存与发展、社会担当、社会改进不同层次的组织目标。现实生活中学校在促进社会文明、社区发展与引领家庭教育等方面发挥着重要影响。学校组织与环境之间所表现出来的相互渗透性使得学校组织的功能随着经济社会发展与文化变迁具有不同的价值观与目标。

(二) 学校与环境相互作用的主观能动性

学校与环境关系还表现为一种双向互动过程。在这种相互作用的过程中,学校组织内部各系统对环境的资源与信息均起着过滤和解释的作用。一方面客观环境对组织目标与价值、结构、人员和管理过程都有影响;另一方面,组织内部成员特别是对决策起决定作用的管理者对环境的感觉和信念同样重要。外界信息通过决策者的直觉和认识过程,产生影响组织内部特征的决策。管理者在预测和形成环境过程中的积极功能表现为保证组织与其环境的匹配:使组织的能力与环境要求匹配;安排组织结构和程序以使其他人可随着组织的战略方案成长;并使组织有新的发展以适应未来的挑战。[①] 管理者通过扫描环境或收集环境相关方面的信息以便及时调整组织,对组织命运起着决定性的作用。这种学校与环境之间互动过程中的可选择性表明,学校在与环境的相互作用过程中具有自主性与主观能动性。例如,近年来,在国家教育综合改革"为人的终身学习发展奠基"价值主导、大力推进素质教育的决定与基础教育课程改革实施的创新举措影响下,涌现了一批真正实施了课程教学变革并取得了明显成效的先进学校。

三、影响课堂教学改革启动的学校环境要素

(一) 学校环境理论观:任务环境与制度环境

关于学校组织与外部环境的作用关系,任务环境论与制度环境论的观点指出,[②]任务环境是指与学校目标设置、效能和生存等有着潜在关联的外部环境的诸多方面,主要包括信息论和资源-依赖论。信息论认为外部环境是决策者的信息源。资源-依赖论将环境作为获取财政、人力、信息和知识、产品与服务等稀有资源以支持学校技术过程的来源。制度环境论则假设环境迫使学校遵循来自法律、社会、职业传统与政治环境强加的具有强大约束力的规则和要求。换言之,学校的结构与运作都是社会中已经制度化了的规范、价值观念与思想意识的反映。鉴于此,对于变革中的学校环境的探究,不仅需着眼学校决策者所理解的源自环境信息的认知,以及为支持学校变革的技术过程所依赖的环境资源,也应从制度理论的视角关注学校现存的和遵循的规则与价值观,以便澄清变革启动的背景与困境,最终理清影响学校课堂教学改革启动的环

① 卡斯特,罗森茨韦克.组织与管理:系统方法与权变方法[M].傅严,等译.北京:中国社会科学出版社,2000:175.
② 霍伊,米斯克尔.教育管理学:理论·研究·实践[M].范国睿,译.北京:教育科学出版社,2007:232-234.

境要素。

（二）任务环境理论视角下的学校环境影响要素

信息论认为外部环境是决策者用来维持或改变组织内部结构与运作的信息来源，也就是说学校之所以变革起源于外部环境信息变化。然而组织与环境之间的关系表现为一种双向互动的过程。一方面"客观"环境对组织过程有影响，另一方面，组织内部成员特别是决策者对环境的感知同样重要，外界信息通过决策者的直觉和认识过程，产生影响组织内部特征的决策。决策者通过扫描环境或收集环境相关方面的信息以便及时调整组织，进而影响组织决策。由此，尽管信息论的观点强调学校目标应适应环境变化，然而事实上处在同样环境信息变化情境的学校与教师，认知却各不相同，校长对变革意义的认识也未能如转型社会对学校所期待的那样。鉴于此，环境信息论视角下，学校与环境关系中决策者对学校外部信息的主观能动性起着主要作用，需从主观性维度考究学校教师特别是决策者对环境信息的认识，即校长的环境认知这一要素。

资源-依赖论将环境看成组织任务与运行的稀缺资源获得，参照其划分的四种典型的环境资源：财政、人力、信息和知识、产品或服务。[①] 依此，学校组织主要资源依赖关乎财力投入、教师与学生来源状况、教师课程教学知识、学生学业绩效等要素。这意味着这些资源将成为改革的关键性要素支撑，资源获取直接影响学校变革启动。由于基础教育学校的资源依赖受制于区域环境与条件，呈现出相对封闭的特征，学校将更加努力地使其外部策略与内部策略都试图摆脱对这些资源的不确定性影响与依赖性，试图充分获取资源支撑教学（技术）改革启动。显而易见，除了考察学校要素资源的获得是欠缺还是充裕，还需对区域内同类学校相关方面的状况给予关注。由此，学校的区域教育资源供给及其同类学校状况需重点关注。任务环境理论视域中课堂教学变革启动的学校组织环境影响因素应把握校长的环境认知与区域教育资源供给及其同类学校状况几方面。

（三）制度环境理论视角的学校环境影响要素

制度环境理论强调精心制定的规章和要求。认为任何团体获得合法性地位和支持都须以遵守规章为前提，从而取得形式上的合理性，这种合理性主要

---

① 霍伊，米斯克尔. 教育管理学：理论・研究・实践［M］. 范国睿，译. 北京：教育科学出版社，2007：237.

源于政府机构和专业人员。受国家课程计划统一、中招和高招考试评价统一等一系列政府管制策略的影响,学校在制度理性强大、技术相对薄弱的环境下生存表现出了"强制的一致性"、"模仿的一致性"与"规范的一致性"。^① 换言之,组织与环境保持制度的一致性使其获得支持和认同,这些一致性表现为区域教育制度环境对学校的影响是作为一种文化与符号植入学校组织结构与管理等日常运行之中的。主要包括区域经济社会发展与教育水平、政府与学校关系、学校办学自主权、家校关系、区域教育教学文化与传统等。因此,区域教育制度环境将成为区域学校变革的基础性影响要素。

综上,影响课堂教学改革的学校环境因素应从客观与主观两个维度和三个方面来把握。客观维度主要包括区域教育制度环境、学校的区域教育资源供给及其同类学校状况两个方面。主观维度主要指学校决策者的环境认知。第一,区域教育制度环境因素方面,主要指区域经济社会发展与教育水平、政校关系与学校办学自主权、学校教育教学观念及其对课堂教学改革的包容度等;第二,区域教育资源供给与区域内同类学校的状况。区域教育资源供给主要指学校财力投入、人力来源(教师、学生及家庭)、课程教学文化、办学水平;区域内同类学校的状况主要关注该校与区域同类学校在教育资源供给等方面的比较。第三,校长环境认知方面,主要包括校长对以上两个方面环境要素的认知与态度,特别是校长的教育观念及其对课堂教学改革信息的感知。

第二节　课堂教学改革启动及其学校环境要素影响

一、X 学校课堂教学改革启动及其学校环境要素影响

(一) 学校改革基本情况

X 学校地处上海边缘一个县级市,是一所民办的打工子弟学校,创办于2002 年 9 月,现任专职教师 98 人,其中大专以上学历占 88%,本科学历占35%,学生 1 200 人,24 个教学班。该校属于 X 教育集团(现已发展为三个校区,在校生 6 500 余人,教职工 269 人)的第一所学校,是本地规模较大的民办学校集团之一,主要接收小学和幼儿园阶段的外来务工子弟就读。

① 霍伊,米斯克尔. 教育管理学:理论·研究·实践[M]. 范国睿,译. 北京:教育科学出版社,2007:248-249.

X学校2009年3月开始启动课堂教学改革,2012年12月笔者学习观摩过其课堂教学改革实施情况,校长"办一所属于儿童的学校"的主张及其校园文化引起了到访者的普遍关注。启动课堂教学改革至今,为使"每个生命都不同,每个生命都尊贵,每个生命都会绽放,每个生命都互相成就"的生命教育思想逐步内化为教师的教学信念,使"学生中心,人性至上,顺势而为,自然生长"的办学理念逐步落实在学校日常的教育管理行为,学校致力于营造"人人成为自我管理者"的组织氛围,"生命自觉"的学校文化日益彰显。学校从模仿先进改革学校"五步三查"教学模式中探索完善了"成长"课堂教学模式。"成长"课堂教学模式促使推行学校管理系统发生了变革,2012—2013年学校取消了中层,实行了高(5—6年级)、中(3—4年级)、低(1—2年级)三个学部双人负责制,后改为年级组负责制。2014年学校实行年级组长轮流当值体验式管理,形成了"五环节"管理模式,学校称其为5F(feedback的首字母)管理,是指问题反馈、目标反馈、过程反馈、结果反馈、反思反馈的五环节反馈管理模式。2015—2016年学校实施了教师工作项目包自选、薪酬自认的薪酬制度改革。同时,学校逐步扩大开放,构建了家校交流互动平台和组织,各年级与家长联合开发数十门校本活动课程,不断加强家长委员会的职能。由于学校改革成效与文化特色深受家长社会与教育同仁的认同,办学规模与质量提升,学校改革事迹与经验先后被省内外媒体报道,与数十所学校进行改革经验的交流合作,其间学校先后被评为常规管理示范校、合格民办学校。

(二)课堂教学改革启动:在行动中认知

X学校课堂教学改革在校长的坚定立场与积极引领下得以启动,启动初期学校坚持每周组织教师学习教学改革理论,多次外出观摩先进学校的课堂教学改革现场,确定了在行动中认知,在改革中培养改革者的启动方式,经过大约一年的启动期,课堂教学改革的目标与理念逐步理清,行动中不断发现并确认存在的问题,制定并完善改革方案,致使课堂教学改革有序启动。

1. 明确"建设理想学校就要进行课堂教学改革"的信念

为促使教师树立"建设理想学校就要进行课堂教学改革"的信念,改革启动之际分批组织教师到先行学校观摩课堂教学改革,开展新课堂与传统课堂大讨论,聘请教育研究机构的专家和先行改革学校的骨干教师讲授课堂改革理念,每周召开教学改革专题会,剖析传统课堂教学存在的弊端。无论行政会还是教学改革专题会,校长都会重点阐述课堂教学改革的意义与目标。

课堂教学改革指引了理想学校的方向

（时间：2014 年 12 月 23 日。地点：X 学校。对象：X 学校所在的集团总校长，以下简称校长）

笔者：学校为什么要启动课堂教学改革？

校长：新课堂教学模式让我看到了教育理想，感觉学校教育应该朝那个方向走，好像看到了教育的光明。改革以来的实践让我越来越明白，就是我们这一群教育人到底要啥，靠啥，那就是——发现儿童、发展每一个生命，那就得搞课堂教学改革。

笔者通过查看资料发现：校长认为，不改革就是贻误子弟[①]。他说，学校课堂教学改革势在必行，学校不改革就是走向死胡同！就是失责和渎职，就是贻误子弟！就是坐以待毙。改革就是要换思想，不换思想就换人，学校有这个决心！校长和管理者首先当好"排雷兵"，带头做"下水课"，率先行动，行动示范，先干再说，边干边说，不仅要会行动，还要会引领，成为课堂教学改革理论与实践的先知先行者。学校要让勇于改革者、改革先行者先发展起来！

为形成课堂教学改革的共识——课堂教学改革是学校发展的必然选择，是通向理想教育的必由之路，校长在全体教师会议上表明课堂教学改革决心、强调改革的意义，并指出学校依靠课堂教学改革求生存、谋发展的信念，要求教师和管理者都要成为课堂教学变革的行动者和引领者。

2. 确认存在的问题

随着学校新教学模式的试行，传统教学行为方式和观念被打破，教师要完成课堂教学行为方式转变面临着诸多困惑与问题。除此之外，课堂教学改革启动还有来自学校环境的压力与困扰，校长认为主要来自家长与教育主管部门的疑虑。

---

① 依据 2009 年 9 月 6 日 X 学校学校行政会会议纪要中的校长讲话整理。

 访谈2-2

课堂教学改革启动期面临的主要问题是什么?

（时间:2014年12月24日。地点:X学校。对象:X学校校长）

笔者:课堂教学改革启动期面临的主要问题有哪些?

校长:学校里的问题是我们意料之中的,一是原先我们习惯控制课堂,学生习惯被控制,不会自主学习。现在放手了,学生有自由发挥和自主的时间了,怎样才能够放而不乱,高效有序,总是处理不好。二是教师的害怕、抵触、为难的情绪。三是当时来自学校外部的影响与反应,学校在教育行政部门召开的两次民办教育年度审核会议上被主管领导警告,当时我是有情绪的,后来也没把它当回事,反而更加坚定了学校改革的决心。当然也有来自家长的疑虑,我们及时采取了措施,第二学期学校就邀请家长进课堂。不过,多数家长还是支持我们的,毕竟家长大多是刚刚大学毕业的年轻人。

与校长访谈后的第二天,笔者在学校其他教师的帮助下,联系当地教育局民办教育管理科的H科长并做了电话访谈,科长说:"刚开始我们是有疑虑和担心的,因为是新生事物,怕家长不接受,影响正常的教学秩序。再说毕竟这所学校的师资水平、办学条件和我们区域内的那些国际背景的学校还有些差距。现在看来学校很受家长和社会认可。我们也是大力支持的。"可见,课堂教学改革启动中学校教师面临的主要问题是难以掌握课堂教学技术,对教学改革的理念一时还难以理解。由于新课堂与传统的课堂教学模式差异比较大,改革启动有来自家长的担忧与教育行政部门疑虑与"干扰"。

3. 制定改革的具体行动计划

为应对教师课堂教学中的困难与问题,学校将教师教学过程中发现的问题进行归类,分为若干个专题,针对每个专题下的若干个细节问题各个击破,进而帮助教师解决困惑,促进教师行为转变。学校课堂教学改革启动方案是按照月计划、周活动安排推进的。改革启动初学校制定的学期主要目标是,学校15%的教师要基本熟悉课堂流程,会编制导学案。具体有四个方面措施:制定每月计划,包括责任领导、具体目标、活动安排与实施,活动评价,月工作评估;活动中营造人人反思的宽松氛围、鼓励大家真诚地提问题、提有价值的问题；开放课堂与教研，安排推门听课活动，加强激励与促进交流；按照教师人人课后反思、周反思的课改要求，领导先示范。学校课堂教学改革工作每月都有一个主题，例如，2009年5月计划是导学案编制专题，具体包括导学案的学习目标设计、学习过程设计、教材设计与学法指导、教学反馈与达标设计等；6月计划是课堂教学小组中的分工、合作与展示专题等。

4. 全面启动课堂教学改革

经过一个学期先行教师的摸爬滚打和暑假全体教师的集中培训，新课堂教学基本"有形了"（X学校教师所言，即形似）。学校契机召开了全体教师会议，进行课堂教学改革全面启动再动员。校长在全面启动课堂教学改革再动员会议上说①："第一，我们要在行动中计划。教学副校长、教务主任、政教主任、教研组长各相关负责人要深入课堂，根据推进中发现的问题制定下一阶段的目标和具体的行动计划，定期安排课堂教学专题研究与细化的活动，同时设计实施方案的机制和制度，保障计划实施的可行性与有效性。第二，在行动中反思。每次教研活动之前要征求他人意见，过程中要相互观摩、指出优缺点，活动采用人人反思的方式，以相互学习，促进合作，强化沟通。第三，在行动中反馈。各相关负责人要坚持每天不间断的督导与反馈，要发现、表扬与激励教师教学改革中的好做法。第四，在行动中成长。学校每两周一次展示，每月进行反思研讨，学期末进行课堂教学改革行动效果整体性评估，主要衡量目标的达成度、确定亟须解决的新问题……"

以上校长的讲话明确了课堂教学改革由原来的以骨干教师为主、鼓励其他教师参与转变为教师要人人达标的要求。提出了"在行动中计划、在行动中反思、在行动中反馈、在行动中成长"的课堂教学改革思路，促使教师全面开放课堂、提倡人人反思、一课一反思。校长勇担课堂教学改革的第一责任人，校区负责校长和班子成员是学校改革的具体负责人。学校每个班子成员除了和教师一起成为课堂教学改革行动的研究者，还要各自负责工作领域的改革任务。

综上可见X学校改革启动的程序：首先，校长深刻领会与理解课堂教学变革的目标价值和意义，充分认识到民办学校生存和发展的危机与紧迫感，坚定课堂教学变革是学校发展的必然选择；其次，运用行政权威和规范教育等措施，让15%的骨干教师在改革中成为改革领导者，形成了在行动中认知，先干再说、边干边说的变革思路；再次，及时跟踪和把握改革行动中的问题，形成了

---

① 依据2009年8月21日集团学校课堂教学改革动员会上校长的讲话稿整理。

在实践中反思、聚焦问题解决、制定下一阶段的目标与步步深入推进的改革运行方式;最后,实行领导者行动计划,与教师一起全员参与行动研究,基于行动中的问题、在行动中解决问题、发现新的问题的课堂教学改革启动的方式,有效地解决了教师改革中的困惑。

(三) 学校环境要素影响

1. X 学校客观环境

X 学校客观环境主要包括区域教育制度环境与学校资源依赖及其同类学校情况两个方面。

(1) 区域教育制度环境

区域公共教育服务水平不高。学校所在城市是经济实力名列前茅的县级市,辖 3 个开发区 8 个镇。以 2014 年末数据,全市总人口 254.8 万人,其中户籍人口 77 万,流动人口 175.3 万,境外人员 2.5 万人。全市幼儿园、中小学在校学生 17.2 万人,外来务工人员随迁子女达到 11.7 万人,占 68%。义务教育阶段 2014 年外来务工子女 84 254 人,只有 60 931 人就读公办中小学,约占 72.3%,其余 27.7% 就读于民办学校。2010—2014 年间虽已累计新建、改扩建幼儿园、中小学 91 所,招聘入编教师 3590 名,但义务教育学校整体办学水平还不能满足该市"爆发式"增长的入学需求。2015 年,该市未能通过和往年一样的教师增编计划(约 1 000 人)被削减至 300 人。源于此,政府提出了加大民办学校扶持力度,设立该市外来工子弟学校教育发展专项资金,实现区域教育均衡发展的工作思路。[①]

(2) 市教育局对民办学校监管严格

教育局引入第三方评价机构,按照《K 市民办中小学校财务管理办法(试行)》进行学校财务管理,学校资产分类登记建账,资金纳入专款账户管理。收费标准由学校提出书面申请,经所属教育和物价部门按照成本核算批准审核。并对承担义务教育任务的非营利性民办学校,按上年度同类公办学校生均公用经费给予一定比例的补助。民办学校管理机制健全,实行民办学校督导制度,参照公办学校办学质量标准定期对民办学校的办学目标、学校管理、教师队伍、课堂教学、学生素质等进行质量监测和督导评估,监测和评估结果向社会公布,并作为政府资助等扶持政策实施的重要依据。2015 年以来,政府加

---

① 数据参考 K 市人民政府教育督导室《关于 2014 学年度义务教育均衡发展状况督导监测报告》整理。

大了民办学校师资扶持力度,学校外聘优秀教育人才或校外专家,享受当地人才管理办法所规定的同等优惠政策。

(3)学校资源依赖与同类学校情况

当地人称 X 学校为外来务工子女学校。学校自筹办学资金,教师由学校自主招聘,学校教师工资水平由办学初 2002 年的人均年薪 3 万元涨至 2015年的人均 5.5 万元(全额工资,含五险一金),和同期公办学校教师工资相比,分别是 50％与 55％。学生 95％来自外来务工家庭,家长中大部分是大学毕业后来该市应聘的新人,还有一些是打临时工或者做小生意的。由于家长忙碌,每天下午都有 100 多个学生需要留在学校写作业。该市打工子弟学校主要存在办学条件简陋、基本设施不达标,收费标准偏低,小学每生每年收费高的 1 800 元,低的只有 1 400 元,平均为 1 600 元(2010 年该市物价局核定的标准),教师配备不足,课程设置不到位,管理不规范,教师待遇低、流动性大等问题。2015 年学校收费标准中,民办小学共有 12 所,除了 3 所国际类民办学校年收费在万元以上,其他 9 所学校年收费 2 000—3 000 元①。2015 年 X 学校收费标准已经由 2010 年的中下等攀升至前列。

2. 课堂教学改革启动中决策者环境认知

X 学校校长是董事长兼任的,老师们一般称其为总校长或张董(本研究称其为校长,称主持学校日常工作的为校区负责校长)。校长曾在公办中学任政治学科教师三年,后经商办电脑公司数年,于 2003 年投资办 X 学校,现已成为该教育集团(三所学校)董事长。与他面对面,让人联想到孙悟空,他不仅有一双像孙大圣那样明亮又灵动的眼睛,还颇有孙大圣百折不挠气质,据说当时为了 X 学校的办学许可证,他数十天如一日到相关单位盯岗,最终打动办事人,不仅事情办成,还与办事人成为好朋友。这成了领导班子餐桌上的"谈资",校长自嘲说这也算是痛说"革命家史"。

X 学校作为一所并不起眼的外来务工子弟学校,市场竞争压力不大,生源也不缺,学校发展处于稳定有序的态势,当地教育局也没有明确要求,是哪些环境因素影响和促进了校长启动课堂教学改革的呢?

---

① 资料源于 K 市中小学、幼儿园 2015 年秋季收费标准的通告。

 访谈2-3

自己要做才是关键

（时间：2014年12月24日。地点：X学校。对象：X学校校长）

笔者：学校课堂教学改革启动受到了哪些外部环境条件的促进和影响，您怎么看改革启动中的学校环境？

校长：缘于我们参加了课改共同体学校的一次课堂教学改革观摩会议，是他们"把课堂还给孩子"的教学理念把我唤醒的，我好像一下子看见了学校改革发展的抓手。要说是什么影响了我们，应该是改革先进学校孩子们自信表达的课堂状态打动我的。改革启动初期课堂教学改革联盟与课改名校共同体的课改专家和优秀教师来学校讲学、上公开课，我相信这样的课堂家长是欢迎的，我们的家长群体是新时代的大学生务工群体，他们和孩子应该都渴望得到尊重！至于学校环境关系，我始终认为环境是外因，自己想做好才是关键。有怀疑、质疑和担心都是正常的，关键是做好自己，让他们（教育局和同行学校）看看！家长认可，孩子们喜欢、学校与教师都发展了，才是硬道理。

X学校外部环境资源依赖中，校长将家长与学生的认可放在首要地位，学校与环境之间互动的关系中表现出了极强的主观能动性，尽管有来自教育管理部门的批评与教师传统观念等制度环境的不利影响，校长的自信与坚持，改革成功学校与课改联盟专业研究机构为教师提供了专业支持与理念引领，营造了有利于改革启动的环境与积极氛围。

二、C学校课堂教学改革启动及其学校环境要素影响

（一）学校改革基本情况

C学校（创办于2012年）是一所创立于2003年的集团下的后建学校，办学定位是创新教育理念与教学模式，打造全省一流、全国知名的优质学校。与C学校结缘是因其董事长（以下称校长）2010年教学改革研讨会上的一场报告——课堂教学改革的学校管理策略。报告主要介绍了集团学校课堂教学改革中"三横六纵一个圆"学校组织结构与管理方式转变。

学校2012年创办时没有达到320人的预期招生计划，只招收了158名学

生,其中 80 名学生入学成绩不及格。2014 年规模达到 24 个教学班,1 100 名学生,教师近 100 人。2015 年这届(2012 招的学生)毕业生的中招成绩在全区综合排名第三,取得了低进高出、全线(优秀率、平均分、良好线)飘红的好成绩。2016 年学校办学质量持续攀升,中招考试取得了单项排名一项第一、两项第二的骄人成绩。学校收费标准与办学规模实现双增长。2016 年初学校新组建了课程教学研究会、班级管理研究会两个专业研究机构,组织结构进一步改善。

学校借鉴了教育集团另一中学的"3D(即大单元、大展示、大阅读)"教学模式及"三横六纵一个圆"(三横是指七、八、九三个年级组,六纵指语、数、外、政史地、理化生、体音美六个学科组)扁平化组织管理结构,形成了以年级组与学科组为中心、分层定级、全员参与的学校管理体制与机制。学校常规工作以一个大周(两个星期)为单元,以月为单位对"三横、六纵"各个部门的工作绩效与教学行为规范进行等级考核。班级管理实行正副班主任双人协作责任制,班级分工及其班级奖金分配由班主任自主协商解决。

学校综合大楼(教学与办公合署)的过厅,是教师日常工作情况的集中暴露区,大厅就地靠墙摆放着六面黑板,大厅墙壁上设置有不同形式大小黑板、卡纸表格和记事本,这些宣传栏主要用来公示每天的督查结果,主要展示学校"三展、六评"的内容,"三展"就是学校督察组、年级主任、学科主任三个层面要展示每天检查结果和评价。"六评"是每天有六个层面的课堂检查,指校领导、督察组、年级主任、学科主任、教学组长、班主任和各检查人员要根据检查情况,做出各自的评判。具体内容涵盖班级各项工作日评价和班级量化考评等级汇总,包括课间操、就餐、卫生、寝室、静楼(是指学生进入教学区要保持安静)。各学科课堂教学督查包括语文、数学、英语、政史地、理化生、体音美六个学科组即时课堂检查情况反馈。

(二)课堂教学改革启动:研训学用一体

1. 经验复制与迁移

由于 C 学校是本集团 10 年办学经验基础上后建的,学校在创办之初就全面启动了课堂教学改革,复制迁移了集团校成型的教学模式。

访谈 2-4

学校依靠课堂教学改革才能创新发展

（时间：2014 年 9 月 16 日。地点：C 学校。对象：C 学校校长）

笔者：您在创办这所学校之初就全面启动了课堂教学改革，您的想法是什么？

校长：从农村到城市是集团学校的新跨越，一开始就启动课堂教学改革就是寻找新的突破口，而不是与这里的老牌名校进行同质竞争，就是要坚定不移地在课堂教学改革方面主动挑战、更多付出。我们要依靠我们已有的课改经验与学科骨干团队，力争 2—3 年内实现学校改革大迁移、全方位升级与改造，提升学校管理品质，逐步成为华北地区乃至全国的窗口学校。

校长坚信，学校要在更大空间、更加激烈的竞争中立足于不败之地，必须借助已有的办学经验，坚定不移地走课堂教学改革之路，坚持不懈地有所创新。学校只有依靠课堂教学改革、提升教学理念、创新育人模式，才能避免同质竞争加速发展，这已经成为学校变革的信念。

2. 聚焦主要问题

C 学校课堂改革启动和学校筹建是同步的，除了存在学校招生、招聘教师、家长的理解等方面的问题，还有新教师的教学经验不足与对新教学模式还未能理解和把握的困难。对此，校长说："因为是新创办的学校，新教师对新教学理念的认同是主要问题。理念认同方面，我们除了考核教师对理论的理解，更重要的是看他们能够做得到的程度，主要看教师能否驾驭这样的课堂。招生的压力也很大，计划招收 300 人却只招了不足 160 个，怎样让这些招进来的孩子真正喜欢我们的课堂，教学有成效也很重要。刚开始，还怕家长对我们不放心，开学稳定下来之后学校就成立了家长督导会。"

关于课堂教学改革启动初期教师的困惑与问题，校长不仅有系统思考，而且，针对每个问题进行成因分析、经验与策略指导，对全体教师进行了具体详细的跟进式培训。总结了课堂教学改革初期教师绕不过的"十大问题"[①]：第

---

① 根据校长 2012 年 7 月 15 日教师培训课件摘要整理。

一,教师观念明白容易转变难;第二,调整师生关系引发的不适感;第三,集体备课安排容易做实难;第四,导学案编写容易有价值难;第五,学案完成容易保量保质难;第六,小组建立容易建设难;第七,督导检查评价容易引领难;第八,课堂展示泛泛容易精彩难;第九,学习任务设计容易完成难;第十,教学改革启动容易持续有效难。

C学校课堂教学改革启动面临的主要问题,一是新入职教师的教学技能需要进一步培训,改革启动采取老教师带动新教师、全员参与等措施。二是怎样达到课堂教学改革的实效、打消家长的疑虑。

3. 制定改革启动计划

学校课堂教学改革全面启动计划主要有五个方面的内容:一是针对课堂教学流程的重点内容,有计划地进行课堂督查,并通过反馈会总结每周课堂教学工作中的问题与亮点;二是学校每周有计划地组织课堂教学流程与环节培训;三是在备课组开展备课研究,帮助教师学会设计导学案;四是制定"青蓝"帮扶计划,促使先进教师对弱势教师一对一帮扶;五是成立家长督导会,邀请家长跟踪参与课堂教学和学生生活。学校每大周都督查公布以上几个方面的工作落实情况并及时反馈纠偏。[①]

4. "研训学用"活动运行模式化

随着以上五个方面的计划启动,"大展示"课堂教学模式全面推行成为学校日常教学工作的主要任务,围绕新教学模式施行进行"研训学用"成为学校课堂教学改革启动的方式。

　访谈2-5

"研训学用"活动怎么开展?

(时间:2014年9月16日。地点:C学校。对象:C学校W备课组长)

笔者:学校课堂教学改革启动初期教学工作是怎样组织开展的?

W备课组长:首先,学校层面,邀请全国知名的校长和改革专家、学者来给我们做报告,组织培训。校长一个学期都听400多节课,他经常亲自指导教师,特别是对新入职的,几乎每周都听。新入职教师都跟一个师傅

---

① 数据源于学科组长与年级主任访谈,查看2012—2013学年教学管理工作档案。

（老教师），老教师都手把手指导他们的课。备课组层面，备课组老师集体备课，一起讨论、编制导学案，主要是组长引领，然后教师完善自己的备课方案，形成导学案。教师在实施课堂教学，把握教学流程，参与备课组课堂观摩与评价，反思亮点与不足。学校也组织课堂观摩活动。学校每天都有督导反馈、听评课活动，反思会等常规活动，给我们及时提出问题。除了这些引领还要自己写反思、自己琢磨……

经过一个学年的"研训学用"模式化运行，学校教师经历了较完整的课堂改革启动期理论理念、操作实践、问题研究不同层面的培训学习，逐步熟悉了"大展示"课堂教学工作的常规和流程。

C 学校课堂教学改革启动程序可归纳为：第一，教学改革经验复制中完成新教学模式启动，在教学模式迁移中逐步创新；第二，形成以课堂教学改革为核心的教学管理思路，聚焦教师课堂教学技能、学校招录学生、招聘教师与家长社会认同等方面的主要问题；第三，制定实施教师培训、课堂教学督查常规、备课组研讨、"青蓝"计划、家长督导会五个方面的工作计划；第四，形成"研训学用"新常规。教师全员参与集体备课，熟悉个人备课、导学案设计、课堂教学流程实施、观课评课、自我反思、研讨学习等教学新常规和新流程。

（三）学校环境要素影响

1. 学校客观环境描述

学校客观环境描述包括区域教育制度环境与学校资源依赖及其同类学校状况两个方面。

（1）区域教育制度环境

办学的制度环境方面，就教育主管部门对课堂教学改革是什么态度，以及改革启动的环境怎样这一问题，笔者从负责学校招生宣传与校外关系联络的校长助理 L 老师获悉，政府对学校改革没什么反应和看法。"一般情况下政府不管我们的，不给经费也不给编制，收费政策由原来的成本核算制度变成了现在的收费标准备案制，只要学校能收得到，你就可以收。只要做好安全常规工作，其他方面原则上我们想怎么干就怎么干。三四年了，也就偶尔请我们校长到市里发个言。"可见，C 学校课堂教学改革启动的环境比较宽松，当地教育部门应该对学校课堂教学改革也比较认可，还请校长去做报告。

（2）学校资源依赖及其同类学校状况

学校办学性质是私立学校，以河北省创新教育学会名义创办，校长为学校法人代表，面向全国招生招教，经费自筹。学校聘请了某省教育厅原副厅长（兼全国督学和创新学会会长）、中国社科院作文教学专家、速读速记首席专家、省内改革成效显著的中小学校长组成顾问智囊团队，高薪招聘高素质的师资队伍。学校以"3D"（大阅读、大展示、大单元）教学模式为基础，全面采用新课堂教学模式、扁平化结构与管理模式，以发展学生实现素质教育为宗旨，学校资源配置按照省一流名校的标准。

学校自主招聘教师，对刚毕业的大学生除了要求本科学历，通过笔试和试讲，另有一个学期左右的培训和试用期（对于新手教师，要经过 3 个月左右试用）。新招聘教师须按照学校的教学模式试讲、试课、达标考核才被录用。教师待遇完全按照国家相关法律与政策，按时全额缴纳五险一金，并高于区域内公办教师待遇标准的 30% 左右，学校根据任教年限与业绩，向教师承诺"要使优秀教师收入保持在同类民办学校首位"。多数教师们对学校的待遇比较满意，"在我们学校刚刚参加工作三年的教师能够拿到 6 000 多元，如果有兼任别的职务会更高些，应该说是比较高的、感觉挺好"。

学校招生与毕业生情况。学校每年计划招生 8 个班，计 320 人。2012 年和 2013 年分别招收学生人数为 163、291，基本上是凡报名都招，其中 2012 年新生中 80 多名学生三门课总计（满分 200 分）不到 100 分，是学校认为成绩比较差的。2014—2016 年计划招生人数每年分别为 320、336、336，对应报考人数分别增长为 1 030、800、1 180。以 2015 年为例，语数外三科满分为 200 分，150 分以上 10 人，100—120 分中等学生占绝大多数，不再有成绩比较差的，但仍没有达到学校期待的"尖子生"数额。① 尽管是这样的生源情况，学校 2015、2016 年中招成绩，学生文化课普高上线率分别为 78.23%、92.27%，学校在同类生源学校中成绩遥遥领先，连续两年获得区教育局教学质量奖。②

同类学校状况。在市区每年有 23 000 个小学毕业生，民办优质学校中，除了 C 学校（2012 年创办时收费标准为 1.2 万元每年，2016 年升为 1.4 万元每年），还有五所（一中分校、43 中、28 中、42 中、二中南校区）高收费优质学校，其中有四所是老牌的公办高中名校办分校性质，他们每年收费标准在

---

① 根据 C 学校学校 2015 年招生情况汇总表整理。
② 数据参考 C 学校 2015、2016 年中招成绩数据整理。

1.5 万—3 万元不等。① 与新办的 C 学校相比,他们不仅有较高的知名度与美誉度,在师资、政策和资源获得方面都有明显的优势,尖子生及其家长一般都愿意选择这些学校。

2. 课堂教学改革启动中决策者环境认知

C 学校校长 1983 年中师毕业,被分配到河北西部边陲的一所农村中学任教,因成绩突出第三年被提拔为教导主任。"当时就尝试改革管理体制,但因没有一个相对自主灵活的机制,许多教学思想和创新方法不能顺利实施。"后来就萌生了"办一所能实现自己教育思想的学校!"的想法,2003 年办了第一所初中,三年后学校中考成绩取得全县第一、全市第二的骄人成绩,2007 年该学校启动课堂教学改革,学校教学模式改革、组织结构与管理整体转型的经验被国家级媒体整版报道。校长的关于学校改革的多篇文章发表于正式报刊,被全国知名媒体誉为"大单元"(现已发展为 3D)教学范式创立者。

关于课堂教学改革启动的环境影响因素,校长认为课堂教学改革是超越现代民办教育环境的必然选择。

 访谈2-6

学校的发展空间不是政策给的,而是靠自己拓展的

(时间:2014 年 9 月 15 日。地点:C 学校。对象:C 学校校长)

笔者:在您看来,学校课堂教学改革启动受到了哪些环境因素的影响?

校长:2007 年,我看到了先进中学的课堂教学改革范例,当时就带着老师们多次去观摩、听课,回来之后就开始研究,带领几名学科骨干率先行动。当时部分老师怀疑课改,主抓业务的副校长因不愿改革宁愿离开学校,但这丝毫没有动摇反而坚定了我的决心。因为学校仅靠拼时间、拼体力来赢取分数是无法走远的,学校要想有出路,必须通过改革不断拓展生存空间。从办学环境压力看,民办学校与公办学校相比,民办学校既不占天时也不占地利。国家投入力度加大,进行布局调整和资源整合,再强大的民办学校也无法和"国力"抗衡。在全国范围内的实施。由于很多民

① 数据源于 C 学校所在 XQ 区教育局民办学校管理主管科室人员 2014 年 9 月 16 日电话访谈内容整理。

办学校的学生享受不到这"两免一补"惠民政策,很多家长对民办学校失去了安全感,除非你有非常特殊的吸引力。公办学校大幅度提高教师工资。民办学校用工成本大幅度提高,多方面因素促使办学成本一路走高,可我们又不敢轻易提高学费。民办学校不得不提供可供选择的差异化教育,民办学校的发展空间不是政策给的,而是靠自己拓展的,靠教育的品质与特色赢得尊严,赢得认可。

校长认为,民办学校较之公办学校,处于不利的办学环境,但正是这些不利的环境和条件促使学校"穷则思变",通过课堂教学改革启动,学校走出了一条创新与繁荣发展的新路子。

三、G 学校课堂教学改革启动及其学校环境要素影响

(一)学校改革基本情况

学校位于中部省会城市,也是笔者工作的城市。G 学校成立于 1949 年,是首批公办省级示范高中,曾连续五届被评为"全国百强中学"。学校有 54 个教学班,教职工 230 人,专任教师中高级职称占 50% 以上,博士学位一人,硕士学位 90 多人。北大清华每年高招录取 20—30 人,累计数十人获得全国奥赛金牌,以数理化竞赛见长。

进入校园,迎面而来的广场左侧是一个体现"主体"课堂教学理念的牧羊景观,右侧是彰显"自主"发展理念的 ZYZ 先生(学校名称简拼的首字母)——手轮斧头、自我雕琢的大理石半身雕塑。学校的读书长廊镌刻着校长亲自撰写的《长廊赋》(108 字、27 条四字成语),阐释了"培养会读书的现代公民"的学校使命。这些精简的校园景观旨在传递学校唤醒自主意识、培养自主精神、强化自主能力,让每一个学生学会学习,践行自主发展的教育理念。正如社会上很多人对这所学校的评价,"这所学校的学生学习靠自觉、生活靠自律、管理人性化"。据从这里毕业考上大学的学生说,这是一所有点像大学的高中,每天除了 7—8 节课的正常授课时间,其余的时间学生可以自主安排,自习课时间不允许教师统一讲授,只可以根据学生需求个别辅导。午休时间学生可以自主安排在寝室休息或者在图书馆、阅览室自习。下午课后学生自行开展各种体育、社团活动。除了学校行政后勤人员,教师工作日不坐班、不签到。除了授课时间,教师只需按时参加学校全体集会和教研会。虽然这给笔者实地调

研也带来了一些不便,但这里教师在对待笔者时的简单、真诚与坦率弥补了笔者与他们相处时间的不足。

G学校2009年启动课堂教学改革,2010年创立了"主体"课堂教学模式,随着改革的不断深化,学校进行了主体课堂、自习课堂与卓越课堂三种课堂重建,组织骨干教师开发了"主体"课堂精讲案、学习指导书和习题集系列丛书。学校创新了"一制三权"管理体制,"一制"即校长负责制,"三权"即管理团队的行政权、教学团队的议事权、学生团队的自主权,学校日常决策管理形成了三权制衡的运行机制。2014年学校调整了管理处室的职能,增设课堂教学改革与教材开发办公室,并赋予其课改研发与引领、对外学术交流、开发教材、教师专业引领等方面的职能。近年来,学校先后举办了全国、省、市级的课堂教学改革学术交流活动,学校每学年都有来自全国的数十个教育团队前来学习观摩。

(二)课堂教学改革启动:在实验中求解

1. 确立了学校转型发展要靠课堂改革的信念

校长认为,学校转型发展应以课堂教学改革为落脚点,在课堂教学改革中寻找素质教育与应试教育有机结合的路径,学校理应重建学术权威,行政权力服务于学术权力。

访谈2-7

课堂教学改革是素质教育与应试教育的有效结合点

(时间:2015年9月11日。地点:G学校。对象:G学校Z校长,Y副校长)

笔者:学校为什么要启动课堂教学改革?

校长:启动课堂教学改革,这源于我多年教育生涯中对教学的理解和对素质教育问题比较持久的思考——素质教育和应试关系怎么处理,课堂教学中主体与主导的关系是什么,学校能否在应试背景下探索素质教育的路径,促使素质教育与应试教育、主体与主导有机结合。我认为应该在课堂中,也只有在课堂教学中能够解决这些问题。对于学校来讲,为什么课堂教学改革总是不能落地,这不是马克思主义的一声炮响,就送来了社会主义,关键是校长有没有一种决心,能够形成一种学术力量,一种科学研究的力量。我2000年开始做教学副校长工作,其间还兼书记职务,虽然这之前一直琢磨课堂教学改革,但是直到 2009 年当校长才将所思所想变成了实践,一个校长就是一所学校,是因为只有校长才能推进学校的工作进程、决定学校发展的方向,影响学校的气候和氛围,副校长影响不了。目前校长负责制的管理体制下行政权威是相当重要的影响,学术力量需要与行政力量结合,构成学术为主、行政为辅的两驾马车,行政为学术服务才能够推进课堂教学改革。2009 年 3 月上任后就启动了课堂教学改革实验。

Y 副校长:为什么要启动课堂教学改革,关键在于"主体"课堂本身是一件正确的事情。

课堂教学改革启动体现了校长强烈的教育变革愿望与使命感。他试图通过课堂改革形成学校的学术与研究氛围,找到学校实现素质教育的路径,强化学术领导力量,进而促使学校转型发展,实现校长"理应做正确的事情、成就好学校"的职业理想。

2. 确定问题并采取对策

学校启动改革所担心的主要问题有两个,一是家长的疑惑。二是由于改革本身的不确定性特征而造成的学业成绩下降。

访谈 2-8

要让"真"改革自然发生

(时间:2015 年 9 月 13 日。地点:G 学校。对象:G 学校 Y 副校长)

笔者:您作为课堂教学改革启动的主要负责人之一,启动时期主要面临哪些问题?

Y 副校长:有些靠行政强力推进的学校课堂教学改革大多"有面子、没里子",学生学业成绩下降、负担加重的现象屡见不鲜,改革还没有推行,就引起家长社会过分关注和干扰。鉴于此,当时我们的做法就是,不让改革成为"跃进"或"战时"状态,而是成为常态和自然,不搞运动、不挂牌、不征求家长意见、欢迎任何有改革意愿的教师加入实验,教师自愿、主动选择参与教学改革实验。学校把教学改革实验当成主要工作,校长、副校长、教务科长和改革志愿者组成了核心研发团队,让改革自然发生。

以上学校采取的不声张、不挂牌、不征求家长意见、教师自觉自愿来尝试，不搞攻坚克难，不搞行政推进，主要领导率先参与，用"教研"方式来启动教学实验的做法是为了避免带来不必要的风险与阻力，保障改革启动稳定有序。

3. 制定实验方案

2009 年 3 月改革启动初期，校长亲自操盘、教学副校长担任两个班语文课，与 10 位骨干老师一起开始实验室阶段的课堂教学模式研究。经过半年的实验室实验与个别班级试点阶段，2009 年 10 月学校制定了"主体"课堂实验方案，规划了学校开展"主体"课堂教学改革的思路及基本步骤。与此同时，2010 年 4 月学校正式成立"主体"课堂课题研究小组，实验全面启动。学校制定的实验如下：

G 学校"主体"课堂改革实验方案①

一、实验研究的主要方向。包括"主体"课堂实验改革的理论支撑及体系，课堂教学新模式，教学材料校本开发，教师在课堂教学中角色及作用转变，学生自主学习能力开发和培育。

二、分阶段进行主体课堂实验实践探索。主要包括四种研讨课活动：2010年 1—2 月，以高一青年教师为主，"主体课堂实验探索课"研讨活动。2010 年 3—4 月，两轮"主体课堂实验交流课"活动，党委副书记、副校长（教学）、教务处主任和学科教研组长上体验课，吸引更多教师参与、认同。2010 年 7 月，组织"主体课堂实验观摩课"活动，实验课题小组的教师上展示课，明确主体课堂的操作模式，确定学习指导书的编写体例，形成覆盖各个学科的实践教学团队。2010 年 9 月，开展"主体课堂实验研讨课"活动，正式设立"主体"课堂实验班，相继举行"同一堂课""交流课大赛""精品课比赛"等活动。通过教师备课、上课、观课、评课活动，从不同层面更新教师课堂教学改革理念，促使教师把握"主体"课堂教学模式。

三、制定主体课堂改革实践的进程……

四、实验研究的实施策略：第一，确立理论研究和实践验证并重指导原则。第二，成立主体课堂实验课题。第三，成立新课程学科指导委员会，重组学校教科研中心组，开展先期研究工作，之后正式成立学校"主体"课堂实验课题小组，校长亲自挂帅。第四，明确实验小组目标。课题组的主要任务除了进行

---

① 根据 G 学校 2009 年 10 月制定的《G 学校"主体"课堂实验计划》摘要整理。

"主体"课堂实验的理论研究和实践探索,坚持"主体"课堂常态化,还组织召开每周的研讨会,开展各种课堂观摩,及时总结实验理论,整理汇总实验材料,引领全校课堂教学改革……

与此同时,实验项目获得了省科技厅科研立项与经费支持,其间学校与全国知名师范大学签订实验共建项目,聘请知名课程教学专家、学者深入学校和课堂指导,学校推送骨干教师进入师范大学参加专题学习与培训。通过三角验证式访谈,笔者了解到"主体"课堂实验方案实施,得益于实验初期学校发现了陈、李、王三位理念到位、操作得法的青年教师,培养了骨干力量,开始了"主体"课堂的实验室阶段研究工作。方案实施过程中也出现了不同的声音,涌现了许多操作层面的问题。学校通过多种形式的课堂实践研究补充完善"主体"课堂教学理论,确立规范化操作模式。实验方案是在实施过程中不断调整的,例如,2015年9月笔者到学校实地考察时发现,学校并没有硬性规定所有的班级都用"主体"课堂教学模式,依然坚持"教师自愿"的推进原则,有少数班级保持原有的班级座位布置,并没有采纳主体课堂教学模式下教室以讲台为中界、中间是过道,学生分左右两边面对面坐的形式。

4. 教学模式初步成型与研究团队初步组建

通过查看教学实验第一年的活动资料、与教师访谈,笔者发现,实验方案与实验团队组建标志着学校改革顺利启动。过程中,学校通过实验小组组建、实验室实验、试点班成绩数据分析与监控,实验计划立项、实施方案出台,反思与反馈与修正,理论研究与专家指导相结合,不断纠偏与完善等系列活动开展,最终形成了"主体"课堂教学模式及教学理论,改革研究核心团队规模稳定、初步成型。

教学改革启动程序可归纳为:第一,确立了依靠课堂教学改革实现学校转型发展的信念;第二,分析改革启动的阻力,有效化解干扰,明确了"实验中求解",用教研的方式启动课堂教学改革,让改革自然发生的指导思想,校长率先行动、引进高等院校专家团队、发现改革骨干、提供学术支持;第三,制定课堂教学改革实验方案,明确实验室阶段、试点阶段、实验推广阶段与普及阶段的行动计划与步骤,申报省级科研课题,获得政府支持和社会认可;第四,组建核心研究团队,校长参与研究并担任研究组组长,使行政权威与学术影响相结合,建构了学校"主体"课堂教学模式,核心研究团队初步成型。

（三）学校环境要素影响

1. 学校客观环境

学校客观环境描述包括学校制度环境与学校资源依赖及其同类学校情况两个方面。

（1）区域教育制度环境

学校地处中部的人口大省,高考竞争激烈,加之省内一流高等教育资源稀缺(仅有一所211院校),政府、社会与家长对高考关注度与期望值较高,这就加剧了高中特别是一流高中之间升学压力与生源的竞争,市域内"三甲"(中招录取线前三名)高中都相继成立了分校和教育集团,形成了三足鼎立的竞争态势。从教育政策环境看,2009年该市教育局下发了严禁中小学假期补课规定的基础教育办学规范文件,明令禁止下G学校率先行动。随着近年来素质教育指导思想的命题导向和奥赛获奖生不再保送清华、北大的高招政策影响,由于学校以理科竞赛见长,学校面临空前的升学压力和与同类学校的生源竞争,还要迎接素质教育命题理念导向下的高考挑战。

（2）学校资源依赖及其同类学校情况

与其他两所三甲高中一样,学校经费来源主要是政府划拨,实行专门账户集中管理,收支两条线。和其他公办学校一样,G学校教师招聘与干部任免、工资发放、财务管理等都严格按照规定、规范运行,除了个别与例外,少有自由裁量的余地。校级干部由市委组织部任命,参照处级干部管理,中层干部由教育局任命,比照科级干部管理,教师招聘由政府统一组织考试招聘。从学生来源情况看,以2014年中招招生为例,G学校中招录取分数线为605分(满分665分),其他两所为613分与598分;学校录取学生中位于全市中招成绩前1 000名的有206人。[1] 学校作为三甲高中之一,有着管理人性化、理科奥赛见长、教研氛围浓厚的传统,是全市的标杆学校。

2. 课堂教学改革启动中决策者环境认知

G学校校长是一位从教三十多年的"老教育者",他先后获得正高级职称,被评为全国特级教师、省优秀专家,被聘为国家督学,国务院特殊津贴专家。课堂教学改革以来,他本人先后在国内刊物发表《建设现代学校制度的思考和探索》《准确把握课堂教学改革的核心主题》《课程改革的使命与路径》《素质教

---

[1]　参考学校所在市教育局教研室2014年中招数据分析的内部资料整理。

育与升学率》《还自习课以"学堂"本色》等十余篇论文。

国家课程改革实施以来,由于种种原因,课堂教学改革在公办学校特别是在区域内知名示范高中真正启动与有效开展的并不常见。G学校教学质量本就名列前茅、知名省内外,为什么还要启动课堂教学改革,课堂教学改革启动的环境影响主要是什么呢?

 **访谈2-9**

学校"有为"才会"有位"

（时间:2015年9月11日。地点:G学校。对象:G学校Z校长,Y副校长,D教导主任）

笔者:学校改革启动缘于哪些环境因素的影响?

Z校长:作为公办高中,学校面临的外部环境都相似,主要是生源竞争与升学压力,特别是近年来竞赛生保送等制度改革与注重学生思维能力的命题导向转变,唯有通过教育教学改革提升学生自主学习和自我管理能力才是学校最有效、最正确的路径。作为校长,当然要通过学生学业成绩与教学品质提升取得政府与家长的支持与信任,只有这样才能争取到更多、更优的资源,进而抓住有利时机助推学校与教师发展。

Y副校长:由于学校一直就在教育局眼皮底下,一直是贯彻教育政策的标杆学校,2009年前后市教育局规范办学行为,禁止学校节假期补课,首先就来我们学校检查,那次险些被处分。之后学校行政会上校长就和大家讨论这件事,如果这么多课余时间都放给了学生,培养学生自主学习的能力就更重要、更有意义了,这更加坚定了我们搞"主体"课堂的信心!

D教导主任:就是我们校长老在会上讲的,学校面临升学竞争的压力与高考制度改革的挑战,我们没有退路,只能是标兵,不能当追兵!再说了大家都在搞,不改也不行。

在学校领导者看来,学校环境的压力与挑战都可以用来证明课堂教学改革启动的正当性和合理性,课堂教学改革是学校面临环境挑战和转型发展的必由之路,决策者达成了课改共识。

第三节　课堂教学改革启动与环境管理的策略及要素关系分析

　　三所学校课堂教学改革启动及其环境影响描述发现，从学校外部环境来看，其所处的区域教育制度环境不同。X学校学业成绩压力较小，家长与社会对其多元化的办学特色期待较高，相对公办学校而言，学校办学自主性较强，办学环境相对宽松。C学校与G学校处于竞争激烈的优质教育学校层次，C学校改革环境相对宽松，作为新办学校，来自家长的压力比较大。G学校是在区域教育一致性的制度和文化约束下启动改革的，面临家长与社会较高的学业成绩期待，学业成绩压力比较大。从课堂教学改革启动中学校对环境的资源依赖看，民办小学和C学校自筹资金、自负盈亏，自主支配人、财、物等要素资源。公办学校主要源于政府划拨经费、统一配置资源，资金使用和人财物分配过程中自主余地相对有限。源于此，不同的学校环境与条件致使课堂教学变革启动的举措各有侧重。以下结合案例学校改革启动过程及其环境因素影响描述，从变革决策理论和学校组织环境理论的视角，分析学校课堂教学改革启动的决策者行动策略与基于课堂教学改革启动的学校环境管理策略，揭示校长、学校与环境三要素关系变化。

一、课堂教学改革启动的校长行动策略

　　变革是校长的责任，课堂教学改革启动主要是决策者的行动。科特认为，管理不是领导，管理是让一个系统正常运行，领导是建立新系统，或者改变旧系统，促使变革发生。[①] 校长是变革的第一责任人，还是学校课堂教学改革是否启动、怎样启动的主要决策者，应发挥好决策者的职能。

（一）树立紧迫感

　　紧迫感是改革启动的前提。"课堂教学不改革学校就不会发展，是坐以待毙"，X学校校长发出了对传统课堂的深省，"学校不改革就是走向死胡同！就是失责和渎职，就是贻误子弟！"C学校校长眼中"三把砍刀"与"一根绳子"的学校环境比喻，G学校校长表现出对学校的世俗化与行政化、教师不读书现象的忧虑，明确学校应立足教师学习与专业发展，重建学术权威。以上校长对这

---

①　科特.领导变革[M].徐中，译.北京：北京机械工业出版社，2015：25-26.

些司空见惯现象的敏感和较强的危机感是学校启动改革的主要原因。这导致了案例学校决策者一致认同课堂教学改革是现代学校竞争与发展的必然选择。改革启动之初,三所学校在同类学校中都属于比较成功或先进的位次,也都没有面临外部的危机和变故,他们的紧迫感源自高标准的职业追求和学校理想。这种紧迫感还分别体现在校园文化的策划与呈现,例如,C学校的自我反思与督查暴露区"墙壁",G学校体现"自我革命"理念的ZYZ先生雕塑像和读书长廊。

(二)培养教学变革领导团队

骨干先行,培养教学变革领导者是学校的共同策略。G学校采用教师自愿、双向选择、择优入围的方式组织实验教师团队,赋予研究团队明确的目标,注重人人平等、尊重学术的研究氛围,坚持实践检验真理的原则,力促教师把研究工作本身当成有价值的事情。C学校则借助优秀的老教师进行传、帮、带,在研训学用一体化运行中发挥学科带头人的影响力。X学校则采取干部带头、教师全员参与,营造教师反思中成长的改革氛围,在摸索中解决问题、积累经验,发现骨干,最终形成了由主要领导与优秀教师组成的改革骨干团队。而团队培育得益于学术影响力与校长的行政权力结合,例如,三所学校校长的"课堂教学改革初期教师绕不过去的十大问题"报告、"课堂教学改革是培养独立人格与自主精神的灵魂"的教育思想、"课堂教学改革是应试教育与素质教育的结合点,重建学术权威推进课堂教学改革、实现学校转型发展"的教育主张,在课堂教学改革启动期都发挥着思想指导与方向引领的作用,极大地促使了课堂教学改革骨干团队的快速形成。

(三)实施具体的行动计划

与企业组织变革启动的外部环境不同,学校环境相对稳定,呈现出较强的制度环境与较弱的技术环境。变革启动阶段,学校虽有愿景设想,但是更加关注于短期目标和具体行动——课堂教学模式建构与教师教学行为转变。这可能源于学校的育人目标与组织的文化特性。文化是"我们做事情的方法",涉及坚持的信念、态度和价值观,我们将以引起态度和价值观上预期变化的行为开始。[①] 学校组织变革的实践应当全神贯注于引起态度和价值观上预期变化的行为,因为价值观与思维方式的变化也只能在对新的思维方式的需求产生

---

① 伯克.组织变革:理论与实践[M].燕清联合译.北京:中国劳动社会保障出版社,2005:12.

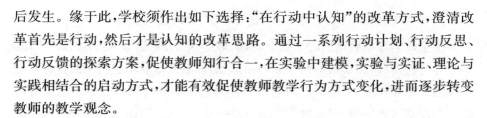

后发生。缘于此,学校须作出如下选择:"在行动中认知"的改革方式,澄清改革首先是行动,然后才是认知的改革思路。通过一系列行动计划、行动反思、行动反馈的探索方案,促使教师知行合一,在实验中建模,实验与实证、理论与实践相结合的启动方式,才能有效促使教师教学行为方式变化,进而逐步转变教师的教学观念。

（四）重树教学信念与价值观

教师能否在行动中逐步认同新的教学信念与价值观是课堂教学改革启动取得成效的关键。怎样在改革行动中转变理念,理念转变中提升教师的行动力,进而重树教学信念与价值观,这是课堂教学改革得以持续运行的关键问题。源于此,学校邀请专家学者进行理论培训与指导,促使教师解放思想,反思传统课堂、重建教学价值观,在新教学价值观主导下重构教学模式。过程中注重教师对新教学模式的体验、问题反思,行动研究中逐步规范、进而理解新教学理念。G学校将注重素质教育理念与质量监控相结合,试图通过试点与试验促进教师在实验中生成、在实践中建构新的教学模式,完成"主体性"教学信念的转化。C学校通过"研训学用"一体化、全方位运行方式,促使教师通过熟练掌握教学工具与教学方法进而转变教学行为,围绕"课堂教学改革初期绕不过去的十大问题"不断实践与反思,促使教师真正理解、科学把握课堂教学改革的理念与技能。X学校则注重在模仿和探索中积累经验,促使一部分人在反思性实践中成为改革先行者,从行动模仿者向知行合一者转变,在亲身体验中形成行动的理论,正如教师所言,"刚开始认为课堂教学改革是技术操作问题,后来发现行动与理念不合拍,明知道应该是什么,但是一到课堂上就身不由己想去控制学生。现在发现其实不只是技术问题,更多的是教学观念没有改变"。这些举措促使教师形成"课堂教学行为改变需要理念支撑,课堂教学改革理应是行动与理念取得一致性的过程"的共识。

二、基于课堂教学改革启动的学校环境管理策略

基于课堂教学改革启动的学校环境管理策略意指学校应对改革启动所带来的组织内部与外部环境影响问题的管理路径与方法。为避免学校改革启动及其学校环境要素不利影响,学校采取了重要的环境管理策略。

（一）学校制度环境管理中的"退耦"与"代码规则"策略①

课堂教学改革启动引起了教学观念、教学关系、教学行为习惯的变化，这势必会与教师、家长默认的教学原则相抵触，加之改革启动过程中的各种不确定性因素相互作用，势必引起利益相关者的思想动荡与环境秩序不稳定等风险。为规避这些风险，课堂教学改革启动中学校采取了"退耦"策略与"代码规则"策略以维持改革启动中的秩序与合法性。

第一，"退耦"策略。制度环境表现出的规定性、规范性和认知性基础和具体制度安排，以稳定的和重复再现的方式发生的各种活动不断影响着社会行为，使组织的行为富有意义并趋于稳定。相对任务环境而言，制度理论鼓励学校遵循一系列强有力的规章与要求，加之学校没有足够的技术能够确切地生产出人们所期望的可测量的产品，也不能充分控制运行过程，特别是教学过程，这就将学校置于制度环境相对强大而技术环境薄弱的外部环境之中，制度环境可以将其"基本原理"强化为合理性。在制度环境强制的、规范的与模仿的一致性机制作用下，学校表现出了认知信念体系、组织结构与程序一致性的特征。由于技术环境与制度环境是各自独立又相互联系的统一体，其结果导致学校遵守专业标准与规定的合法性生存优先于产品质量与技术创新，这种环境中启动课堂教学改革势必带来教育管理专业机构与利益相关者的教育教学观念冲突，诸如学校担心家长有质疑，教育管理机构对学校的警告与干预等。"退耦"是有意地放松对运行过程的适当控制，即制度化环境中运营的组织试图将其制度结构与技术活动分离，将组织分为两部分，一部分主要是与制度环境相联系，另一部分产生技术活动。技术活动部分向着技术核心，背离环境，制度活动部分则背离技术核心，以便集中关注与制度环境保持一致。G 学校采取缓冲机制之"退耦"策略，使原教研组长退职，聘任新教研组长，开展学校原有的学科教研工作。将原教研组长、优秀骨干教师重组成立课堂教学改革实验团队。一方面学校保障了教研组长能够专门执行来自上级教研主管部门的工作指令，与制度环境规范保持一致性。另一方面新组建的实验团队作为技术组织开展技术活动，免受来自制度环境的干扰，能够自主灵活地发挥其专业技术职能，开展学术研究。使得学校有效地缓冲了来自制度环境与技术组织的不一致性及其不合理性，减少了政府管理及其指导组织、相关利益者的

---

① 霍伊，米斯克尔. 教育管理学：理论·研究·实践[M]. 范国睿，译. 北京：教育科学出版社，2007：253.

矛盾冲突与干扰。

第二,"代码规则"策略。和 G 学校侧重组织结构与运行的"退耦"策略不同,民办的 X 学校和 C 学校更加注重课堂教学改革行为的合理性,将成功学校的课堂教学模式进行分解与解释,运用标准化运作的方式启动改革,采取的是形象管理之"代码规则"策略。代码规则是制度化的实质,它将那些采用的运作标准或当然程序行事的人与事区分开,通过运行过程标准化和程序化,用一种规范化的教学模式来论证课堂教学改革理念与技术的合理性,这种制度化的实践有助于证实教学行为的合理性与正当性,建构了改革启动行为的共同意义与价值,从而促进课堂教学改革教师的行为规范、正确与合法性,使课堂教学在打破传统观念与行为模式的同时有章可循、有理有据,容易使教师接受认可教学改革。

当然,以上两种策略在三所案例学校都不同程度存在,只是各有侧重,G学校改革试验中也运用了"代码"规则,例如,实验后期通过教学模式建构,促使新的教学理念具体化与标准化,教学技术便于操作、结果能够衡量,便于教师行动落实。C 学校与 X 学校注重学校教学改革价值引领,积极与家长社会沟通,进而建构新的教学技术信息传播渠道,利用良好的技术信誉以摆脱制度的约束,也是一种"退耦"机制思想的运用。

(二)任务环境管理中的"规划、预测与探测"[①]及"组织间联盟"策略

任务环境理论所揭示的不确定性与依赖性是学校组织面临的两大挑战。课堂教学改革启动致使学校面临教学技术、教学成果与教育资源需求的变化,学校将试图通过组织内部规划、预测与跨界探测策略及组织外部联盟策略,以期增强任务环境的确定性、能够获取额外的资源,进而保障课堂教学改革启动与运行程序免受学校环境因素的影响。

第一,学校组织内部的"规划、预测与探测"策略。其一,"规划与预测"策略,源于课堂教学改革启动给学校带来的不确定性,诸如"成绩是否会因此下滑、学生是否适应、家长是否有怀疑、教育管理机构批评、社会的质疑"等,为此,X 学校制定了学期与年度推进计划、反思活动。C 学校则提炼了课堂教学改革初创期存在的十大问题、结合主要问题进行系统培训、开展跟踪式督查与反馈等五项计划。G 学校制定了实验—推广—普及三年实验方案,调整了推

---

① 霍伊,米斯克尔. 教育管理学:理论·研究·实践[M]. 范国睿,译. 北京:教育科学出版社,2007:238-260.

广班级的数量与推进的速度,通过实验班与非实验班教学成绩比较分析、规划与预测策略来应对结果不确定性所带来的波动。三所案例学校都在过程中预测教学条件与环境变化、分析潜在的因素、采取措施削弱其负面影响,随着环境的变化不断调整完善改革启动策略,从而保障改革的平稳与持续。其二,学校"跨界探测"策略。一方面,学校邀请学生家长入校观摩,公开发布改革情况,成立家长督导委员会,邀请家长深入课堂跟踪督导学生在校的学习和生活。另一方面,学校将改革的关键知识和信息传递给外部环境,影响学校外部环境中重要的利益相关者对课堂教学改革的认识。向教育、科技等管理部门领导与专业人员汇报学校改革情况并申请立项。邀请知名专家学者进校参观指导,把脉号诊。以上学校组织运用预测与规划策略比较有效地隔离或包围了教学改革活动,消除环境因素的干扰,有力地缓冲了课堂教学改革启动所带来的学校外部环境的不确定性与依赖性影响,使教学改革处于相对安全稳定的环境且充分独立的系统之中。

第二,学校外部"组织间联盟"策略。学校对环境资源获取的程度通常表现为短缺与充裕。学校与其他组织建立的沟通网络与合作机制为学校改革搭建了学术交流平台,建立与学校改革相关者的信任关系,以为改革启动提供坚强有力的技术支持和智力保障。诸如学校与985大学教育学院合作、加入课改联盟与课改名校共同体,聘请较高知名度的课改领袖和改革成功学校实践专家入校讲学,吸纳有影响力的人员全国著名师范大学知名教授为学校改革团队的咨询,聘请实践经验丰富的知名专家为课堂教学改革的顾问,邀请有改革共识教育领导与专业人员为学校领导小组成员等。这些举措可概括为"建立有利的联系"的组织外部策略。这种通过"吸收"建立有力联系,从而加强资源交流,促进学习和沟通,增强组织实力,保障资源的合理配置,使学校免受资源匮乏而产生运行不力,提高了变革启动过程中组织的适应性。学校主动塑造环境,通过课题立项研究,在全国正式期刊发表论文,吸引知名教育媒体关注与报道,结成课堂教学改革共同体联盟,以影响政府及行政管理机构的决策与社会相关群体的支持,这种塑造"环境要素"的外部策略加强了学校环境中的利益相关者对改革迫切性与正当性的认识,并试图通过积极的方式影响教育政策制定者,使学校更多地从外部环境获得支持。

三、课堂教学改革启动中校长、学校与环境之间的关系变化

（一）课堂教学改革启动中的校长、学校与环境

通过学校课堂教学改革启动中任务环境管理策略、制度环境管理策略与校长行动策略分析,本研究初步认为,影响课堂教学改革启动的主要因素有三个,即学校环境、校长与学校组织。

学校环境是学校组织的信息、资源、观念与制度的主要来源与生存基础。课堂教学的观念、目标及管理过程无不直接或者间接受其影响。

校长是课堂教学改革启动的主要决策者,是改革启动的指令员,是认识和理解环境信息的探测者,是学校组织与环境之间的"连接销",通过调配学校环境资源与学校组织内部资源,促使改革顺利启动。

学校组织是课堂教学改革的"工作场",直接为改革启动提供人力、信息与资金等资源支持与组织制度保障,课堂教学改革启动的策略是权衡学校组织各方面条件基础上的一种满意选择。

（二）课堂教学改革启动中校长、学校与环境三要素之间的关系变化

第一,三要素关系与作用改变。围绕课堂教学改革启动,三个要素之间由原来的隔膜疏离转变为密切互动,形成了一个交互促进的有机整体,其相互之间的关系与作用成为课堂教学改革启动机制的坚实基础。其互动关系如图2-1所示:

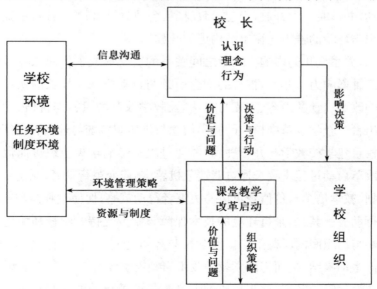

图2-1 课堂教学改革启动中的三要素关系

其一，校长与学校环境的关系改变主要体现为主动、双向与开放。学校并非能够将环境资源主动吸纳，而是校长对环境发现、甄别与判断基础上作出的选择和取舍，通过校长与环境之间的信息沟通来实现的。校长开始主动探寻有利于课堂教学改革的信息、人才等资源，并对学校内外环境分析，做出改革启动的组织决策，积极吸纳环境中有利于改革启动的制度、技术与人才资源以保障改革顺利启动。校长主动吸纳与利用环境资源致使校长与环境的双向沟通日益加强，学校与环境之间的关联度日渐密切。其二，校长与学校之间既有的平衡关系发生改变。学校组织秩序从稳定有序转向"无序"。课堂教学改革启动打破了校长与学校之间原有的平衡关系与运行规律。改革启动促使校长实践反思，校长的教育教学观念改变，势必改变其决策价值。校长为应对因改革启动引发的组织困境，势必会聚焦学校内外、组织上下课堂教学改革核心困境与问题的解决，创造性地开展学校环境管理策略、学校组织内部策略与校长行动策略。其三，学校与环境关系在互动中更加开放。课堂教学改革启动促使学校重视外部环境管理，实现了学校环境管理策略的突破，促进了学校环境资源供给与外部关系网络的建立。一方面，学校组织通过环境管理策略，使得环境对组织的效用提升。学校通过环境管理策略主动汲取外部环境中政策与制度支持，辨识与选择来自环境的信息与资源，将其转化为课堂教学改革的有效资源，及时有效地化解了改革启动中来自教师、家长与社会的干扰。另一方面，学校通过内部策略主动引领、改变与影响环境，有组织、有针对性地增强了家校互动，并适时扩大开放，引起了政府、社会、同行较高的关注度。这将促使学校组织与环境的输入与输出结构更加开放。

第二，关系变化的影响。三者之间关系的变化形成了促使课堂教学改革启动的三种影响力。其一，校长的理念引领与行动驱动。校长的认识与理念直接影响改革启动的内容、方式与方法，及教学改革的目标与价值、问题理清与方案出台。教学改革中校长的教学信念与价值观转变与环境管理策略实施促使学校重建学校教学与办学理念，并通过决策影响学校组织进而促使改革启动。改革启动过程中校长通过营造危机感、培养变革行动者、制定变革启动行动计划、教学信念与价值观重树等决策者行动策略，促使教师参与变革并成为变革行动者。其二，来自环境的技术保障与制度支持。学校环境管理中的内部策略与组织间的联盟策略促使学校与环境之间从漠视转向主动开放、由被动转向主动吸纳，进而为课堂教学改革启动提供强有力的技术资源、智力支持和合法性保障。其三，逐步形成的课堂教学改革启动的组织氛围。课堂教学改革中的校长行动策略与环境管理策略实施,学校教学价值观重树,组织策略得以整合,各种变革力量相互促进,有利于课堂教学改革启动的组织氛围日益形成。

随着课堂教学改革持续推进,势必会引起学校教学系统的整体性变化,因此,应进一步探讨基于课堂教学改革的组织行为转变的系统策略,以应对课堂教学改革目标特别是教学信念与价值观的重建过程中带来的不确定性因素,将显得比较迫切。

第三章
基于课堂教学改革的学校组织行为转变

> 科层理论把组织的正式条例及其实施的重要性以可预见的方式,当做影响个人参与其中的可靠行事的手段;人力资源开发观点则重视把个人对眼下所做事情有意识的思考,作为引导他们在实现组织目标过程中积极奉献、发挥才能和潜力的措施。[①]
>
> ——欧文斯

    课堂教学改革是教师教学行为方式转变与教学价值重塑的组织过程。基于课堂教学改革的组织行为转变意指教师教学行为转变。本章将从教学系统的整体视角探究教学改革的基本理论,在此基础上考察学校教学变革实践,并揭示教学系统重建的策略及其影响。研究从三个方面展开,首先,从教学实施论的视角来探究何谓教学系统重建、教学系统重建的内涵与关键要素、为什么重建教学系统、重建什么等问题。其次,在教学系统重建理论框架下,深入案例学校,采取实地观察、访谈与查阅资料等方法搜集教学系统重建的数据,对学校教学系统重建实践的内容与方法进行描述。最后,归纳分析学校教学系统重建的策略、要素之间相互作用及其组织影响。

[①] 欧文斯.教育组织行为学(第八版)[M].窦卫霖,温建平,译.北京:中国人民大学出版社,2007:94.

第一节　学校教学系统重建的基本理论探究

一、教学系统重建内涵与关键要素

（一）何谓教学系统重建

组织理论中系统意指能与其环境划分明确界限的一个有组织的，并由两个以上相互依存的部分、成分或者分系统所组成的整个单位。[①] 它揭示了系统的内涵特征，即有组织、有目的、相互作用的多要素、相对独立的整体。一般意义上，系统是指有若干相互依存、相互制约的要素（或成分）为达到一定目的而组成的有机整体。[②] 教学论中，教学系统是指以教和学为协同的主体活动，由处于特定联系之中的教学诸要素所构成的，具有特定目标、形态和功能的有机体。[③] 参照以上系统概念的方法和教学论的思想，作为学校组织的一个分系统的教学系统，意指教师与学生主体有组织、有目的的活动，是由相对独立的、相互作用的教学诸要素组成的一个有机整体。由于教学系统重建旨在关注教学系统变革的实施过程，这与教学实施论中运用教学系统观对教学运行过程性要素进行分析的方法有相同之处，它旨在探讨教学目标如何实施、教学活动如何有效组织、教学内容与教学方法，以及对教学效果的评价。[④] 鉴于此，本研究从教学实施论视角解析教学系统的要素，认为教学系统的要素主要包括教学主体即教师与学生、教学目标、教学行为（内容与方式）、教学组织形式（及活动）、教学评价。依此，教学系统重建是指教师与学生主体为实现新的教学目标与价值，在教学行为、教学组织与教学评价方面的一系列整体性变革。教学系统是由相对独立又相互作用的教师与学生、教学目标与价值、教学行为、教学组织与教学评价诸要素共同组成的学校组织的一个分系统。

（二）教学系统重建的要素

教学系统重建概念中，教学系统重建的要素包括教师、学生、教学目标与价值、教学行为、教学组织与教学评价。这六个要素中，教师与学生作为教学

① 卡斯特，罗森茨韦克.组织与管理——一种系统与权变方法［M］.傅严，等译.北京：中国社会科学出版社，2000：127.

② 吴也显.教学论新编［M］.北京：教育科学出版社，1991：76.

③ 裴娣娜.教学论［M］.北京：教育科学出版社，2007：157.

④ 吴也显.教学论新编［M］.北京：教育科学出版社，1991：327.

系统重建的实施主体,不仅需重建其他四个要素,而且也要实现自身的主体价值与角色转变,而自身价值与角色转变需在其他四个要素的重建中体现与实现。鉴于此,下面主要分析这四个要素的内涵。

1. 教学行为

教学行为构成了教学活动的细节和内容,是课堂中教师职业行为最具体鲜活的展现,是教学的核心和实体部分,也是教学系统中最具能动性的部分。教学行为与教学理念、教学模式、教学方法密切相关,教学理念支配着教学行为,教学行为也反映着教学理念。一定的教学模式都是通过具体的教学行为来实施的。教学方法来自教师课堂教学活动中的具体行为表现,是抽象和静态的教学行为,教学方法是教学行为的框架,教学方法只有在实践中以行为的方式展现才具有实践的意义。

2. 教学目标

教学目标是教学行为主体教师与学生以具体的教学活动为依托并指向未来结果的预设,教学目标的指向性、引导性以及预测性等特点使教学系统其他要素及其特性得以彰显。

3. 教学组织

一般指教学组织形式,教学组织形式是基于教学目标需要的教学活动人员的组合形式、时空安排以及教学程序。本研究中教学组织是指教学的组织形式及其活动。

4. 教学评价

教学评价是对教学活动的准备、过程与结果的测量、分析、整理与价值判断的活动,是对教学活动是否满足社会和个人(主体)的需要的程度所做出的一种判断,基于课程目的与教学目标展开,具有诊断、激励、管理等诸多功能。

教学目标的达成与体现、教学组织的有效性都是通过教学行为来实现的,教学行为是教学系统的核心要素,教学行为转变是教学系统重建的关键。而教学行为转变与教学行为主体和主体活动要素直接相关,以下就教学系统重建中与教学行为主体和主体活动要素相关的知识论,即为何重建问题进行阐述。

二、现代教学改革论的基本观点

教学系统重建的知识论,须着眼其内涵中的要素,从两个角度进行阐释:

一是从教学改革知识观方面,充分理解教学过程的本质这一基本问题,探究包括教学改革的目标与理念问题、教学行为、教学组织形式、教学评价问题,即"为什么改革"之科学知识的辨识。二是结合现代教学改革的相关研究成果,捕捉改革实践的经验与规律,理清教学系统重建的现实意义与理想。

(一)师生"主体间交往"的教学过程本质观

关于教学过程本质的认识,裴娣娜概括了教学过程的建构交往观本质,即教学过程是以特定社会历史经验和文化价值内容为中介,以师生间的特殊交往活动为基本形态,以教与学对成关系的形成和发展为运行机制,以促进人与文化的双重建构为根本目的的过程。① 这是一种超越实体、突出关系、定位于特殊交往实践的关系本质论、对成本质论、交往本质论。"新基础教育"理论从认识论层面指出了传统课堂教学观的根本缺陷,即把丰富复杂的教学过程简括为特殊的认识活动,把它从整体的生命活动中抽象隔离出来。认为应当突破"特殊认识活动论"的传统框架,从生命层次用动态生成的观念重新认识课堂教学、重构课堂教学观。② 强调教学过程的性质首先是教育活动的宗旨规定的,应以促进人的发展为终极目标。教学过程中师生的内在关系是教学过程中主体之间的交往关系,并在教学过程的动态生成中实现。教学过程是生成过程,"互动生成"式教学过程的内在逻辑及其基本形式为有向开放、交互反馈、集聚生成。③ 鉴于此,教学改革实践中关于教学过程本质的观点理应为,教学过程是师生双方为达成教学目标的教学生活过程;是教师引导下学生自主探究与反思、建构知识的过程;是双方平等对话、共同参与和生成、共同发展的过程;是促进学生知识与能力、过程与方法、情感态度价值观的形成和发展过程;是学生和教师各自为主体的活动与发展过程。④ 理想的教学过程应使学生学会不断地丰富自己的经验世界;实现自己的经验世界与社会共有的"精神文化世界"的沟通和创造性转换;完成个人精神世界对社会共有精神财富具有个性化和创生性的占有;充分发挥人类创造的文化、科学对学生"主动健康

---

① 裴娣娜. 教学论[M]. 北京:教育科学出版社,2007:158.
② 叶澜. 让课堂焕发出生命的活力——论中小学教学改革深化[J]. 教育研究,1997(9):3-8.
③ 叶澜. 新基础教育论——关于当代中国学校变革的探究与认识[M]. 北京:教育科学出版社,2006:264-274.
④ 蔡宝来. 教学改革基本理论研究:问题域、进展及走向[J]. 教育研究,2008(12):51-55.

发展"的教育价值。① 综上,教学过程是主体之间的交往实践活动,是师生借助教材的"对话",是师生、生生之间展开对话、合作、创造生成的过程。

(二)"学习能力"为核心的教学目标观

结合不同角度的教学目标定义,从学校教学系统的视角,教学目标是学校培养目标的具体化,是学校教育目标的核心,具体包括课程目标、单元目标、课时目标。教学目标决定了学校教育目标的本质,与学校教育目标价值共通。教学目标在教学系统重建中发挥着导向、激励、评价、聚合功能。基础教育课程教学改革过程中教学改革目标的论述主要包括:知识与技能,过程与方法,情感、态度与价值观的三维目标;培养和提高学生的能力尤其是创新能力;促进学生个性、和谐全面发展;转变教学方式与学习方式,提高学生的终生学习能力等。本研究认为,教学改革目标理应强调学生学习能力,从只关注教学过程中知识的获取转变到学生整体素质的发展;突出建构主义学习观,学习是一种个体发现、经验与建构的过程;学习能力是学习的基础,学生学习能力的提升最重要。②

(三)"互动生成"的教学行为观

由于人的行为是人自觉的生命活动方式,是具有目的意识性的社会性行为。而教学行为作为人的一种特殊的实践活动,须从社会系统与教学系统两个层面来分析。③ 从社会系统来考察教学行为的特殊性,比如,教学价值的外在决定性,即教学价值的判断不能基于教师而是以学生的成长为依据;教学行为目标的外部决定性,即教学行为本身不是目标,目标在行为之外,行为目标比教学行为具有逻辑上的先在性;教学行为主客体之间的不对等关系,教师与学生之间的"可交往性"较低。教师的教依存于学生的学,教师要自觉研究学生及其学习行为,从而提高教学行为的有效性。在行为系统内部教学行为与学习行为之间是动态的、互动的关系,教学行为影响学习行为的效果,学生学习行为的表现决定着教师教学行为的选择。显而易见,教学行为是学生教师主体共同进行的一种双边活动,师生都以对方存在作为自己存在的前提。教师教学行为转变研究应主要聚焦几个方面:教师角色行为的转变,表现为由传

---

① 叶澜. 新基础教育论——关于当代中国学校变革的探究与认识[M]. 北京:教育科学出版社, 2006:264.

② 蔡宝来. 教学改革基本理论研究:问题域、进展及走向[J]. 教育研究,2008(12):51-55.

③ 裴娣娜. 教学论[M]. 北京:教育科学出版社,2007:191-194.

授者、扮演者和课堂主宰者转成为学生自主学习的组织者、指导者、参与者、服务者与管理者的多重角色行为；教学准备行为的转变，主要侧重依据指导学生怎样自主学习为主要内容，强调教研组集体研讨的单元备课，针对新课程理念的三维目标设计教学；教学实施行为的转变，表现为多元互动的教学行为方式取代传统的"三中心"（教师中心、教材知识中心、课堂为中心）和"三转"（教师围着书本转、学生围着教师转、师生围着分数转）。因此，教师与学生的"多元互动"促使师生借助教材"集聚生成"自己的意义，应是师生"主体间"交往活动的教学过程本质观的体现。

（四）"集体与个别相结合"的教学组织观

本研究中教学组织不仅包括静态的教学组织形式，也包括动态的教学组织活动。教学组织是指教师学生为完成特定的教学任务，按照一定制度和程序相互作用的结构形式与活动。教学目标、教学内容与教学行为最终都以一定的教学组织形式呈现。教学组织形式的演变经历了从简单的个别化教学到班级授课制的过程，随着人们对班级授课制压抑学生个性成长、不利于学生整体发展弊端的认识，新的尝试和探索主要有分组教学、小队教学、开放课堂、个别化教学、合作学习等组织形式，当代教学组织形式的发展趋势将呈现班级教学、小组教学、个别教学的多元化特征，教学组织进一步优化组合、趋向综合化。总之，集体与个别相结合成为其发展的主要趋势，教学组织形式与活动都应体现多样化、综合化、个别化的多元特征。

（五）"改善与发展"的教学评价观

一般情况下，课堂教学评价是就教学目标、教学内容、教学环节、教学方法、教学绩效等几个指标来设计的，评价关注对象主要是教师的教；课堂教学质量评价是以学习兴趣、双基情况、能力培养、思想认识、特长发展几个指标来展开的，评价关注对象主要是学生的学。评价的基本方法主要采用教师自评、学生评价、家长评价、同行评价、观察与座谈等。教学改革实践探索中教学评价发生了三个重要转换[①]：从工具理性转向价值理性，旨在促进学生个性的全面发展和良好人格的养成，不仅关注教师教的活动，而且更加关注学生学的活动，建立了对学生多方面发展的综合性评价体系；评价功能从注重选拔分等到促进师生反思、改进与发展，探讨有效教学的内在规律，揭示现代教学的基本

---

① 　裴娣娜. 论我国课堂教学质量评价观的重要转换[J]. 教育研究，2008(1)：17 - 22.

特色,促进揭示形成不同的教学流派和风格;评价的过程与方法从重传承知识的演绎推理转到注重人文与科学的整合分析,评价主体更加多元、主体参与度高,从重视结果转向注重过程与反馈调节系统评估。总之,现代教学评价观重建应以学生如何实现发展为核心主题,教学改革评价标准确立应当以现代学习观、现代课堂交往性实践的本质特征为前提,以促使教师的教学观念与教学行为改善为主旨。

三、重建"主体性"教学价值

教学系统重建的价值论旨在回答教学系统理应重建什么才能够体现以上教学关键要素的本质与内涵,换言之,就是要解答师生主体的价值与定位、所追求的教学价值观是什么,以及通过什么来实现的问题。

(一)教学主体的价值与定位

教师与学生是教学主体,是教学系统重建的实施者。教学改革的价值论旨在诠释教学实践活动中教师与学生的关系定位和价值追求,即教师与学生理想的价值定位、师生关系的定性,以及二者在实践中的应然追求。主要包括教师观、学生观、师生关系观、教学观、学习观与学习方式。[①] 关于教师观,教师是专业自主的教学实践者、是反思型实践者、是教学研究者和课程开发者,是学生发展的指导者、引领者、促进者,教师是解决自己实践问题的专家,是专业人员。关于学生观,学生是学习者,学生是学习活动的主体、是学习的主动发起者、是自主生成与建构知识的主体;学生是受教育者,是能够主动发展、有巨大创造性潜力的受教育者。关于师生关系观,师生关系是民主平等、合作对话关系。关于教学观,教学应以学生为中心,教学活动的过程应该围绕学生展开,促进学生的充分全面、和谐发展是教学活动的出发点、目的与归宿。关于教学关系观,师生关系在教学活动过程中表现为教和学活动的主体间关系。关于学习观,学会学习、终身学习是学生与教师主体的理想追求。在促进学生学习方式转变和学习能力提升的课堂教学改革基本理念主导下,涌现出的多样化的学习方式主要包括,对话学习、合作学习、探究学习、基于问题的学习、基于实践的学习、个性与差异化学习等。显而易见,教学主体的价值与定位中,教师不再是教材的信息发布者与知识的"二传手",学生也不再是被动信息的接受者和"知识的容器",而是指向教学主体性"解放",教师与学生在研究性

---

① 蔡宝来.教学改革基本理论研究:问题域、进展及走向[J].教育研究,2008(12):51-55.

教学与主动性学习的交往互动中自主合作与探究生成各自的意义,是追求自由完全发展的主体。

(二) 重建"主体性"教学价值观

"主体性"教学价值观,是在传统教学价值观的反思基础上的重建。原有的教学价值观的弊端主要存在无视学生的主体地位,忽视学生个性培养,过分偏重社会指向而对教学的内在价值认识不到位等问题。人们开始普遍关注生命价值和学习方式的课堂教学改革,重点关注学生生活世界和生命价值的课堂教学重建。[①] 现代教学的价值取向发生了一系列的变化,不同的理论虽各有侧重,但呈现出共同的教学价值观,即从原来的重视知识到重视能力,从重视能力到重视兴趣、情感、态度等非认知因素,继而到重视学生的全面发展,乃至强调有个性的、有差异的全面发展。对于教学价值观的重建,"新基础教育"的教学价值观主张[②],需从一般整体共通的层次上来认识教学价值观,即创新认识教学在学校育人中的价值、教学为培养怎样的人服务的问题。主体教育实验[③]则将核心教学价值定义为"主体性",并将其三种特质——自主性、主动性与创造性作为主体发展的三维结构,自主性是对自我的认识和实现自我的不断完善,主动性旨在对现实的选择与外界环境适应的能动性,创造性是对现实的超越。重建"主体性"教学价值观的一系列观点强调[④]:主张通过建立民主平等的师生关系,强化交往中的教学,使教学活动成为师生特定情境中的分享活动;调整教学过程及其策略,如弹性的教学设计、动态的教学过程、建构的教学方式、专业引领与支持等;改革教学评价方面,从工具理性转向价值理性、从选拔分等转向促进发展、评价主体从一元转变到多元。教学模式从教师本位转向学生本位,从独白式转向对话式教学,从传递接收式转向引导探究式为主要特征的多样化教学;教学价值观重建通过教师教学价值观转变,最终要落实到教学行为,进而重建教学理念。教学系统重建中教学价值理应指向师生"主体性"实现。

现代教学价值观的"主体性"核心。20 世纪 80 年代以来,现代教学观所确立的教学基本价值观是追求和促进个人全面发展,以培养人的主体性为核

---

① 杨季兵. 近三十年教学价值观研究述评[J]. 中小学管理,2010(4):26 - 29.

② 叶澜. 重建课堂教学价值观[J]. 校长阅刊,2006(8):32 - 36.

③ 主体教育实验由北京师范大学裴娣娜教授主持,1992 年以来在河南,北京,天津,湖北等地开展的实验。

④ 李金云. 课堂教学改革研究 30 年:回顾与反思[J]. 教育研究,2009(7):46 - 60.

心,全面提高学生综合素养,促使学生德智体美各方面和谐而持续的发展。[①]主体性是指人之所以成为主体的规定性,人只有与客体形成对象的关系才能上升为主体,它是人们认识和改造客观世界的范围与层次不断扩大和深化的关键条件。作为主体的本质属性,是主体在与客体的相互作用中表现出来的能动性,反映在现代教学中的主体性思想主要表现为:教学本质上是一种主体性教学,以塑造和建构自身为活动领域;构建主体性结构,突出主体的意向性、认识性、价值性和实践性;学生主体的独特性,学生的主体性在构成与结构上具有"并存"的特殊性。[②] 一方面,学生在本人兴趣、需要以及所接受的外部要求的驱动和支配下对环境信息的能动选择,表现为自觉性与选择性;另一方面,学生在原有知识经验、认知结构、情感、意志影响下对信息进行内部加工,表现为自主性与创造性。由此,提高"主体性"关键在于不断改善主体结构,不仅需要改善作为主体操作系统的理性因素,还需要发展作为独立系统的非理性因素。从而不断增强学生的自我意识、自我控制与自我调节能力,促使学生自觉地实现自主能力的发展。总之,学生主体地位占有及其主体性的发挥是传统教学与现代教学的本质区别,只有把握教学活动的主体性特征,才可能从根本上解决教与学的关系,才能够尊重学生主体地位与主体人格。

教学系统重建理念应始终以学生主体性发展作为起点和依据,将学生的自主性、能动性与创造性居于教学价值的核心,力求培养学生的主体精神和主体意识,提高其自我教育的能力。从实施层面,教学系统重建需要搭建能够使学生从主体走向客体的工具和支架,创造有利于唤起学生自我意识的教学模式。

(三)搭建理念与行动之桥:教学模式

最早的关于模式的定性描述是这样的,"对任何一个领域的研究都有一个过程:在鉴别出影响特定结果的变量,或提出与特定问题有关的定义、解释和预示的假设之后,当变量或假设之间的内在联系得到系统的阐述时,就需要把变量或假设之间的内在联系合并为一个假设的模式"[③]。模式从理论中派生,还可以经过探究进行重建,是理论与实践的交互作用下"否定之否定"的过程。模式形成的过程中是内容、形式与需要三者的统整——内容决定形式、形式反

---

① 裴娣娜.教学论[M].北京:教育科学出版社,2007:20.
② 裴娣娜.教学论[M].北京:教育科学出版社,2007:372.
③ 查有梁.教育建模[M].南宁:广西教育出版社,2001:4.

作用于内容、内容与形式的关系随着需要的变化而发生变化。由此,模式是一种科学操作与科学思维的方法,它是处于理论与实践之间的中介方法,是沟通理论与实践之间的桥梁。一方面,可以在实践基础上经过概括、归纳与综合建构模式,经过实践的检验成为一种理论。另一方面,在理论指导下,经过类比、演绎、分析提出多种模式,在实践中解决不同的问题。模式不仅建立在坚实的技术基础与科学基础之上,也有自身的认识论基础,包含了从实际出发的实践论、抓主要矛盾的矛盾论与把握变化过程的过程论的哲学思想。由此,模式是适用于原型与新型、理论与实践、问题与求解的变革实践的一种重要方法。

现代教学理论中,教学模式是指一定的教学思想或教学理论指导下,为实现预定的教学目标而设计的相对稳定的教学流程及其方法体系。一个完整的教学模式一般包括五个基本的因素,指导思想或理论依据、达成目标、操作的条件、活动程序和评价方法。[①] 从教学模式指导教学改革实施的角度,重建教学模式能够将比较抽象的教学理论转化为具体的可操作性的策略,是教学目标、教学方法、教学组织和教学手段的综合体现,能够使教师明确所要达到的目标与具体的操作流程,促使教师明晰教学过程中应该做什么、为什么做、怎么做,从而促使教学行为合理、合情与合意,最终促使教师教学行为规范有效。由此,教学模式建构能够使教学改革的理论与思想、目标与实施落实到教师的教学行为之中,并以此为切入点,不断促进教与学的行为方式转变。

第二节　学校教学系统重建实践

一、X 学校"成长"教学系统重建

X 学校以"成长"课堂教学落实学校"儿童中心"教育思想,力促学校"学生中心,人性至上,顺势而为,自然成长"办学理念最大化地体现于课堂教学之中。学校通过教学模式的设计与实施,将"为了儿童成长需要"思想转化为教师教学行为,促使教师在不断优化教学行为中逐步形成自己的教学信念。学校在课堂教学改革实施中对教师施以教学理念引领,对先进学校教学模式"临帖、入帖、破帖"(X 学校教师所言)过程中逐步完成了学校的"成长"教学模式

---

① 裴娣娜. 教学论[M].北京:教育科学出版社,2007:197.

建构。模式推行中,学校通过备课组建设及其规则创设,促进教师自我反思、相互协作,逐步实现了"成长"价值教学系统重建。

(一)"成长"课堂教学模式建构

X学校的"成长"课堂教学模式是在学习先进学校教学改革模式的基础上,经过模仿、研磨、发展中创新、成熟阶段,逐步成型完善的。"为了学生成长需要"理念主导下,X学校构建了"成长"课堂教学模式及其"发现课"、"分享课"与"达标课"三种课型[①]:

X学校"成长"课堂课型重构

"成长"课堂教学模式的理念是,一切从学生的需求出发,让每个孩子都个性地、持续地成长。教师秉承的信念是,相信学生,即相信学生能够学会学好;还权于学生,把时间与空间、话语权还给学生;解放学生,就是教师允许学生暴露问题、犯错、自主作出决定、积极营造课堂中的平等与尊重,重新定位教师作为观察者、倾听者、合作者、服务者与促进者的角色;重新认识学生,每一个生命都不同,每一个生命都有巨大潜能,都能够自然成长;教师应以促使学生的人性、人格发展与学习的主动性和创造性最大化的发挥作为教学的核心价值。

课型重构着力于以下几个方面。教学的四个工具:导学案、小组建设、展示、检测与评价。主要教学方法:自主学习、小组合作学习、展示探究学习。教学组织形式:个别、对子、小组、小组间、班级组织及活动。

教学课型共分"发现课""分享课"与"达标课"三种。"发现课"教学共分为五步:第一步,明确目标。主要包括教师导入新课、教师学生共同解读目标、教师出示评价标准与项目方法。第二步,问题暴露。独自学、对子学、小组学。第三步,聚焦问题。组长对问题收集并分类,学生将问题呈现在本小组黑板上的"暴露区",积极争取组长、学科组长与教师的帮助解决问题。第四步,分享准备。小组认领展示的问题,并讨论解决的方法,教师巡视点拨学生指导并做好展示准备。第五步,总结评价,自己、小组长、学科班长与教师分别对前四步学习的问题与内容、过程与方法、态度与成效进行总结和评价。学生经历了独自学习、对子互批、组长反馈、班长评价及其过程中的教师指导的学习过程。

---

① 欧阳海平.一切从学生需要出发——课型重构的意义与流程[N].中国教师报,2014-2-19(06).

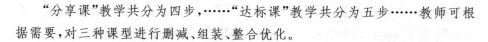

"分享课"教学共分为四步,……"达标课"教学共分为五步……教师可根据需要,对三种课型进行删减、组装、整合优化。

"成长"课堂教学模式强调了教师作为促进者、组织者、服务者的角色行为,教师围绕儿童自主学习、小组合作学习、展示与暴露、达标与问题探究学习的需要,做好指导、点拨与纠偏,并适时激励和评价,创设了学生主动接受外部信息、自觉行动的平台和机会,激发学生自主与创造性发挥,规范了教师与学生平等话语权,保障了学生学习的主体性地位。"成长"课堂教学过程凸显了师生"主体间"交往本质观,教学行为体现了"互动中生成"的交往观、"学生学习中心"教学观。

(二)"成长"课堂教学模式推行中重建教学系统

1."成长"课堂教学模式推行

X学校教学模式建构过程中,每个学科都涌现了若干个"明白人",他们成为学校教学模式推行中的学科教学引领者,承担公开课的主讲、点评人,完善教学模式实施中的技术、改进评价细则设计等。学校在模式推行采取了一系列措施。

(1)人人学用"成长"课堂教学模式

学校要求教师人人都要学会成长教学模式的基本操作流程,并能够理论与实践相结合,总结提炼课堂教学改革校本理论,例如,关于就"成长"课堂教学模式中教师如何点拨的策略,教师总结为"三讲、三不讲"策略,"三讲"是指学生的知识缺陷要讲、开启学科思想的问题要讲,质疑讨论后仍然不清楚的要讲;"三不讲"是指学生在自主学习之前不讲、学生会的不讲、学生讲之前不讲。[①] 类似的"教学小知识"学校里有很多,都是教师们自创的。

(2)主题式课堂教学观摩

模式实施中学校每两周都会组织一个主题研讨,比如,导学案学习目标制定、小组班级展示、小组合作学习等。然后针对这一主题,教师人人进行课堂活动设计、观摩、讲评、相互观摩学习,在相互观摩中掌握教学技术。

(3)强化课堂教学督导与评价

学校规定每个教师的课堂都要对其他教师开放,学校里每天都有"转课",即校长、负责校长、同备课组的教师不定时在课堂停留3—5分钟,进行课堂督

---

① 参照 X 学校 2010 年课堂教学改革校本培训资料整理。

查与评价。他们将评价结果及时反馈给讲课教师,并与讲课教师进行沟通,保障问题能够及时反馈和解决,学校每周都开两到三次小型的反馈会,主要是针对课堂督查的结果进行评价和反馈,并提出改进的建议或方法。

（4）不断改进课堂教学评价细则

负责校长和备课组长将每月（也可以两周）课堂督查中的问题及其解决办法进行汇总,对大家认为科学有效的方法进行总结和提炼,转化为"教学小技巧"或者评价细则,逐步完善原有的课堂教学评价标准。备课组长李老师认为,我们的课堂督查评价表是不断变化的,变化是依据是主要是结合老师一段时间课堂中出现的问题,然后大家一起讨论,参考好的做法来设计的。

2."成长"课堂教学模式推行中的困难

围绕课堂教学模式推行,校长和学校所有班子成员一起深入教研组,进入课堂观课、评课,教师全员参与,学校教研氛围高涨。然而,学校教学模式推行并不像是计划和期待的那样整齐划一,过程中出现了诸多方面的问题。

 访谈3-1

教师还没有转变教学理念是主要问题

（时间:2014年12月24日。地点:X学校。对象:X学校校区负责校长）

笔者:教学模式推行初期的问题有哪些?

校区负责校长:一段时间推行之后,课堂流程基本上有样子了。但是出现极不稳定的状态,这周强调了就好一点,下周就没样子了。有的教师的改革行为只是为了应付督查,教学行为有时还流于形式,改革积极性不高。教师课堂教学改革的积极性还不均衡,还有一部分教师存在着不愿改、不会改、假改革的现象。比如,课堂中出现的教学设计流于形式、为了展示而展示、把握不好重难点等等。这些现象说明教师的教学信念还没有真正改变,教学理念一时还难以落实到每节课中。

"成长"课堂教学模式毕竟是新生事物,学校存在着教师难以转变教学观念、束缚于传统教学关系的沉疴,甚至有的教师还存在着不想改、抵制改革的行为和思想,这迫使学校改变推行策略,从仅仅聚焦于课堂、只用教研推进的方式转向更广、更深、更有力的教学组织与管理层面,进而重建教学系统。

3."成长"教学系统重建

为解决教学模式推行中教师积极性不高、观念转变困难等问题,学校将教学改革的重心由课堂拓展到课堂以外的空间,从关注课堂教学行为转变扩展至与教师行为转变密切相关的诸如班级管理改革、教师评价改进、备课组建设及职能强化等几个方面。

（1）加强班级建设

X学校针对小学阶段学生特点和"成长"课堂的"儿童中心"理念,进行了班级管理改革。

访谈3-2

我们靠小组与规则来管理班级

（时间:2014年10月12日。地点:X学校。对象:X学校三一班班主任M老师）

笔者:课堂教学改革以后学校班级管理有变化吗？你们是怎样管理班级的?

M老师:有很大变化。我们将课堂中的学习小组运用到班级管理中,班级每8人一个大组,4人一个小组,邻位结成四个对子,座位按照强、弱、强、弱依次排列,组长一人,由四个对子分别推选一人轮流当值。每班公开竞聘教学班长(主要负责学习方面)、常规班长(主要负责纪律卫生组织活动方面)、突发协调班长(负责意外事件和班级内外信息反馈)三名,三名学科组长,三名督察组长,每个组员都是小组管理者,承担班级管理工作职责。组长、班长和教师按照分工负责承担相关评价任务。以小组为单位评价学生课堂表现和班级各方面表现。学生全员参与讨论制定小组与班级管理制度,小组自行制定每周的学习、生活目标,按照既定的检查、评价、通报、监督的工作流程,依据组内分工和约定俗成的班规,轮流当值,对每天从晨读、晨会、课间操、课堂学习、卫生、秩序、纪律等方面的工作与生活进行检查与公示,按照制定班级和小组的评价办法评定等级,进行月汇总、月通报。班级工作开展以学生为主,教师的主要工作是对班长、组长进行管理和评价方面的培训,设计班级主题活动开展,指导学生开展系列的班级主题活动。

以上班级管理策略的实施,改变了传统班级管理中班主任集中领导,班干部受班主任委托管理班级事务、扮演执行官与监督员的角色,小组长作为班级的情报员和组织员的运行模式。学生全员参与、轮流当值、班级管理自主运行的新常态,促使小组成员人人主动参与管理,小组积极合作,班级人际关系发生改变,有利于形成公正、公平、自主、和谐的班级管理氛围。

(2)让教师成为教学改革的实施者、合作者与评价者

X学校教学改革推进过程中,教师教学综合评价主要包括课堂教学、教师日常教学工作与教师作为评价者的职责三个方面。笔者在参与观察基础上对教师教学评价工作访谈如下。

 访谈 3-3

教师人人成为评价者

(时间:2014 年 10 月 12 日。地点:X 学校。对象:X 学校 L 老师)

笔者:教师的教学工作是怎么开展评价的?

L 老师:教师依据发现课、展示课、巩固达标课的三种课型评价量表,进行自我定量定性评价,并写自我反思。学校每学期会抽查看一看,只评出优秀的。教师还要人人巡课,按照每位教师期初制定的每周两节巡课任务,巡视本年级所有老师的课,按照巡课标准评分定级。学校也组织听评课,一种方法是校长和负责校长不打招呼直接到各个年级组和备课组听课,比如随机抽查一位某学科教师的课。另一种方法是学校提前半个月通知备课组推荐一节课,然后评出 A、B 或 C 档次,评定结果就代表备课组所有老师本月的课堂评价成绩,我们备课组教师都要互相帮助,集大家的智慧来研究这节课,"大家都蛮拼的"。

我们一般是在学校每学期开学的全员培训中,每一位任课教师都会自愿领受教学检查和评价任务。评价内容与标准由每个任务领受者与同组人员协商制定,每一项任务都提(不能触犯的)底线与规则。教学中这些检查都是由教师或学生负责,每个人负责对自己领受的任务进行检查、评价并公示,组长负责汇总各位老师的评价。

以上措施的成效在于,学校营造了课堂开放,人人都是评价者的评价氛围,教师自评、互评、学校抽查评、自我领受评价任务、小组捆绑评等一系列评

价办法,促使教师由教学管理中的被动者变为教学改革的主动实施者、评价者与日常教学工作管理者。

(3)强化备课组职能

民进学校的教师们认为,由于备课组(任教同一年级的同一学科的教师)在同一时期面临相同的教学问题,以备课组为单位开展教研活动能够最大限度满足教师解决问题的需求,便于教师研讨、交流与合作,备课组也因此成为学校课堂教学改革的基层组织。

访谈3-4

备课组长能够出点子了!

(时间:2014年10月12日。地点:X学校。对象:X学校五年级语文备课组长D老师)

笔者:学校备课组长都有哪些职责和权力?

D老师:我们学校取消了教研组长,全校性的学科教研活动由负责校长组织,备课组长协助开展。要说备课组长的权力,最大的权力应该是我们能够创新,出点子!(哈哈笑)工作职责主要有,一是出主意、定计划。每学期初,和教师们一起制定备课组学期计划,领受任务、参与评分定级。

笔者:抱歉打扰一下,能详细说说你们怎样制定计划的吗?

D老师:计划制定过程中备课组长先做主持人,不公布自己的意见,让大家提想法、组长记录汇总,汇总后每个人可以提出补充意见,组长一般在这个时候提出自己的想法,征求大家的意见,再讨论经大家同意后通过。根据通过的工作计划内容,每个人分别领受任务,根据需要讨论这项任务的评价标准、制订出评价标准、底线及其触犯底线的惩罚措施。惩罚措施算是自罚,如唱个歌,扫个地,买一次苹果等。

笔者:谢谢! 请您接着往下说。

D老师:二是上传下达,信息资料的汇总和传递工作,按照计划与约定的规则与标准开展日常工作。三是组织集体备课。给教师分配教学单元的备课任务,分配到任务的教师作为该单元的主备人,提前一周写出该单元的导学案,然后每周在固定时间周二、三下午讨论这些导学案,每个人提出意见和建议,完善主备人的导学案,在此基础上进行"个备",即每个教师备出自己的导学案。

以上备课组的职能强化主要体现在：一方面，由于备课组长与教师之间的双向沟通加强，提升了备课组日常工作的效能；另一方面，备课组长能够针对问题和教师一起出主意、想办法，提升了教师教学研究的积极性，激发了备课组教师教学改革的创新力。

　　（4）加强备课组建设

　　X学校通过自主权下放和备课组制度设计，使得紧密型备课组替代了原来松散型教研组，为提高备课组工作成效，学校制定了课堂教学与教研工作规则。

　访谈3-5

备课组的四大规则

　　（时间：2014年10月12日。地点：X学校。对象：X学校五年级语文备课组长D老师）

　　笔者：学校备课组都有哪些规定或者制度？

　　D老师：我们学校备课组里大家都遵守的规则有几个。一、备课组教师自主领受任务的规则。教师共同策划学期规划，共同商定学期执行项目与标准、任务，自己领受、自己制定底线与自罚内容（过程中学校还试行了大概一年）教师轮流当值做一个月备课组长的制度，人人体验管理者角色。二、捆绑评价制度。捆绑式评价促使教师"就是没有点子也要拼命想点子，这个组就是一个团队"。"我是A你就是A，我是C你就是C，你要不要帮我？而且不仅仅是抽课、抽常规、作业批改等各个项目，所有的评价都是捆绑式，这不是逼着我们去合作啊！"三、导师制。模式推行初期，采取投票选举的办法，评选出教学改革优秀教师，给教学改革效果差的教师做导师，导师要负责定期与他谈话，主要谈教师角色、谈学生观、谈教学流程、谈教学改革理念，由导师专题辅导理论与实践。学校每学期对导师与徒弟结对考核。四、备课组中的反思制度。形式包括教师每天个人的课后反思、周反思会和月反思会，反思内容包括教师个人成长经历和学生成长故事，可以说课堂教学的理念、研究与行动等教育故事。

　　以上教学改革中的规则和规定，促使备课组有效发挥了凝聚学科教师、形成研究力量与构建学科团队的职能。

学校将教学模式推行作为一个系统工程,从课堂教学模式实施的技术层面,学校将课前集体备课、课中督查评价与课后反思作为一个系统来规划;从模式推行的组织层面,有效地整合了教师行为转变的动力,班级管理突出了学生的主体性,为课堂教学关系转变营造了自主与平等的班级氛围;通过教学评价设计,使教师集课堂教学改革的评价者、合作者与实施者于一身,促使教师在不同的角色体验中交流互动、相互借鉴、对照反省,进而转变教学行为,提升改革的主人翁意识;通过专题教研活动,帮助教师克服教学行为转变中的困惑,借助评价,保障教学问题解决与教师教学实施水平提升;加强备课组制度建设为教学教研活动有效开展提供了组织保障。这些组织措施立足教师教学行为转变,系统地整合了学校组织多方面的改革驱动力量,有效激发了教师教学变革的主体性。

二、C 学校"大展示"教学系统重建

教学模式按照该教师的说法是"3D('三大'的简称)"模式,即大展示、大阅读、大单元。大展示是指课堂教学中通过放大学生学习过程展示促使问题暴露、师生间开展质疑、点拨与补充,进而促进学生学习的主动性和创造性,提高学习的有效性;大阅读主要是指学校和班级每月组织学生开展的各学科(主要是语文、英语速读、速记)读书展示活动;大单元主要指一个单元的学科教学结束之后,教师对其单元知识进行精讲与点拨,引领学生一起建立单元知识树。笔者 2016 年 4 月实地观察该校时,学校一部分班级在试推学生每人一个平板电脑进课堂,课堂教学模式将升为"5D",即在原来基础上又增加了大数据与大平台,大数据是指学校将对每班、每个学生在校每一天主要的学习过程、生活行为、评价等建立一个数据库,以对每班、每个学生进行个性化、综合分析。大平台是指利用现代信息技术,建立全校师生线上线下、课堂内外、家校共享的学习交流平台,以满足教学过程中师生的个性化需求。就课堂教学而言,"大展示"是教学模式的主要精髓。

(一)"大展示"课堂教学模式

"大展示"课堂教学模式旨在通过放大展示学生学习的过程,课堂通过学案自学、小组展示、班级展示、点拨质疑、达标检测等教学环节,保障学生自主学习的时间与空间、课堂话语权,促使学生学习中的问题与需求能够及时暴露,教师适时点拨,进而实现学生自主学习、主动合作与有效探究,凸显教学的主体性价值。以下是学校的大展示课堂教学模式具体内容:

"大展示"课堂模式操作流程[①]

"大展示"课堂教学模式具体而言即"三型六步一论坛"。"三型六步一论坛"中,三型是指三种课型,"预习展示课""提升展示课""巩固展示课",六步是指每种课型分为六步,一论坛是指每个单元结束后,教师要引领学生一起对单元知识进行总结提炼,建构单元的"知识树"。

"大展示"课堂教学实施过程分为六步:第一步,明确目标,即教师出示课题、目标、要求与问题设计,学生明确自己的学习目标;第二步,依据学案内容学生自主、独立学习;第三步,小组讨论,小组针对生成的学习成果进行组内展示与讨论;第四步,展示拓展,小组成员就某一问题进行班级展示,教师点拨;第五步,穿插巩固,组间学生质疑、点评或补充,师生在倾听与对话中探讨重点难点问题或思路,进一步达成与巩固学习目标;第六步,当堂测验,学生完成学案中的达标检测问题,教师当堂对检测结果进行评价与反馈,保障学习目标达成。

预习展示课,突出学生独立自主学习,需要小组长带领组内成员展示学习成果……提出未能解决的困惑;提升展示课,针对重难点,有选择地组织并设计小组在全班展示……主要目标是促使学生体验系统性思考的过程、学习总结类问题的解决方法。巩固展示课,旨在学生能够学以致用。通过精心设计教学内容,展示自己独到的思维和见解,并通过学生"兵教兵"合作……提升自主探究能力。以上三种课型,教师可根据课标的授课课时要求,结合学情与教材内容组合搭配授课课型。

大展示教学模式促进了学生学习能力的培养与师生之间的"对话"关系的建立。预习展示课注重学生自主学习与合作学习能力培养;提升展示课加强了学生重难点问题解决,师生在展示、质疑、点评中归纳问题解决的方法,总结学习思路,关注学生学习过程中思维品质形成,提升学科思维能力;巩固展示课则重在学以致用,在新问题的解决中训练学生探究新知识的能力。三种课型紧紧围绕学生学习能力、特别是自主、合作与探究的学习能力培养,突出了教学过程中师生主体间的互动生成与教学相长。

(二)"大展示"教学模式完善中重建教学系统

1. "大展示"教学模式实施

该校沿用改革启动期"研训学用"一体化运行方式,"大展示"教学模式实

[①] 依据 C 学校"三型六步一论坛"内部培训资料(2013 年 4 月)整理。

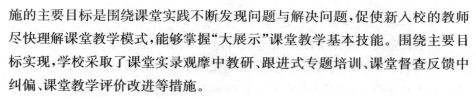

施的主要目标是围绕课堂实践不断发现问题与解决问题,促使新入校的教师尽快理解课堂教学模式,能够掌握"大展示"课堂教学基本技能。围绕主要目标实现,学校采取了课堂实录观摩中教研、跟进式专题培训、课堂督查反馈中纠偏、课堂教学评价改进等措施。

（1）课堂实录观摩中教研

课堂实录观摩活动由督查委员会主任主持,学校督查委员会老师针对课堂教学中的相关问题录像,组织观摩中根据需要播放录像片段,由教学改革经验丰富的教师就课堂实录中的问题进行剖析,同备课组的教师也可以发表意见,整理大家意见,指出教师在教学设计、教学环节、教学行为方面的问题,然后让新教师现场反馈自己对该问题的理解和认识、问题的症结、怎么纠正等,之后校长总结点评。

（2）跟进式专题培训

跟进式专题培训首先是学校针对一个阶段的主题对教师进行理念培训,然后是针对当时课堂教学中呈现的问题,备课组进行反思总结,进行策略培训,最后是达标式培训,就某一主题指定教师完成主题阅读和理论学习任务,通过理论考试和说课做课,进行达标式培训。

（3）课堂督查反馈中纠偏

除了这些固定时间和形式的教研与培训活动,学校几乎每周都有两到三次即时性的小短会,一般在第二节课间操和下午课外活动,会议时间 5—20 分钟不等,会议内容主要包括两类,一类是督查人反馈当天或者当周课堂教学发现不好的现象,并提醒大家注意或者发出禁止和杜绝之类的警告;另一类是督查人对班级管理中的问题进行通报、表扬或者批评。

（4）课堂教学评价改进

随着模式的深入推进,学校从启动初期的重点关注教学流程与技术层面逐渐转向更加重视教学整体效果;对教研活动与专题培训内容进一步细化;通过课堂教学评价改进提高课堂教学改革整体标准与要求,课堂评价改进经历了实施初期注重教学环节及其行为技术的评价,要求教师在把握课堂全流程的基础上,评价主要聚焦每个月的教研与培训的主题,督查评价公示内容也相对有所侧重;后期主要对教师教学整体把握状态进行评价,保障学生在导学、读学、研学与展学环节有高的参与度、投入度与生成度,课堂教学评价则侧重评价学生。

2."大展示"教学模式推行中的问题

以上课堂实录观摩中教研,跟进式专题培训,课堂督查反馈中纠偏、改进,完善课堂教学评价四项措施实施,有效地保障了学校对教师课堂教学行为转变的监控与指导,解决了教师课堂教学技术方面的困难,但是这离学校教学改革的目标还有较大差距。

访谈3-6

还未能把握"大展示"教学的精髓

(时间:2014年9月19日。地点:C学校。对象:C学校年级L主任)

笔者:课堂改革前期存在哪些问题与困难?

L主任:第一年只能说是有序运行,但是还有很多具体问题没有真正解决,操作中就遇到很多问题,导学案设计是难点,一是要从有利于学生的学出发,二是理解与把握教材,寻找资料要做很多工作,三是进行问题设计,学校提出要将知识问题化、问题层次化,这些做起来都不是那么容易。学生展示环节不易把握,经常出现拖堂、完不成任务。小组分工合作环节总是会出现这样那样的问题。距离胡校长"课堂教学改革初创期绕不过去的十大问题"报告中的思想与策略,我们都还停留在肤浅的层面,还需进一步研究、实践与学习,才能够深刻理解与灵活把握"大展示"教学模式的"自主性、主动性与创新性"理念与实质。

教师做到"大展示"教学模式的流程和形式并不难,难的是能够体现"大展示"思想精髓,放大展示是课堂教学改革的有效切入点,教师怎样设计教学问题与预设活动,组织教学过程,同时做到精准点拨,还有待营造有利于专业成长的教学管理氛围,不断提升教师学科素养和教学能力。

3."大展示"教学系统重建

为了更好地保障教师教学行为转变,围绕新教学模式实施,学校从班级管理、教学评价、教研活动和教研组织等方面采取了一系列的措施。

(1)重建班级文化

班级文化反映了班级学生生活与学习的方式,是师生交往方式的重要体现,为营造有利于学生自主性、主动性与创造性发挥的民主、平等、开放的班级文化,致使课堂教学中真正实现自主、合作与探究学习方式转变,学校始终致力于班级管理并营造"自主与自律"的文化。

 **访谈3-7**

班级文化建设的四个策略

（时间：2014年9月18日。地点：C学校。对象：C学校W班主任兼年级主任）

笔者：学校班级管理和其他学校有不同吗？你们是怎样管理班级的？

W班主任：和我以前待过的学校很不同。我们主要这样管理班级：第一，从班级环境布置方面，学生以小组为单位围坐，每个小组自主设计组名与组训，每个班级自主设计班名、班训和班风，阅读园地、评比积分栏、学生寄语、暴露区、反思台等。第二，班干部产生办法不同，我们为了给班上每个学生展示的机会，每学期开学一个月之内，先由学生选报管理岗位，按照所报意愿学生轮流当值班干部、组长、班长、课代表、宿舍长，每大周后由学生投票评选出前三名，然后根据岗位需要，在每大周选出的前三名中再选出优秀者，作为班干部的后备人选，最后，班主任征求各任课教师意见、全班同学意见商定后确定班级不同岗位的管理干部。第三，学生全员参与、自主协商来评价。学生评价学校实行600分制，学校提出相关建议和评价内容，由年级组统一制定标准，多部门多层次进行评价。在班级范围内的评价，都由学生参与制定细则，学生全员参与分工，进行定性、定量或者推举、投票等评价办法。第四，班会与班级主题活动方面。主题班会是班级校本课程方面的主要考核内容，班会内容叙写有规范的格式，包括主题的确定与实施背景、讨论内容、问题设计、讨论流程与形式、结果反馈、延伸与拓展的问题与活动。跟我们的课堂教学流程差不多。

以上班级管理的四个策略注重了班级文化建设，转变了传统班级管理中学生总是被告知做什么和不做什么、处于被控制和被支配的情境。班级管理中学生的自主意识与自主能力得以提升，这种自主、合作与创新的班级管理氛围，极大地促进了学生的主体性发挥。

（2）学科组开展教材单元整合

C学校的学科组是指任教同一学科的教师。随着教学模式实施与深化，教师基本能够把握教学流程与技术，但是多数教师对教材研究并不透彻、问题思考与设计不科学,点拨和精讲还不到位,单元知识梳理和方法归纳还比较欠缺,课堂教学效果不尽人意。教师教材驾驭能力一时成为教学改革进程中的主要矛盾。为此,开展学科组"大单元"教学专题研究,成为学校课堂教学改革工作的重心。笔者在参与年级组教研活动观察与查看大单元教材资料的基础上进一步访谈如下。

 **访谈 3-8**

学科组大单元教材整合怎么开展?

(时间:2014 年 9 月 19 日。地点:C 学校。对象:语文学科组 X 老师)

笔者:学科组怎么开展大单元教材整合?

X 老师:学校先组织学科骨干教师先将教材整合为模块,组建教学单元。然后按照扬长避短、优势互补的原则调配单元教学任务,分配给最合适的教师,进行专题研究,也就是把教材知识资源与教师教学资源重组。以语文为例,主要按照学段(年级)、文体(经线)、主题(纬线),将语文单元分成写作、应用文、语文基础知识、名著赏析四个模块,分别展开对其教材文本、课程与设置(年级与课时)、侧重主题、考点研究、语文素养、能力拓展、教学课型设计、实施原则与方法进行梳理、归类与提炼。我们语文组提出了语文大单元教学的整合原则,开放性原则,实现真正意义上的同课异构;整体性原则,整体系统把握教材,先通研再浓缩,提供营养丰富的知识大餐;互补性原则,进行同一单元、两个教师"贯穿模块点备课"方式,改变传统的点式备课……

大多数教师认为,学科组里的大单元教学与教材研究及时有效地弥补了自己对教材驾驭能力的不足,提高了课堂教学的成效。从而使教学的内容与形式更加契合,提高了教学成效,凸显了学科教学育人价值。

(3) 完善备课组工作流程与制度

C 学校的备课组是指任教同年级、同一学科的教师。除了学科组专题教研活动,学校还实行备课组集体备课制度,集体备课制度是学校改进教师编写导学案、设计教学过程、讨论课堂教学实施中困惑的主要组织保障。笔者参与了数学备课组活动观察,在参考学校数学组集智备课流程资料基础上,访谈了新入职任教数学的 W 教师。

访谈 3-9

备课组对新教师帮助很大

（时间:2014 年 9 月 19 日。地点:C 学校。对象:W 老师）

笔者:备课组对你有帮助吗？你所在的备课组是怎么开展活动的？备课组里有哪些制度？

W 教师:帮助很大喽! 我们的第一份导学案(以下简称学案)、第一周的授课、第一学期的教学问题总结主要是在备课组里老教师的指导下完成的,只要有问题,他们就随时给我们指路,有时候都是手把手教我们的。我们备课组活动的一般流程是个人准备、一人主备;主备人发言、备课组教师集体研讨;主备定稿、个人二备;个人课后反思、双色笔改进学案。以我们数学备课组为例,数学组集体备课流程包括,第一步,定单元集体备课课题、定主备人、定单元教学进度,即三定;第二步,个人初备;第三步,集体研讨,主备人带领大家各抒己见,集体备课的具体要求是做到教学设计"五统一"、研究"两题",五统一包括统一单元教学目标、教学重难点、学案、教学环节、巩固练习、当堂测试,研究"两题"是研究课堂检测题与课后练习题;第四步,修正学案,主备人将集体研讨后的学案完善成型并打印,后由学科主任签字;第五步,个人再备,个人依据成型后的导学案,结合班级学情,完成自己的学案。备课组里有分工也有合作,制度主要包括集体备课责任制、听评课制度、全员参与督查评级制度、捆绑评价制度。备课组捆绑评价制度就是学科组对备课组评定等级,备课组的这个等级即全体备课组教师的绩效等级。

备课组有效促使新教师在教师帮助下快速成长,得益于备课组融洽的人际关系与浓厚的研究氛围,显然也与他们的集体备课制度和详细的工作流程密不可分。

（4）优化教学评价

为保障教学改革目标实现,学校依据课堂教学改革不同时期的问题解决,完善了相关评价,优化了教学评价内容与办法。可见以下 C 学校教学评价的规程①：第一，关于教师课堂教学效果检测的规定。此规定加大课堂教学改革成效评价权重，将即时抽查的课堂教学效果检测纳入教师课堂教学奖，占比 50%，具体操作方法是，每次抽测半个小组（学生 8 人为一个大组，大组中分两个 4 人小组，学生分强弱强弱均衡排座位），每大周对每位教师检测一次，按照分值折算。第二，与课堂教学相关的系列评价。学校细化了"大展示"课堂教学中主要技术标准，先后制定了导学案评价标准、学探案的检查与评价办法（学探案检查是要求教师及时批阅包括学生前置预习的学案、课上使用的学案、使用过的学案）。教师集体备课规定及评定办法、教师听课与评课的流程与评价量表等。以数学学科组听课流程为例，数学组听课步骤与标准是：听课前，做好"三定"（时间、地点、内容）、"三备"（备内容、备问题、备预设）、"三拿"（拿学案、拿笔记本、拿双色笔）；听课中做到"五看……""三听……""一记录……"；听课后，做到"三个一"，（一思考，即思考这节课的优缺点，一分享，与执教教师分享，一反思，反思自己的不足以便提升）……第三，加强师生教学与学习反思的规定。学校出台的规定中明确了反思的内容、过程与评价方法，反思主要包括教师反思与学生反思，反思的目的是改进工作与学习，规定教师每周进行两次正规反思，组长和主任签批，优秀的反思在学校反思专栏张榜展示，并要求在组内传阅，督察组每大周检查一次，并评定等级计入年级组和学科组的考核。

除了以上这些规程，学校还规定年级组长与备课组长要根据评价制度实施中的问题及时纠偏。正如年级主任 L 老师经历的那样，"模式实施初期，由于大多数教师都不会、都做不好，大家都是初级，拉不开档次，学科组就新规定，如果当月某备课组都是初级，取消当月奖金。如果大家多是 A 级，那就提高评价标准或者随时修改评价的指标，评价就是要拉开档次，奖优罚劣!"。学校以评价促改革的这些做法，诸如以"大展示"课堂中的学习小组为单位进行过程性检测，不断完善教学管理过程中相关方面的评价细则，细化了教学教研活动流程与技术，明确了行为标准与规程，注重在评价过程中的互动生成，坚持以评价促发展的指导原则，评价等级与教师绩效考核挂钩等，极大地提升了评价的"改善与发展"价值与功能。

教学系统重建中，班级文化重建改变了班级生活中师生角色定位，教师成为学生的辅助者、指导者与促进者，学生是班级管理的自主行动者，致使师生

① 参照《C 学校管理手册》第 17,34,35,71,78,82,158,163,166 页相关流程与制度摘要整理。

之间平等关系建立;学科组织的职能充分发挥,促使不同学段教师优势互补,结合学情、整合教材、教法与课程设置,促使教学实施更加科学合理;备课组工作流程与制度完善促使学科教研活动有序高效,教师密切协作,同伴之间信任关系建立;通过完善不同层面的评价规程设计、优化教学评价,强化教师反思自评,营造了有利于教师教学实践中反思、反思中成长的评价氛围。

三、G 学校"主体"教学系统重建

G 学校的"主体"课堂是凸显师生"主体性"课堂教学的简称,教学旨在通过发挥师生的自主性、主动性和创造性,提升学生自主学习能力。"主体"课堂教学模式建构是校长与骨干教师试图探求素质教育与应试教育的路径,寻找教师"主导"与学生"主体"有效结合的探索和尝试。学校通过教学模式推广促使教学行为转变,基于师生教与学行为转变的问题解决重建了教学系统,有效促进了教师教学研究的积极性,进而实现了师生"主体性"价值提升。

（一）"主体"课堂教学模式

G 学校的"主体"课堂教学模式倡导教学设计与教学过程应始终依据学生的学习情况,发挥教师专业学识和经验优势,互动生成学生个性化的学习目标、内容与方法,以培养学生自主解决问题的能力为目的。为此,学校建构了"主体"课堂教学模式[①]

"主体"课堂教学模式

理论支撑:"主体"课堂是在对传统课堂过度干预与主导批判的基础上,根据高中学生认知特征,以奥·苏泊尔"接受学习""发现学习"与"意义学习"理论为支撑,对学习材料进行逻辑意义改造,提出了"有意义教学"理论。教学过程中,学生首先通过"发现学习"——依据学习指导书自学和研讨,然后"接受学习"——听教师精讲,从而吸纳消化生成"有意义的学习",通过教师优化教学活动基础上的交往、讲授与导向作用,提高学生的主动学习能力。

教学工具:一是学习指导书,基本内容包括知识沙盘、自主学习、交流研讨、知识与方法、自我测评五个板块。基本要求是设置诱导性问题,激发学生的学习兴趣,并体现出由浅入深,由表及里的认知过程。二是精讲案,其内容包括教师课前预设的教学设计、课中收集整理的生成问题与精讲内容补充、课

---

① 参考 G 学校《"主体课堂教学研究与实践"成果报告手册》(2011 年 12 月)摘要整理。

后反思。

教学方法：独立学习、研讨式学习。

教学组织形式：个别化、随机研讨小组、班级。

教学设计主要包括教学准备、教学设计与教学组织过程三个方面。第一，教学准备。准备学习材料，教师对教材进行二次开发，编制学习指导书。学习指导书与教材是学生的主要学习资源。课时安排，课时设计为 40 分钟、80 分钟两种类型。教室布置以黑板为中限，教室一分为二，中间为通道，学生座位布置为面对面两个方阵。第二，教学设计。一方面，确定课堂学习目标与学习内容，教师站在学习者立场，解读国家课程标准，制定具体的单元学习目标，分解学习目标，如重点、难点、知识点，整合学习资源，选择具体的学习内容；另一方面，指导学习方法，根据学习目标指导学生自主学习的一般普遍性方法，激发学生形成个性方法。第三，教学组织过程。主要包括自学、研讨、测评与精讲四个环节。自学，学生依据教材与教师编写的学习指导书，明确学习重点、难点、知识点，自主完成学习目标，在自主思考过程中生成新的学习目标、学习内容；研讨，自学存在的疑问、生成的新问题，采用三人小组自由研讨的形式在一定程度上解决；反馈与测评，通过一定形式（如测验、自由提问）衡量和搜集学习目标的达成情况；精讲，教师讲解前三个环节的共性问题、生成的问题、有价值的问题，旨在指导学生建构知识体系、升华认知意义、掌握学习方法。

以上"主体"课堂教学模式侧重教师对教材开发，突出知识之间的逻辑关系，通过指导手册，学生自学知识沙盘、学生研讨、师生共同交流、提问、反馈，启发学生思考，在问题充分发掘之后由教师精讲点拨。"主体"课堂教学模式这种简约明快的教学过程体现了"主体间"的"互动生成"，开放式问题交流凸显了教学组织形式的多元化与个性化。教师对教材二次开发，精心设计知识沙盘提供学生自主学习的支架。问题充分交流之后的精讲环节创设，促使学生经历了苦思冥想之后能够恍然大悟，极大地提升了学生的自主学习能力与探究兴趣。

（二）"主体"课堂教学模式推广中重建教学系统

1."主体"课堂教学模式推广

进入改革实施阶段，学校的主要目标是发展更多的实验班，倡导更多的教师能够理解和使用新教学模式。为此学校采取了四个方面的措施。

（1）教授讲座与课堂点评引领

模式实施推广初期，学校分别就新教学模式的理论依据与实践策略进行分析与解读。学校邀请国内知名教育教学改革专家和教授,围绕"主体"课堂进行理论讲授、观课、评课、研讨交流与个别指导,在课堂教学改革实践中进行理论研究,提升教师对课堂教学改革理论的理解,促使教师准确地把握"主体"课堂教学的精髓。组织学校层面的培训学习,每学期邀请全国课堂教学改革专家和校内教学改革骨干、专家一起进行"主体"课堂教学研讨会。学校分期分批以教研组为单位派教师前往重点师范高校参加专业培训。

（2）开展"主体"课堂观摩活动

组织实验团队教师开展课堂观摩与示范活动,引领教师教学行为改变。2010 年 G 学校先后举行了不同形式的"主体"课堂教学研讨活动,高一青年教师为主的"实验探索课"研讨活动,学科教研组长作课体验、各个年级参与的"实验交流课"研讨,"主体"课堂实验课题组的教师展示作课,覆盖到各个学科的教学团队的"实验观摩课"研讨,明确"主体"课堂的操作模式,展示学习指导书的编写体例。学校通过一系列的课堂教学观摩和比赛活动,促使教师寻找教学行为转变中问题解决的方法与技术,在同伴互助中共同改变。

（3）开展课堂教学专题教研活动

教研活动主要围绕"主体"课堂教学问题专题进行分解,开展有针对性的课堂教学研讨,教师从不同层面理解课堂教学改革的目标与价值,在备课、上课、观课、评课活动中介入、感受、体会、领悟"主体"课堂的核心理念,把握教学流程、方法与具体操作技术。例如,学校就学习指导书的编写中怎样做到既能涵盖知识点又暗含知识的逻辑结构问题,怎样使精讲案兼顾预设与生成,使精讲起到画龙点睛、凝练学科思想、开启学生思维的作用等重点问题,就自主学习材料与话题的精心设计、精讲内容及技术的准备与落实、课堂生成与精讲脱节的现象等难点问题,采取了课题组教师每周固定时间研讨修改学习指导材料、打印研究结果、统一使用于"主体"课堂教学的方法。

（4）课堂教学评价改进

模式实施过程中学校逐步细化了课堂教学评价标准与实施细则,以便诊断、规范教学行为,教学评价改进旨在为教师能够澄清自己教学观念与行为差距提供可操作性的参考标准,使教学行为转变有章可循、有据可依,教学效果及时检测与反馈,进而实现教学过程整体优化。例如,G 学校研究设计了《交流课观课评价表》[①],主要从学生学习行为、教师教学行为与课堂文化三个方

---

① 参照 G 学校交流课观课评价表（2011 年 9 月 7 日）。

面评价。设计了《教学观察评价表》①，重点评价教师在教学前、教学中、教学后的行为与理念。其六个评价维度包括：学习材料方面，关注教师学习指导书编制的质量；学生的学习指导书自学完成情况；自主学习与交流研讨方面，主要关注教师作用发挥；精讲维度，关注教师是否做到讲规律和方法、讲关键的知识体系和网络、讲考纲和知识应用，以及"三分天下"（不讲、略讲、详讲）是否处理得当；课堂生态维度，关注学生学习的专注度、目标达成度与民主气氛；整体效果维度，主要包括课堂印象，各环节是否流畅，整体效果等。教师比照以上评价标准与细则进行定性定量评价，以反省校正自己的行为，促进教学行为进一步优化，保障教学目标有效达成。

以上"主体"课堂教学模式推广措施中，教授与专家引领，促使教师把握教学模式的理论内涵与操作技术；一系列的课堂观摩与示范活动开展，促进教师在同伴引领中成长；开展有针对性的教学教研活动，致使教师在实践性反思中领悟教学策略；制定课堂教学评价标准与实施细则，开展课堂教学行为的诊断、规范与评价优化活动，促使教师教学理念与教学行为转变。然而，学校如何使课堂教学理念与行为转变常态化、教学效果与教学价值提升如期实现，还需直面课堂教学改革中的困难与问题采取相应对策。

2."主体"课堂教学模式推广中的困难

学校围绕课堂模式实施进行的一系列教研活动对教师理解"主体"课堂教学理念、熟悉教学流程、领会教学技能有明显的促进作用，但是实施过程中大多数教师存在着学科知识与问题设计、教师的引导、精讲与点拨等关键环节与传统课堂相比没有实质性改变，未能取得理想的教学效果，个别实验班级出现了教学成绩下降的情况。这些问题的呈现促使学校进行阶段总结，寻找深层次的原因。

 访谈 3-10

难点在于教师学科素养的提升

（时间：2015 年 11 月 19 日。地点：G 学校。对象：Y 副校长）

笔者：教学模式推广期的问题与困难有哪些？

---

① 参照 G 学校教学观察评价表（2011 年 2 月 28 日）。

Y副校长：推行一段时间后出现了一些情况，一些教师对新模式的教学理念心存怀疑甚至持否定的态度，一下子还不能理解新的教学关系的合理性，存在理念与认识上的障碍。有的教师一时还不能科学把握教学环节与教学设计，面临诸如对教学目标不能透彻把握、教学设计思路不清晰、教学方法与教学知识点设计不合理，还不能够结合学情熟练运用教材等。对大多数教师而言，要驾驭"主体"课堂教学模式，特别是在通透把握与开发教材、入微洞察学情、恰当整合课堂生成与预设、精当巧妙地讲授与点拨等关键环节上还存在困难。说到底，除了教学理念转型问题，"主体"课堂的开放性与生成性是对教师学科素养的最大挑战！这势必影响学生自主学习能力的培养。

然而，教师学科素养提升需要教师教学研究日常化，亟待营造一种有利于教师专业自主性发挥的氛围，促使教师成为研究者，进而成为骨干人才与学科专家。这势必促使学校将课堂教学改革作为一个系统工程，进行"主体"教学系统重建。

3."主体"教学系统重建

针对"主体"课堂教学模式推广中问题与困难，怎样提高教师教学研究的积极性，促使教师学科素养提升，学校从班级管理、课堂教学评价强化、研究团队建设及其职能发挥等方面采取了一系列措施。

（1）班级管理还权于学生

为增强学生的主体意识，培养学生的自主能力，学校作出了班级管理还权于学生的决定，采取了一系列措施，将班级管理权、教师工作评价权和学习自主权等还给学生，政教处和教务处则主要围绕学生权力行使做好咨询、服务和协调等工作。

 访谈3-11

班级管理中学生的四项权力

（时间：2015年11月19日。地点：G学校。对象：年级主任D教师）

笔者：学校提出了班级管理还权于学生，还了哪些权力，怎样还的？

D教师：第一，将班级管理权还给学生。我们讨论制定了班干部、组长与学科代表设置与换届的程序,班干部岗位由学生自我推荐、班级竞选演讲、全班学生与班主任一起投票表决产生。班级其他管理岗位设置诸如班级卫生值日生、活动开展联络员、班级日志填写员等是由班干部与组长根据班级实际生活需要提出岗位建议,后与全班或者组内学生协商确定,学生自主制定其岗位工作的内容、职责与规则,并遵照执行。第二,赋予班级与学生更多的评价权。学校增设了教室日志,设置教室日志的目的是让学生反映班级每天学习生活中教师与学校的问题,并提出建议。具体做法是,由全班学生轮流,每人一天,对每天的每节课(班会)教师的教学行为进行评价,并填写对学校和教师的建议,每天晚自习由各班送交教务处,教务处老师查看后签字,汇总问题并及时反馈给相关教师。第三,还学生学习自主权。除了班级自主管理外,学校还开展了"入静、入定、入神"自习课堂建设,规定除了每天常规的7—8节授课,其他时间由学生自主支配,教师进班不能讲授,只能根据学生提问和需求进行个别辅导。第四,学生自主开展班级活动。对于班级活动组织,班主任只提出活动的原则和目的,学生自行设计开展。

学校将班级干部选拔、班级管理权、班队活动组织策划权、自习课的支配权等下放给学生,是为学生自主学习提供充分的时间、空间和情境条件,让学生自主地学习与生活成为一种方式,进而提升其自主能力。教师转变为服务者、协商者和促进者角色。同时,赋予学生对教师工作的评价权力,真正使学生置身于与教师平等对话的关系之中。

(2)教师课堂教学评价创新

为促使教师课堂教学行为转变与理念提升,调动教师教学教研的积极性,学校在"主体"课堂教学改革评价方面授予校内学科专家评价权,加强了他们的学术权威。

校内学科专家是很有面子的

(时间:2015年11月20日。地点:G学校。对象:Z教师)

笔者:学校对教师课堂教学改革工作是怎样评价的,这些评价对教师来说重要吗？

　　Z教师：学校将我们每次参与"主体"课堂教研活动的过程表现与比赛结果记录等有形成果存入教师发展档案，作为评价教师教学研究水平的主要依据，需要的时候就会拿出来用。班级里有教室日志，每节课学生对教师上课的每个方面都有评价。我们学校每学期学生都要对教师量化打分，评教量表是机读卡填涂样式的，内容增设了"主体"课堂教学规范的权重，增设了教师每学年的课堂教学综合评价和考核项目。每次课堂教研活动，校长都亲自点评，并表彰奖励优秀教师。在全体教师大会上，校长称课堂教学改革优秀教师为校内学科专家，优先参与研究团队和教材二次开发、编写《"主体"课堂学习指导手册》和《精讲集》，优先被学校派出讲学。我们学校没有额外的奖金，虽然这些评价与教师的工资没有太大关系，奖品也不算多，但是，这些大大小小的评价，多数教师都很在意，因为我们学校的教师都很要面子，个人成就和尊严是我们学校教师最看重的事情，学生评教高，考试出成绩，学科教学有名气，家长认可你，这样才有面子。

　　为引起教师对教学改革的重视，学校加强了对教学改革的评价，建立教师研究能力档案、学生每节课评教、课堂教学教研活动与比赛，校长有针对性地点评，并在学校大会上表扬、口头授予学科专家的赞誉等，这些措施有力地促进教师投身课堂教学改革及其研究，致使教师对教学改革和学术研究心生敬畏。

　　（3）在教研活动中发现培养学科骨干

　　为发现和培养课堂教学改革的骨干和学科带头人，学校开展了一系列课堂教学改革教研活动。通过查阅学校的三年工作计划发现，"在课堂研讨活动中培养学科骨干"是学校推行教学改革的主要措施[①]。通过课堂教学研讨比赛活动发现、选拔、培养优秀教师，为此学校主要开展了三个方面的课堂教学研讨活动：一是"主体"课堂教学大赛活动。主要包括"主体"课堂交流课研讨活动，主体课堂"同一堂课"活动（实验班教师和非实验班教师同上一节课），主体课堂研讨课活动，分为"主体"课堂交流课、精品复赛课、精品决赛课三种类

---

　　① 　参考G学校2010—2011、2011—2012、2012—2013学年教学工作计划整理。

型。对于优胜者分别给予图书、奖金及证书奖励。二是举行主体课堂"四课"活动。"四课"活动即说课、做课、评课、论课。说课活动,即组织全体老师进行说课,要求说课教师说主体课堂理念、说学习目标、说《学习指导书》的编制思路及意图、说研讨环节教师的作为、说精讲环节的设计(如何答疑、三分天下如何取舍、生成如何处理);做课,是年级推荐说课活动的优秀教师参加赛课;评课,主体课堂专家指导组对做课情况评价;论课,对各位教师一个学年的主体课堂教学进行综合评价,对各年级的"主体"课堂教学开展工作进行综合评价。三是学校开展以教学改革理论与策略为主题的论文比赛、出版论文集,促使课堂教学改革经验理论化。学校通过每学期的赛课活动评出骨干教师,由骨干教师组成赛课评委会,研究出台教学达标观课记录表、精品课初赛评价量表、精品课复赛评价量表、精品课评价表、才艺展示课评价量表。与此同时,骨干团队还开展"主体"课堂教学效能研究、"主体"课堂实施班级的期考教学质量专题分析等交流研讨活动。

通过以上活动开展,一方面,促使教师全员参与,教师的教学水平得到了不同程度是提升。另一方面,通过教研活动展示,一批学科教学骨干脱颖而出,学校"主体"课堂教学实验核心团队不断发展壮大。

(4)加强研究团队职能

为了提高"主体"课堂推广的成效,学校充分发挥"主体"课堂教学改革研究团队教师的学科知识素养高与改革经验丰富的优势,致使骨干教师成为学校教学改革及其研究工作的引领者。

 访谈 3-13

教师想成为研究者

(时间:2014年11月20日。地点:G学校。对象:学校课堂教学改革实验团队S教师)

笔者:课堂教学改革实验团队教师主要做哪些工作,团队工作中有哪些规定或规则?

S教师:2009年改革刚开始,团队主要承担"主体"课堂实验。后来,大概第二年到第三年,除了原有的课题,研究工作的重心扩展到教材开发,主要编写了《学习指导书》《精讲集》,现在增加了部分学科教材的编写。还参与教学改革活动设计策划,教研活动中评课、研究和制定评价标准,平时教务处会请我们给教师的精讲案打分评级等。现在学校课堂教学经验已经比较成熟了,编写的系列教材教辅相继出版,影响力不断增大,实验团队的老师也外出到合作学校讲课,引领课堂教学,进行教材解读等。团队没有什么成文的工作制度,任务来了大家都会主动协商,一般同一学科的老师大家会分工合作,比如说编写教辅,大家碰个头商量谁编哪些章节,说些编写规范,然后一起研究。时间长了大家都有共识,配合很默契。

与研究团队教师访谈,使人真切感受到实验团队教师作为"研究者"的幸福感,他们的自豪和兴奋溢于言表。"虽然编写教材的工作过程苦了点,但是能够做自己喜欢的事情,拼一把,很值得!"

教学系统重建是为了"主体"课堂教学模式推广,基于模式实施中的问题,为实现教学行为与理念转变的组织过程。学校注重从以下四个方面促进课堂教学改革及"主体性"价值重建:其一,自习课建设提供了学生自主学习的客观环境与有利条件,班级自主管理权下放与学生的教师教学评价权授予,搭建了学生与学校、教师之间平等对话的正式渠道,实现了学生意见表达路径与话语权的合法化,彰显了学生的主体性;其二,基于标准的评价及其研究、赛课观摩与教材开发等学校系列教研活动开展,促使研究团队职能得以强化,为教师有效解决教学中的困难与问题提供了专业理念与技术支持,致使一批教师脱颖而出,研究队伍不断壮大;其三,研究团队及其职能发挥有效解决了学校"主体"课堂改革的组织机构、教材支持、教法指导与研究引领等需求,成为学校课堂教学改革的组织支撑与强大动力保障;其四,教学评价权重增加,特别是来自学校多层面、不同形式的评价有效激发了教师教学变革的动力,营造了有利于教师积极教研的教学变革氛围。

第三节　教学系统重建策略及分析

一、教学系统重建的要素变化及关系

依据系统的概念与方法,对教学系统重建整体分析从三个方面着手:遵循重建的过程,一是聚焦课堂教学模式实施,对重建的教学要素转变进行分析,归纳师生"主体性"价值、教学目标、教学行为、教学组织、教学评价这些要素的变化;二是通过教学活动中不同要素的关系及其作用,解释教学系统要素结构及其作用方式改变;三是在前面基础上,揭示教学系统重建的动力。

(一)教学系统重建的要素变化

教学系统重建是学生与教师、教学行为、教学组织、教学目标、教学评价六个要素的重建。过程中各要素的转变与提升主要体现在:

第一,学生"主体性"诞生与"对话"教学关系重建。学生"主体性"实质即学生是学习活动的主体。G 学校"主体"课堂教学模式、X 学校"成长"课堂教学模式与 C 学校"大展示"课堂教学模式也正是基于现代学习观与学生主体地位的把握,教学过程采取了自主学习、小组合作、师生交流学习、班级展示反馈等教学组织形式及其活动策略,教学过程突出了学生是学习的主人,旨在满足学生自身发展的需要、引起学生身心发展变化,而不是误将学生假设为"白板""容器";学习是学生主动建构知识和能动改造自身的过程,是在教师的协助下,通过信息加工活动,建构自己的意义的过程,而不是将学生看作应当一味顺从于外部世界的"受控者";学习是一种社会交往性活动,一种人对人的感召与熏染的影响过程。学生是交往性实践活动中的主体、认识的主体、发展的主体。以上教学模式实施中,教学关系在师生多元、多向、多层的互动生成中呈现出一种"对话"关系。师生借助教材进行沟通、合作、对话,师生之间是平等、对话关系。这种关系重建中强调,学是教的依据,教依据于学。教的目的通过学生的学习来达成,教要遵循学的特点和规律;教只有在引起学的情况下才发生,没有学就没有教;如何教要受如何学的制约,即教的方法要受学的方法的制约。[①] 由此,教学关系是基于学生自主学习前提、建立在师生民主与平等关系基础上的"对话"关系。学生主体诞生致使"对话"教学关系替代传统教学中的控制关系,进而也促使教学系统要素发生转型性变化。

第二,教学目标变为学习目标。三种模式下的课堂教学,是理解与把握"学习"的内涵即"学习作为结果,指由经验或练习引起的个体在能力或倾向方面的变化,作为过程,指个体获得这种变化的过程"[②]。在此基础上,首先,教师基于课程目标与学习目标的对应关系将课程目标分解,结合学情对教材进行二次开发,编写"学习指导手册"与"导学案"。其次,"成长"课堂教学模式与

① 崔允漷. 有效教学[M]. 上海:华东师大出版社,2009:77-78.
② 顾明远. 教育大词典(简编本)[Z]. 上海:上海教育出版社,1999:539.

"大展示"教学模式中的展示环节,"主体"课堂教学模式中的"研讨与交流"环节,这些教学组织形式与活动,是以便于学生自主、合作与展示学习为指导原则而从整体上来设计的。再次,三种教学模式都强调了点拨、质疑、补充与教师精讲,教师始终关注教学预设与生成关系,为师生互动生成留有余地和时空,增加了学习活动设计。依据学习目标,这些活动设计突出了学生主体性发挥,强化了学生的规则意识、组织能力与学习方法力培养,学生在自主学习情境体验中完成其情感、态度、价值观的内化。最后,通过设计与学习目标相匹配的表现性任务与检测试题,评价学习目标的达成度。

第三,教学评价由考试文化转向评价文化,即由"测试"转向"评价"。首先,案例学校三种教学模式实施中的评价是建立在清晰地陈述学习目标,并根据学习目标来评价教育效果,进而促进教学目标与育人价值的实现,突出了评价的教育性功能。其次,其指导思想也发生了变化,从单一注重考试结果转为"为了创造适合学生的教学,促进学生高质量的学习",评价不仅仅注重学生只是记住和重复事实,而是鼓励学生思考。评价过程关注学生学习成效,并及时提供反馈,强调的是促进掌握和进步、师生自我反思,以引出学生的最好表现。再次,学校教学评价系统表现出了"权衡"特征,注重学校之外的外部评价如高考质量、统考成绩与校内、教研组内部日常评价之间的权衡;学生笔试成绩与课堂学习过程表现性评价之间权衡;输入评价、过程评价与结果评价的权衡。从学生学业评价方面,不仅关注学生的学业成绩,而且关注学习过程以及课前预习与自习评价。最后,学校不仅重视教师课堂教学过程,还对教师的课程准备与理解、教学设计与方案、课后反思进行评价。

第四,教学组织方面,三种课堂教学模式实现了教学组织形式与学生学习方式的多元融合。课堂教学中学生通过对子互学、小组合作、组间对话、小组与班级展示与自由发言等教学组织形式与教学活动,改变了原来班级授课形式下的教师一人讲、全班听、一人问、全班答为主的教学组织及其互动方式。建立学习小组,共同制定对子、小组与班级规约,搭建了有利于学生自主选择、自主学习、参与合作、交往互动与积极探究的组织架构与规则。教学组织过程中教师与学生一起参与讨论,进行质疑、点拨与补充,班级管理中教师与学生共同参与督查、评价与反馈。教学组织与学习方式的有机结合促使学生主动、有序地学习,提升了学生的自主选择意识,促使学生学会合作、学会质疑、学会评价。

第五,加强了"对话"与"指导"教学行为。在传统课堂中教师扮演着知识权威,是正确信息的发布者、话语权的掌控者,教学多以讲述、文字呈示、声像呈示和动作示范等"呈示"行为为主,学校的"主体""成长""大展示"教学系统重建改变了教师教学行为,除了"呈示"行为,放大了"对话"与"指导"行为。[①]对话行为方面,教师在"问答"策略运用方面,重视基于学生的学习目标来编写"知识沙盘"与"问题设计",课堂中教师随机点拨、倾听、记录、梳理学生的问题与有针对性地"精讲",保证知识的逻辑结构适合学生的认知;"指导"行为方面,强调指导学生自主学习,通过学习指导书编写与导学案设计,使学习材料更加注重与学生生活实际联系。同时,给学生更多自主学习时间,教学过程中加强学习方法指导,教师通过不断交流与反馈,促使学生对学习认知过程不断反思与领悟,增强了学生的自我效能感。指导合作学习,采用均衡异质分组的办法,培养学生学会小组任务分配、互助、协调、整合、评判、表达等合作技能。并有效进行小组组织建设,设组长、对子、学科组长等工作岗位,重建小组合作文化。指导探究学习,教学过程始终促使学生提出问题、分析问题、解释问题、评价问题,教学流程按照独立学习与发现问题——互助交流与展示反馈——质疑点拨与提炼总结——评价检测与自我反思程序展开,以利于学生自主、合作、探究学习。

第六,教师成为自主研究者。教学系统重建促使教学系统要素发生了质的变化,放大了教学工作"本身永远充满着未知因素"的特性。由此,教师为应对这些不确定性与复杂性变化,基于教学问题解决的实践、反思与研究将成为教学工作的常态,迫使教师从传统课堂教学中教材的"二传手"转向了专业自主研究者。他们叙写教育故事、教学反思、同伴互助,不断积累自我经验,不断自我反思与批判,进而实现持续的经验改造。面临教学系统变革,他们不断发现问题、分析问题、制定研究方案、实施研究计划、确立教学对策,在研究中主动发展,逐渐成为学校的教学改革骨干与学科专家。

(二)教学系统重建的要素关系分析

"主体性"教学系统重建致使师生主体地位凸显,师生之间及其与其他要素间在不同层面、不同角度以不同的方式发生了互动作用,这种相互间的作用形成一个封闭循环回路。教学系统重建中的要素作用方式,由原应试教育下的单向循环作用方式转变为要素之间的普遍联系与双向循环作用方式。原应试教育下的教学系统要素的单向循环具体表现为教师→教学目标→教师行为(班级授课)→学生→教学评价(学生成绩),教师根据自己对教学目标的理解,

---

① 崔允漷.有效教学[M].上海:华东师范大学出版社,2009:140.

调节教学行为,教师主要运用讲授的教学方法把一定的教学内容"灌输"给学生,就完成了教学目标,教学评价主要是学生考试成绩。教学系统重建变这种单向作用方式为双向循环作用方式,所有的因素之间存在着普遍的联系。教学系统重建中要素之间的相互关系与作用如图3-1所示。

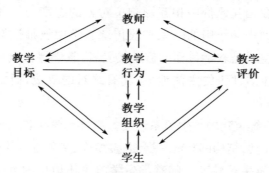

图3-1　教学系统重建的要素关系与作用

以上教学要素关系中,教师与学生关系是教学要素关系的核心,发挥着主导作用,并决定着其他要素间的相互关系与作用,教学过程中的其他要素之间关系与作用是这对关系的具体表现与延伸。鉴于此,本研究以教师与学生之间的相互关系为主、其他要素关系为辅进行分析。

第一,如图3-1中间部分所示,教师、教学行为、教学组织、学生四要素之间的关系与作用。教师通过呈示、合作、指导等教学行为,促使个别化、对子、小组、小组间、班级等多种教学组织活动更加有效,师生之间展开了辩论、沟通、对话、质疑、点评多种形式的互动。其中,教学行为不仅取决于教师教学理念与教学水平等单方面因素,还要适应以上教学组织形式与学习方式的多样化互动,或者说,教学行为因学生学习方式与教学组织形式的变化而转变。同样,教学组织形式与活动不仅要适合教师的"教",同时也要适合学生自主、合作与探究的"学"。教学组织是兼顾"教"与"学"双方需求后整合生成的。教学不再是以教师的呈示行为为主向学生单向传递知识,而是采用多种教学组织形式展开的生生、师生之间的双边互动活动。

第二,从图3-1中间部分向外围看,学生与教师这种互动与对话是在教学目标与教学评价双重审视下进行的,师生在为共同完成教学目标与相互接受教学评价中相互"观照"与互相促进。这种相互作用具体体现在,教学目标不仅是教师对课程目标理解的所谓应然的课时目标,而且是考虑到学生学习达成度的实然的学习目标,即教学目标是教师与学生共同作用下生成的课时学习目标。既是教师的教学目标，是教师基于课程标准与学生认知特点，经过预测和预设，表现为"知识沙盘"的课时目标，又是学生通过"先学"，发现问题之后的学习目标，是学生自主选择的目标，是过程中发现和生成的目标。师生相互评价对方课堂教学的表现，他们既是教学评价的主体，又是评价的对象，他们在相互评价中相互影响了对方的态度与绩效。由此，"主体性"教学系统这种相互作用的关系一改传统教学中教师依据自己理解的课时目标去教，学生只是教学目标的被动接受者，教学评价只是对学生学习结果的评价，教师位居评价的主体地位、拥有绝对的权威，而学生只是学业成绩不良的被责怪者。

第三，教学系统重建中师生关系改变。教师与学生作为教学活动的实施主体，这种要素互动、结构网状的多层面、多角度、多种方式的循环作用促使师生角色及其关系发生了转变。随着学生学习主体地位的诞生，学生自主、合作、探究学习方式转变，学生学习的源动力得以激发，课堂中还学生的选择权、提问权、表达权、评价权以及课堂的时间与空间支配权，这势必提升学生学习的自主性与主动性，从而成为教学活动中的"对话"者。教师作为系统重建的责任主体，基于问题解决的反思与完善，与学生一起相互评价教学活动中的对方，同时作为"对话"者，适时对学生学习过程中的疑惑施以点拨、归纳与提升，帮助与指导学生顺利经历学习的过程。这种对话关系中的师生互动过程促使师生各自成为教与学的主体，并通过主体间的合作相互成就、教学相长。

二、教学系统重建的策略

（一）教学模式创新实施中转变教学行为

教学行为是教学系统的核心，教学的目标与价值重建最终要落实于教师教学行为转变。教学行为是教学系统的最生动、最具变革力量的要素，行为改造观念、选择合适的物质，激活并主导着系统中的其他要素，观念与物质只有借助行为才能发挥作用。X学校的"成长"课堂教学模式、C学校"大展示"课堂教学模式与G学校"主体"课堂教学模式搭建了教学理念与行为之间的桥梁，在教学模式建构基础上，学校聚焦就是教学行为转变，将教学模式实施作为教学系统重建的重要切入点，组织教学模式理论学习与操作方法培训，通过专家引领、组织专门的课堂教学观摩与示范活动、问题式教研随机跟进等，以解决课堂教学行为转变中的问题与困惑。旨在能够成功解决现实中的问题，通过自主、合作与探究的教学行为方式实现主体性教学价值。C学校发挥骨干教师经验分享与教研组成员之间的互助、教师自我反思，为教师课堂教学行为转变提供理论指导与实践借鉴，各学校纷纷制定相应的课堂教学评价标准与实施细则，诊断、规范与优化教学行为。逐步促使"主体性"教学理念转化到教师日常教学行为。为进一步使教学行为转变常态化，使"主体性"教学行为成为教师的职业"习性"，学校针对模式实施中的困难与问题，从课堂以外采取了有效的组织策略。

（二）班级自主管理转型中强化师生"对话"关系

班级自主管理转型是指班级管理由教师集中控制型转向学生自主、师生合作、生生互动的管理方式。班级管理转型旨在建构师生之间的"对话"关系，提升学生自我教育意识与自我管理能力。班级是学生生活的主要场域，班级不仅是教学组织形式，而且是作为学生集体并具有教育意义的组织，理应将班级自主管理转型作为学校教育相对独立的实践领域，侧重关注为什么（改）、改什么和如何改的问题。① 班级自主管理的性质是实践，是旨在凸显学生主体性、强化师生"对话"关系的有意识有目的的活动。作为教学系统重建的主要策略之一，班级管理转型与教学改革之间既有很多相通的方面，又各具特殊性，两者相辅相成，共同组成了学校最主要、最基本的教育教学实践活动。相通之处在于学生与教师之间的合作关系，是师生、生生之间的积极、双向的互动，都是为实现学生主动、健全发展的改革实践活动，具有功能上的一致性与密切相关性。不同之处在于班级管理转型与教学改革中教师角色的不同，班级管理中教师的任务直接指向学生的社会性与个性发展，提升学生的自我教育意识与自我管理能力是教师的核心任务，教师的作用发挥侧重价值导向和策略性选择，其核心价值就是提升学生的发展需求与能力；在与学生关系上，教师更处于引导和辅助的地位，而学生则具有较之课堂教学更大的自主决策、历练与表现的空间。生生之间的互动成为主要形式，师生互动以生生互动的需要为前提，班级自主管理转型性实践更有可能改变学生被控制者的角色定位。例如，G学校学生独立管理班级日常事务，自行设计开展班级活动，通过教室日志评价教师日常教学行为、自习课堂建设等。X学校与C学校将自主、自律、自觉、友爱、团结、竞争、创新作为班级主体文化，开展班级建设。班级管理中教师指导、辅助学生自主参与班级环境布置与文化展示墙、小组轮流

---

① 叶澜.新基础教育论——关于当代中国学校变革的探究与认识[M].北京：教育科学出版社2006：292－295.

当值、制定班规、学习目标与工作流程,自主开展每周反思活动、分工合作共同治理班级,并相机进行督导反馈与提升总结。由此,班级自主管理转型的自主与合作氛围势必助推课堂教学中师生、生生"对话"关系建立。

(三)教学评价系统优化中重建"主体性"教学价值

教学评价系统优化是学校基于教学改革的目标与价值实现,对教师教学与教研工作的评价设计、评价实施与评价调整进行系统优化的策略。学校分阶段、从多方位展开的评价系统优化具有目标与价值的一致性、步骤连贯性、过程的逻辑性、动态化和方法多元特征。从促进教学改革的立场,首先,教学评价系统优化,关键在于其系统性。即能够对教学改革的价值与目标准确解读并将其分解为一系列的评价指标体系,一以贯之地落实在具体的改革行动中。G 学校的课堂教学质量评价指标体系包括,不同类型的观摩课评价、学生问卷量化测评、班级教学日志、教学恳谈会、学业成绩分析等。这样的评价设计不仅目标清晰,而且内容涵盖了完整的教学过程,致使教师教学行动体现教学改革价值,教学过程与目标协调一致,进而促进教师的教学理念与教学行为相一致。其次,是评价过程与方式的动态调整。随着改革的持续深入,学校教学评价过程与方法也进行了调整与完善,旨在能够将教学变革过程中的一些经验和呈现出的抽象教学观念转化为具体评价指标,用这些评价指标促使教师对教学改革理念深刻理解与正确把握,这种动态调整的优化过程,一方面,旨在归纳、总结与提升改革过程中的教学理念与价值,并将其具体化为可操作的评价指标、内容与方法,有利于教师有针对性的行动研究,从而使教师教学理念转变落实于教学改革行为。另一方面,评价系统实现了自身优化,系统优化更好地凸显教师的主体性。X 学校由原来的班主任一人评价全班学生转变为师生互评,过程中不断调整评价内容与方法,通过教师对学生评价、教师自我评价、教师轮流当值评价、教师互评,逐步完善了教学工作评价体系。这体现了评价主体从一元到多元、从被动到主动,从注重单一评价功能到发挥多种评价功能的优化过程,不仅体现了师生"主体性"价值,而且,能够对教学改革的目标与过程及时施以诊断、调控与衡量。相反,一个不成系统的评价往往表现为"头痛医头、脚痛医脚"或者"眉毛胡子一把抓",未能聚焦改革的目的与价值,不同阶段、不同评价项目之间缺乏相关性,这样的评价不仅无法起到检测、督导与诊断的作用,而且容易导致教育活动之间的冲突与内耗,甚而引起价值冲突致使教师无所适从,更无法促使教师对教学行为施以调控与优化。

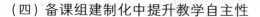

（四）备课组建制化中提升教学自主性

建制化是指学校从事某项学术活动的成员之间存在着相对密集的、有结构的互动。备课组建制化是指处于零散状态且缺乏独立性的松散型组织转变为一个相对独立的、组织化了的教研组织的过程。松散状态在一定程度上意味着无组织无纪律，成员之间缺乏合作与配合，难以承担专门的职能与重要任务。建制化的组织则有相应的管理制度和组织运行程序，组织能够独立承担任务，发挥专门职能，不仅是利益共同体，也可能是学习共同体。建制化的备课组促使教师共同承担学科研究任务，在分工与合作过程中凝聚人心，便于展开与同类组织的竞争与协作，并积极争取外部的认可与支持，组织效率较高。X学校与C学校建制化的备课组不仅承担教研活动开展与教学常规管理等职能，备课组长担负着带领团队、引领教师专业发展，协调备课组与其他部门关系等责任。备课组中形成的平等协商、相互评价、捆绑考核、导师制与反思制等规则有效提升了教学管理绩效，改变了原来处在传统科层制组织管理层层下达任务中最底层教师"照章办事、按部就班"的被动状态。备课组以组织化的形式发挥主体作用，担负主体责任，这种主体角色与主体意识促使教师在主动达成目标的过程中密切协作。G学校则运用备课组建制化的思想与策略，注重在教研活动中发现与培养骨干教师，强化研究团队职能，促使实验团队成为学校课堂教学改革的研究者与引领者。这种建制化的备课组和研究团队为教师个体主动参与变革实践提供了组织与制度基础，强有力的激发了教师的教学自主性。

三、教学系统重建的组织影响与组织诉求

（一）教学系统重建的组织影响

第一，教学系统重建与课堂教学改革的关系。教学系统重建旨在通过教师教学行为整体性转变进而实现"主体性"教学价值提升，其实践过程主要包括课堂教学模式建构、课堂教学模式推广、教学系统重建的学校组织策略实施。课堂教学改革的实质是通过教学模式建构与实施促使教师教学行为方式转变。教学系统重建是基于课堂教学改革问题解决基础上的重建。从两者的内涵与过程可以发现：其一，"主体性"价值统领教学系统重建始终。教学系统重建是"主体性"价值导引下教学行为转变，进而实现教学系统目标的过程。教学系统重建与课堂教学改革统一于"主体性"价值。其二，从策略实施过程看，课堂教学改革借助新教学模式推行，是围绕课堂教学的理念、流程与工具、

评价开展的系列活动。教学系统重建正是学校基于新教学模式推行中的问题解决采取的系统性策略,是促进课堂教学改革顺利实施,促使教学行为方式改变、进而实现"主体性"教学价值与目标的过程。一方面,课堂教学改革是教学系统重建的前提,教学系统重建是基于课堂教学改革的教学管理转型,是为了解决诸如 X 学校"成长"课堂教学模式推行中的"教师的教学理念还未能真正转变"、C 学校"大展示"教学模式完善中"还未能实现教学模式的精髓"、G 学校"主体"课堂教学模式推广中"教师的学科素养亟待提升"问题的教学管理策略。另一方面,系统重建策略源于课堂教学改革的实施。例如,班级自主管理转型策略是由课堂教学中的小组建设发展演进到班级管理的;教学评价系统优化是在课堂教学评价基础上整合的教师教学工作评价;教研职能专业化是由课堂教学教研实施中"问题式"教研发展而来的;备课组建制化源于课堂教学模式实施中集体备课的需求与实践。其三,从结果与成效方面,课堂教学改革的模式实施作为教学系统重建的一个策略,和其他策略之间是相互促进的。学校逐步实现了班级自主管理转变与教研管理转型,致使教师教学行为转变处于班级与教学管理整体性转型的组织氛围之中,教师不断受到学校、学生、同伴、备课组与教研团队等不同层面的影响,并接受来自学生评教、同伴互评、开放课堂与巡课、备课、观课等各种组织规约的诊断与检测,进而使自己的教学行为逐步规范化。

第二,教学系统重建对组织的其他影响。教学系统重建对学校组织的其他影响主要体现在三个方面:其一,教学知识论与价值论对组织管理者与领导者的影响。不间断的教学理论学习促使组织成员特别是管理者掌握的教学知识论与价值论,有利于学校科学决策与变革领导力提升。所谓科学决策是指领导者能够按照一定的科学程序与方法作出符合客观规律的决定。教学作为学校管理实践的核心,决策者对教学领域的熟悉程度,与是否具备教育教学专业理论素养密切相关,如果领导对教学领域缺乏认知,再加上决策过程中的复杂因素干扰,就难以做出科学合理的决策。同时,学校管理决策又是一种价值选择,领导者对教育教学价值的理解与认同会直接影响决策价值前提与方案取舍。由此,教学改革的知识论与价值论不仅为学校领导科学决策与专业能力提升提供了理论引导,还教师教学决策管理权,激发教师成为教学变革行动者。其二,师生主体性地位确立对学校管理实践的影响。教学系统重建中师生主体地位确立,成为学校管理与决策的事实前提和现实依据,这有利于学校组织结构与管理方式转型。长期以来,由于学校受传统管理"理性人"、"机器隐喻"与"X 理论"人性假设等管理思想影响,学校多采用标准化和形式化的劳动分工、权力等级划分的科层制,重视严格权威结构和正式组织之间的上传下达,缺乏有效沟通和共识,学校管理呈现出划一性、标准化和效率偏向,管理者一时还难以改变行政权威路径依赖,官本位思想与官僚制文化还深深植根于学校组织运行之中。师生"主体性"价值确立,意味着一种"自我实现人"的管理假设,这势必促使学校组织结构与制度设计将有利于人的"主体性"发挥作为决策的价值前提,进而通过学校管理实践转型以营造有利于教学变革的组织氛围。其三,教学目标与价值观对学校办学理念的影响。重建中的教学目标与价值观直接影响和决定着学校育人目标,教学目标的上位概念是教育目标和培养目标,教学目标是学校培养目标的具体化,是学校教育目标的核心,教学目标决定了教育目标的本质,学校教育目标主要通过教学目标来实现,教学目标与价值观重建直面"育什么样的人,怎样育人"这一学校教育目标与价值、内容与方法的本质问题,教学活动是师生交往,也是学校育人的主要场域,学校育人目标主要是通过各种教学活动实现的。从某种意义上说,教学目标与"主体性"价值观决定了学校育人目标的实质与内涵,体现了学校办学目标的核心价值追求。

（二）教学系统重建的组织诉求

教学系统重建致使教师角色与教学行为发生了本质变化,然而教师角色及其行为无时无刻不受学校组织氛围的影响。身处教育实践之中的教师、管理者、校长等实践者的实践主要受其身份(角色)或者习性与意图的影响,而由于时间不可逆带来的紧张感与情境,将不断地改变着实践者的意图。[①] 这意味着教师需要更多的反思型实践的空间与自主开放的组织氛围,亟需学校组织相关系统发生改变:

第一,教学系统重建在学校组织发展中战略定位与使命。在教学变革中促使教师自主发展已成学校的选择和事实。学校如何从理论、研究与实践多维度进行规划与安排。第二,有利于教学系统重建的学校组织体制设计。需创建各层次组织机构及其责、权、利关系并建立有利于教学相关各部门之间横向与纵向的联系的组织结构。第三,以上基础上进行教学支持系统相关的组织部门设置、职能划分与制度设计。第四,学校层面综合考核与评价制度改进。逐步完善学校教师的评价激励系统,为教学系统重建策略实施提供组织支持,进而激发教师教学改革的内生动力。总之,如何营造有利于教师专业发挥的自主管理氛围,是教学系统重建给学校组织带来的直接挑战。

---

① 石中英. 论教育实践的逻辑[J]. 教育研究,2006(1):3－9.

第四章
基于课堂教学改革的学校管理系统改进

> 我们已经知道,在过去的一个世纪中对教育组织主要有两种观点。其一是传统的观点,把组织视为一个权力和信息集中于高层的等级体系,因此一些具有首创性的好主意从最高层产生传递到低一层次去落实。另一种较新的观点在20世纪处于萌芽期。这种观点认为,组织是合作性、社团,甚至协作的系统。在这样一个组织体系中,奇思妙想处处可见,只有当不同智慧管理层的领导能够充分发挥下属的才能,调动他们的积极性,这些奇思妙想才能显示其威力。[①]
>
> ——欧文斯

管理系统是学校组织赖以有序运行的关键。教学系统重建中,教师教学行为及教学管理方式都发生了转型性变革,主体性教学价值及教学自主性得以激发。基于课堂教学改革的管理系统改进亟待转向并与建制化的备课组与学科组、班级管理、教师评价等方面的运行方式相和谐,才能促使课堂教学改革持续及其教学系统重建策略有效。由于学校管理系统从不同层面、不同程度地发挥着计划、组织、协调与控制的职能,起着上下贯通、横向联系的纽带作用,所以,管理系统改进不仅是课堂教学改革得以实现的组织基础,而且是学校组织变革的重要支撑。

管理系统改进作为学校变革的一个分系统,有自身的结构与运行规律。

---

① 欧文斯.教育组织行为学(第八版)[M].窦卫霖,温建平,译.北京:中国人民大学出版社,2007:64.

须把握管理系统改进的基础理论,理清管理系统改进的目标与价值、管理结构与形式、管理规则与制度等内容,关注案例学校管理系统改进实践中的困难与问题,及问题解决的方式、方法与成效,整体把握不同学校情境的变革过程,发现学校管理系统变革的有效切入点和关键因素,进而归纳分析管理系统改进的策略、要素之间关系与作用。

第一节 学校管理系统改进基本理论探究

一、学校管理系统改进的概念与内容

(一) 何谓学校管理系统改进

从管理实施论的视角,就管理的性质与目的而言,管理就是设计并保持一种良好环境,使人在群体中高效率地完成既定目标的过程。[①] 管理实施需要用系统的方法,考虑可能出现的具体情境,把握管理系统调整的关键因素,通过组织环境设计、组织管理过程提效,完成"计划、组织、人事、领导与控制"这些职能,以保障组织管理系统的有序与高效。由此,一个良性运行的管理系统是通过计划、组织、人事、领导与控制等管理职能,促使人们高效达成目标的。

学校管理系统改进的概念。根据对管理的一般理解,教育管理是指管理者运用一定的理论与方法,通过计划、实施、评价与反馈等系列措施实现教育目标的一种组织活动。学校管理系统改进是指通过创新学校组织结构与管理过程中的计划选择、目标考核与反馈、教师评价,促使教师创造性地完成学校目标的整体性转变过程。学校管理系统改进的关键在于明确新的学校组织目标与价值选择,匹配组织结构,优化组织管理过程三个方面。学校管理系统改进的目标与价值选择,关键在于教师的专业自主性发挥,主要体现在学校内部管理体制及学校制度;组织结构改进方面,关键在于学校育人目标和教师职业的本质特性相匹配,组织结构设计与调整应坚持平衡性、灵活性与自主性的原则,以最大限度地满足教师需求、服务教师工作;组织管理过程优化,旨在管理过程中综合权衡计划与控制、评价与考核等职能要素,改变组织管理方式及其管理运行机制,使教师自主设计与维持某种工作环境,以利于教师主动解决问

---

① 孔茨,韦里克.管理学(第十版)[M].张晓君,等编译.北京:经济科学出版社,1998:2.

题与提升自我管理能力。

(二)学校管理系统改进的内容

为改善普遍存在的局限于机构合并或者职能重组、忽视改革的目标与价值等弊端,学校管理变革研究需依据学校管理系统改进的概念与内涵,把握教师的专业自主性特征,运用系统方法,理清学校管理系统改进的内容:不仅关注计划、组织与控制等某一方面管理职能的发挥,还要关注学校组织及其结构职能的系统性特征,考察学校组织管理体制及其结构设计。不仅关注组织结构设计变化,还应聚焦组织运行过程中管理流程,关注管理运行中目标、行为方式与方法的改变,以保障静态的组织结构与动态管理职能的协调性。应理清教师个体需求与组织管理目标之间的关系与作用,科学地权衡取舍与协调控制,激发教师积极主动投身于教学变革实践,并通过流程与规则稳定和凝固其相互关系,维持秩序与变革之间的平衡,而这些最终大都形式化为制度,因为制度本质上是一个规范范畴,"制度告诉人们能够、应该、必须做什么或者相反"。[①] 制度归根到底是体现了一定目标与价值,并有普遍强制性,是调整一定社会关系的行为规范。鉴于此,本研究借鉴组织管理理论思想与观点,结合案例学校变革实践的路径与方法的启示,考察学校管理系统改进实施,理应把握以下学校的组织结构、管理过程(流程)与管理制度三个方面。

1. 学校组织结构

学校组织结构设计是将学校的目标任务分解转化为不同的需求与责任,确定为不同的角色,组合成不同的职位与部门,并规范其职业行为与职能的过程。学校组织结构主要包括学校的正式组织设置,包括角色与职责、部门层级与职位、职能、规章与专业规范。学校结构表明了学校的权威等级体系,包括组织的角色、职责与职能体系,是学校管理体制的反映。关于学校组织变革中的结构,本研究将从结构及其职能设计两个方面描述。

2. 学校管理过程(流程)

学校管理过程是指学校部门管理职能实施中的程序、方法与规则。贯穿在包括学校管理的计划、执行、评价与反馈等职能运行的诸多方面。例如,学校、部门和专业团队的学期或学年计划、执行、评价与反馈的程序与方法;教师岗位聘任方法与薪酬制度,教师评价制度、干部选拔提升程序与方法;管理运

---

① 马克思. 马克思恩格斯选集(第一卷)[M]. 北京:人民出版社,1995:344.

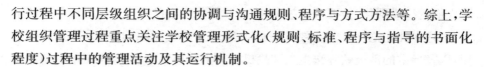

行过程中不同层级组织之间的协调与沟通规则、程序与方式方法等。综上,学校组织管理过程重点关注学校管理形式化(规则、标准、程序与指导的书面化程度)过程中的管理活动及其运行机制。

3. 学校管理制度

学校管理制度主要是指学校层面的管理制度。主要包括校长负责制、教职工聘任制度、学校分配制度。[①] 校长负责制是学校内部管理体制的核心,教职工聘任制度是内部管理体制的关键,学校分配制度是内部管理体制的保障。本研究对学校管理制度的界定包括制度本身及其运行状况。

二、学校系统变革机理及主体教育管理观解读

学校管理系统改进,一方面是由学校管理的本质与规律所决定。因为衡量变革必须永远与变革所服务的特定价值观、目标与结果相联系,这就使我们必须牢记与具体教育变革相联系的价值观、目标与结果。[②] 另一方面,则源于教学系统重建的影响及课堂教学改革背景下的学校管理实践反思。鉴于此,对学校管理系统改进的理论理性的探讨,一方面,理应反思学校科层制管理传统的局限;另一方面,应把握先进的管理理念及组织理论中技术系统变革对管理系统的作用规律。

(一) 教学系统重建背景下学校科层制管理的反思与批判

学校科层制管理与教学系统重建的组织诉求之间冲突明显。众所周知,科层制不仅是当代组织研究的理论基础,而且是包括学校在内的几乎所有现代组织都具有的组织特征:劳动分工与专业化,非人格取向,权威等级,规章制度以及职业取向。[③] 这些科层模式发挥的积极功能表现为,有助于学校专业化与非人格化,确保公平并促进合理、对上级指令的服从、组织秩序和组织效率等。但也存在着明显的功能障碍:过分强调专业知识会导致枯燥;非人格化与理性化将造成组织缺乏士气,通过规训化地服从与协调致使沟通障碍;易导致僵化、形式主义与目标错置,例如,科层制模式中"规则的双向性质"本身潜在的矛盾所带来的障碍,规则通过解释人们可接受的最低水平的行为,从而导

---

① 吴志宏,冯大鸣,魏志春.新编教育管理学(第2版)[M].上海:华东师范大学出版社,2008:62-68.

② 富兰.教育变革新意义[M].赵中建,陈霞,李敏,译.北京:教育科学出版社,2005:9-10.

③ 霍伊,米斯克尔.教育管理学:理论·研究·实践[M].范国睿,译.北京:教育科学出版社,2007:81.

致人们的冷漠强化,被要求得越少越好,只要保障自己安全。规则成了目的本身,管理者往往牺牲更为重要的目的而集中关注规则取向,进而导致目标错置,以及导致的消极的守法主义和投机行为。这些现象表明,科层制的制度化原本追求的平衡状态被打破,将迫使组织需要更加严密的控制。有学者甚至认为,学校作为国家管理系统中的基层单位,普遍存在着权威结构及其文化模式,人们把学校内的管理结构和运行机制看作是国家管理系统的缩影,把教师负责教学工作与班级工作的管理结构看作是学校管理系统的缩影,这三个层级在结构与运行机制方面极具同构性。① 其共同的基本特征是:金字塔形的层级结构;管理的方式是上传下达,一般是下级执行上级的决策;横向层级关联性不大,层级间缺少沟通;每个层级里缺乏自下而上的主动参与和自主决策,也因此可以不为自己的行动负责。甚而"层层传达、逐级演绎,推诿扯皮、敷衍了事,上有政策、下有对策"这些现象在学校中并不少见。以上低动机与低效能的组织现象,亟待管理者研究其成因与对策,从学校管理的专业特性与教学改革的需求出发,使学校管理改革与教学改革相辅相成、相互促进。

（二）主体教育管理观实现是学校管理系统改进的实质

教育管理观是人们在实践基础上对教育管理本质观、教育管理价值观、教育管理实践观、教育管理质量观的一种系统认识。这四种教育管理观之间存在着事实的逻辑关系,即有什么样的教育管理本质观就有什么样的教育管理价值观,进而就有什么样的教育管理实践观与教育管理质量观。② 然而由于现实中人们受价值偏好与功利驱动,普遍呈现出的是教育管理价值观影响教育管理本质观,从而影响教育管理的实践观与质量观。这就有必要首先揭示教育管理本质观,以利于我们认识其他三个方面的教育管理观。主体教育管理观超越了从属教育观(从属社会教育观、从属儿童教育观)存在的片面性的局限,是一种把受教育者培养成为教育活动的主体与社会生活的主体的教育管理观,既着眼于受教育者主体性发挥,又关注施教者与管理者的主体地位,这种教育管理观在教育本质观上认为,教育的本质是促进个体个性化与社会化统一的过程,既注重教育的社会属性,又注重教育的相对独立性。从教育管

---

① 叶澜.新基础教育论——关于当代中国学校变革的探究与认识[M].北京:教育科学出版社,2006:334.

② 孙绵涛.教育管理学[M].北京:人民教育出版社,2006:354.

理现象共性与个性统一的角度分析，教育管理本质就是教育管理者按照一定社会的要求和教育管理自身的规律，为促进人类自身再生产，从而使教育更好地为社会服务的一种活动。显而易见，主体教育管理观就超越了从属的教育价值观的片面性，教育管理的价值在于它既可以发挥管理者、施教者、受教育者的主体性，使人得到发展，又促使教育工作有序、规范与高效。教育管理的实践观，特别是在学校管理方面，既强调教育管理中的行政与法律手段，又注重一般的技术与方法来施以管理，即注重教育管理中的制度因素，又注重教育管理中人的因素，把统一、严格、规范与灵活、宽松、有机相结合，这是对来源于德国的行政的教育管理观与来源于美国的经营的教育管理实践观的整合。教育管理的质量观则把教育工作的协调、有序、高效与人的素质是否得到发展作为衡量质量的标准，既关注工作，又关注育人，以育人作为工作的落脚点，将育人作为工作的保障，是一种整合的工作——育人质量观。也正是缘于此，学校管理变革应始终坚持"教育促进人的发展和学校个性发展"的价值导向，明确学校管理重建的目标：核心在于内部形成具有扁平特征的管理结构，建立层次与系统之间双向、有效互动的创生式运行机制，拓展校长与教师实现发展与展现智慧的空间，促使学校创造力与个性的转型性发展。[①]

（三）技术系统与管理系统关系对学校管理系统改进的启示

基础教育学校是专门从事知识传播的特殊组织，教学是学校教与学技术的核心，学校教学系统与管理系统的关系与作用较之技术系统与结构系统的关系与作用是相通的。

1. 技术系统对组织管理系统的作用

哈德罗·莱维特关于组织系统模型（菱形）奠定了组织作为相互依赖的多元系统的思想基础：组织变革的四个相互作用和相互依赖的主要部分包括，任务（目标与价值系统）、人员（群体中相互作用的人）、技术（运用知识和技能的人群）、结构（在特定关系模式中一起工作的人群）。其中一个发生变化都会导致其他三个发生变化。[②] 与此一脉相承的关于系统权变组织理论表明了技术系统与管理系统关系的基本观点[③]：第一，技术是组织对人的投入所要求的重

---

① 叶澜. 新基础教育论——关于当代中国学校变革的探究与认识[M]. 北京：教育科学出版社，2006：335.

② 伯克. 组织变革：理论和实践[M]. 燕清，联合译. 北京：中国劳动社会保障出版社，2005：157.

③ 卡斯特，罗森茨韦克. 组织与管理：系统方法与权变方法[M]. 傅严，等译. 北京：中国社会科学出版社，2000：262.

要因素,也是组织中人的重要素质。技术以多种方式影响着组织中的人,是确定任务和专业化程度的关键因素。如,较高的技能意味着较高的身份地位。第二,技术是组织结构和程序等某些总特点的决定因素。技术与结构之间的直接关系体现在,技术的复杂程度、技术是稳定的还是动态的等技术特性决定着管理的层级与幅度。第三,技术是单个的或者群体的,是进行工作设计的直接决定因素,因而也是社会结构和准则的间接决定因素。例如,技术的加速发展促使管理系统的重点转移,由传统的注重任务的分割以便各个分系统来完成,转向协调各个分系统协同完成组织目标。第四,技术系统的本质对组织目标和价值观有重要影响。

2. 技术系统变革对组织管理系统的作用

汤姆·伯恩斯与 G. M. 斯托克研究认为[①],能够适合稳定的技术的管理系统较之能够适合变化的技术的管理系统是不同的。他将适合稳定技术的管理系统称为机械式管理系统,适合技术变革的管理系统称作有机的管理系统,对其特点比较分析发现:第一,从组织结构方面,机械的管理系统具有一个规定的组织结构,例如每个职能的角色及其方法、权责都是经过仔细研究规定的;有机的管理系统则具有比较灵活的结构,以便需要不同的专业人员解决不确定性的问题。第二,从组织任务看,机械式的任务通常是通过等级授权,一般是明确规定的;有机的管理系统任务是通过网络化作用不断地调整和变化的任务。第三,从角色交往方式看,前者主要通过垂直交往;后者强调横向沟通。第四,从管理中的关系与相互作用看,前者依赖垂直的职位控制,后者则基于知识权力影响。第五,对于技术变化对决策的影响,雷蒙德·亨特的研究指出:"具有稳定的、常规性技术组织倾向于计算机化决策方法,注重成效方面的目标。而具有动态的、复杂的技术的组织则要求更具创新能力的判断型决策过程,注重解决问题。"[②]

3. 技术系统及其变革与管理系统关系理论的启示

以上技术系统与组织管理系统的关系,以及技术变革引起的管理系统变化的规律,给教学系统重建中的学校管理系统改进带来了诸多启示:第一,教

---

① 卡斯特,罗森茨韦克. 组织与管理:系统方法与权变方法[M]. 傅严,等译. 北京:中国社会科学出版社,2000:272.

② 卡斯特,罗森茨韦克. 组织与管理:系统方法与权变方法[M]. 傅严,等译. 北京:中国社会科学出版社,2000:273.

学系统重建影响学校管理的目标。教学系统价值重建对学校的育人目标和价值产生了实质性影响,进而影响了学校管理的目标与任务。管理目标将从明确的、程序性的任务向凸显师生主体性、个性发展转变。第二,教学系统重建影响组织结构。教学理念与行为转变对学校结构的直接影响体现在,学校组织结构要向着有利于教师教学研究与专业自主的形态调整。第三,教学系统重建对管理过程的影响。教师不同群体、多学科和技术环节的组织分化,使各个工作小组的差异性加强,将迫使各分系统在完成组织目标中得以协同的系统性管理工作不断加强,趋向以诊断为前提、基于教学系统重建中问题解决、横向沟通与自主决策的管理运行机制转变。第四,教学系统重建对管理方式的影响。伴随教学系统各要素重建与教学技术专业化程度提高,专业成就感与同仁认同将成为工作满意度的主要因素。管理方式也将从行政权威依附为主转向教学管理专家通过理念和专业引领为基础的多种方法的结合。

三、科层控制与专业自治相平衡的实践理性

关于"理性"的理解,康德最早将理性分为"理论理性"与"实践理性",理论理性揭示事物是怎样的以及为什么是这样的,企求解释事实存在的东西;实践理性则是解答人们为了满足自身的需要、实现自身的目的应该做什么与怎么做,期望创造应当存在的东西。[①] 依此,管理系统改进理论辨析基础上的管理系统改进的实践理性,即管理系统改进应当改进什么,达到什么目的的阐释。

解决发展需求与现实困难之间的困境与矛盾是组织变革的永恒动力。综合有关管理变革困境的研究,科层制管理要素与学校教育管理要素相互冲突的本质是"专业知识和自治"与"科层纪律和控制"之间的冲突及其表现出来的协调与沟通、科层纪律与专业技能、行政计划与个体主动性几种紧张关系。[②] 科层控制与专业自治之间的协调与平衡是学校管理系统改进的目标,以下就科层控制与专业自治和谐为主要问题展开关于学校管理系统应当改进什么的探讨。

科层控制与专业自治之间的冲突与平衡。专业与科层之间冲突的重要来源是专业化与科层制的控制系统,主要体现在三个方面:[③]专业人员试图自主决策,科层制度则强调规训化服从;专业人员更倾向于自定控制标准,科层组

---

① 康德. 实践理性批判[M]. 邓晓芒,译. 北京:人民出版社,2004:688.

② 霍伊,米斯克尔. 教育管理学:理论·研究·实践[M]. 范国睿,译. 北京:教育科学出版社,2007:405.

③ 同②,114.

织则主要服从于组织纪律;专业人员乐于同伴的监督,接受同行评价小组的控制,科层组织的控制则倾向权威阶层的等级取向。为解决这些冲突与矛盾,霍尔按照科层化与专业化两个维度分别处于高与低的程度进行组合,开发了学校组织结构的四种类型,高科层化与高专业化的韦伯型,高科层化、低专业化的权威型,低科层化与高专业化的专业型,低科层化与低专业化的混乱型。学校结构变革的理想逻辑是从混乱型到权威型,再到韦伯型,最后到专业型,专业型结构中教师拥有自主决策权力,管理服从于教师,管理人员的主要职责是为教师服务,推进教与学工作。[①] 霍伊和斯威特兰将学校结构分为促进型与阻滞型:[②]其一,从形式化维度看,促进性结构是一组有助于组织成员更有效地处理各种难以回避的问题的灵活的规则与程序,将问题看成学习的机会,尊重价值差异,鼓励亲密关系与培养信任;而阻滞型结构则是一组迫使下属不情愿地服从的强制执行的严格的规则与程序,将问题看成限制,强调整齐划一的要求,通过惩罚错误强化顺从,并产生怀疑。其二,从集权化维度看,促进性结构设计应有利于问题的解决、鼓励开放创新、促进合作、寻求合作;阻滞型结构的特征是要求服从、信奉控制、培养不信任、惩罚教师、不鼓励变革、惯于规则的专制统治。其三,从过程维度看,促进型结构是教师参与决策,规章制度是弹性的,服务于问题解决;阻滞型的特征是管理者单边决策,强制实施。其四,从情境维度看,促进型结构组织充满信任、具有凝聚力,相信真理与真相,彼此坦诚;阻滞型结构的特征是教师之间不信任、隐瞒真相,充满怀疑与欺骗,教师有一种权力失落感。明茨伯格则从组织根据任务进行劳动分工并促进员工相互协调的视角,提出了学校的专业科层制主张,他认为高层管理集权化的力量、技术结构形式化的力量、教师专业化的力量是学校结构背后的基本力量。哪种力量占主导地位,学校就会呈现出相应的结构类型,五种类型及其核心的协调机制分别为:简单科层制及其战略高层(教育行政部门)直接监管;机械科层制及其技术部门的过程标准化;专业科层制及其教师群体的技能标准化;分部化形式及其校长的产出标准化;临时组织及其通过支持与服务人员之间的相互协调。

综上,学校管理系统改进旨在促使科层控制与专业自治平衡。组织管理

① 霍伊,米斯克尔. 教育管理学:理论·研究·实践[M]. 范国睿,译. 北京:教育科学出版社,2007:95-99.
② 同①,99-102.

改进最终要走向结构与目标、技术与人员、环境之间的匹配与协调,最大程度地化解专业与科层之间、协调与控制之间的冲突与矛盾,促使科层秩序与专业自由相平衡,进而实现教师专业自主性激发与组织运行有序高效之间的和谐。

第二节　学校管理系统改进实践

学校教学系统重建实践中的教学改革研究团队、建制化的学科组与备课组这些基层群体为教师自主、同伴互助提供了最基本的组织保障,然而,群体氛围只有与其所在的组织氛围与文化相一致,才能够得以保存与发展。在教学系统重建的组织诉求与影响下,学校将不得不变革组织管理系统,以满足教师专业化的决策、协作、监督与评价,进而激发教师的专业自主性。学校依据各自的环境与条件探索了不同的切入点、路径与方法,采取了如下组织管理变革措施。

一、X 学校"五环节"管理系统改进

学校"五环节"管理系统改进是在组织结构扁平化的基础上侧重管理流程改造的一种系统性变革。学校称"五环节"为"五 F(反馈 Feedback 的首字母)"意指五个反馈环节,具体包括问题反馈、目标反馈、行动反馈、结果反馈与总结反思。① 本研究将其概括为"五环节"管理,即包括发现问题、确定目标、行动落实、结果反馈与总结反思五个环节所形成的一个循环管理的模式。

（一）"五环节"管理流程运行

课堂教学改革初期,学校"五环节"管理偏重于目标导向与集体反馈,管理程序是领导提出问题、小组讨论定目标、各小组行动展示、大家点评反馈、各小组自我反思与完善。经过一段时间运行之后,学校将常规工作的管理权下放到年级组,年级组长由组内推选产生,组长每月都轮流当值。轮流当值组长的职责除了完成上传下达、收发材料等事务与临时性工作,主要任务是制定月工作计划,月工作目标分解、组织教师领受工作任务,领受任务的教师就负责该项工作的结果评价和反馈,在此基础上,组长汇总当月该项工作的评价结果。实施过程中当值组长自行发现问题、确定目标、制定计划。计划制定的办法是,学校每学期初召开组长会议,让各小组自行列出工作计划,然后通过会议展示、大家点评,相互借鉴后,各年级组自行完善制定出第一个月的小组计划。

---

① 参见教育集团《五环节反馈管理材料》(2013 年 10 月)内部资料。

计划实施中要发现当月出现的问题,并将其汇总,作为下个月工作的目标,围绕目标制定下月计划。组长当值管理中自行制定各项工作规则、底线、评价指标与督查标准,学校要求组长要积极主动及时发现计划执行中教师的问题,随时调整工作内容与标准,并坚持以解决问题为目的的调整原则。经过三个学期的推行,年级与学校管理层面都实行五环节管理流程,逐步形成了稳定的模式。以下是学校层面"五环节"管理流程①的具体方案。

表4-1　学校层面"五环节"管理流程

流程	时　间	地　点	责任人	标　准
问题反馈	每月第四周星期四4点前	暴露在年组反馈阵地	各组组长	1. 问题准时暴露 2. 真实暴露、不掩盖问题,直截了当反馈 3. 每次暴露3条以上
目标反馈	每月第四周星期五下午4:00—4:30	暴露在校级反馈阵地	校长	1. 找出共性、突出问题变为校级下月工作方向 2. 各组根据学校方向分解下月目标
行动反馈	每月第1—3周	1. 看现场 2. 看年级反馈阵地	校长、学生校长团队	1. 当天反馈检查结果 2. 过程中给予指导、帮助和提醒 3. 不独断专行,根据年级特点进行指导,过程中注重沟通、交流意见
结果反馈	每月第4周随机	1. 现场评估 2. 查看反馈材料	校级评估组	1. 当天公示出A、B、C等级 2. 评估主体包括:学生当值校长、骨干教师、家长委员
总结反思	每月第4周星期五	年级组长交接会议	校长	1. 公示本月各年级评估汇总结果 2. 各年级组反思本月突破提升点及存在问题,提出下月目标 3. 与下月组长进行工作交接。共同商议本组下月需要突破和解决的问题

笔者通过教师访谈,参与观察当值年级组长一天的工作、查看轮流当值的月工作资料发现,学校每月对年级组督查三至四次,督查内容主要依据各年级组上报的计划,督查后进行两项工作,一是进行考核等级排名,每个月将六个年级分为2个A,2个B,2个C等级。二是告知各组等级低的原因,将发现的问题随时反馈给各小组,并与年级组协商确定下次督导的内容与标准。大家都清楚

---

① 参考教育集团《五环节反馈管理材料》(2013年10月)内部资料整理。

无论小组与个人都不能触碰底线,触碰底线的就会被降为 C 级。学校鼓励新组长要积极发现问题并随时向老组长请教,倡导把问题反馈到 QQ 群里或以现场讨论的方式解决,对讨论中涌现出的好点子,学校设置了"建议采纳奖"。

(二)"五环节"管理系统改进中的学校结构

"五环节"管理系统改进过程中,学校组织结构也由传统的金字塔形转向扁平化。

改革初期,学校为减少执行环节,取消了中层,实行目标导向管理。学校领导层面,集团董事长为总校长,设董事长助理一名,各校区设负责校长一名,主持日常工作。管理层面,取消了政教处和教务处中层机构,将六个年级划分为三个学部,1—2 年级为第一学部,3—4 年级为第二学部,5—6 年级为第三学部,学校明确了学部长不脱离班级教学一线,从课改优秀教师和班主任中公开选拔学部长,每个学部设两个学部长,对两个学部长进行捆绑评价,校长直接指导学部工作。

改革中期(第 3—5 年),学校取消了学部长,以学科组、年级组作为教学与管理的一级组织,年级组长与学科组长直接对校区校长负责,成立了 1—6 年级六个年级组,语文、数学、英语、综合学科四个学科组。学校层面每个月对六个年级组、四个学科组进行考核评价排序。随后,学校取消了固定的年级组长,在经历了一个学年的年级组长由年级教师每月轮流当值之后,推选优秀轮流当值者作为年级组长。

改革成熟期,为强化教师的"自主与自律"意识,学校进一步放大了教师自主选择的权力,2016 年上学期试行了薪岗管理制度改革,推行了教师薪酬自定、岗位自选、自查自纠、人人自主管理的制度,并改进了与此匹配的组织结构。增设了五个研究中心:一是课堂教学研究中心,负责教师教学计划与课堂教学标准制定、评价与督导;二是教师成长中心,开展教师教学技能与教学研究;三是常规管理中心,负责学校常规策划和研究、班级建设及学校节日活动开展;四是家校工作中心,联络家长社会,组织研究班级管理中家校活动与课程开发;五是质量监控中心,主要负责研究完善学生学业评价系统。五个研究中心都由优秀教师兼任,主持开展日常研究管理工作,中心组成员也由教师自主申报、兼任。学校逐步形成了校长负责、年级组与学科组负责日常工作,五个研究中心教研引领、教师人人参与的扁平化组织结构。

(三)"五环节"管理系统改进中的学校制度

学校形成了三个方面的管理制度,一是"五环节"管理的规程,校区负责校长和多数教师都认为,"我们工作中都要遵守底线、标准与规则,这些规定是教师自己制定、自己遵守,工作中都不能触碰底线的,触碰底线是要自罚的","底线就是禁区,踩了就是 C 级,这是规矩"。二是学校试行的教师薪岗"四选"制度,主要规范教师自主选岗选薪的办法、步骤与工资标准等。三是一些具体规定,如《教师考勤管理制度》,主要对教师缺勤、缺岗、活动缺席等不遵守考勤纪律等情况做出奖罚规定;《学科组管理评价与奖惩制度》与《年级组管理评价与奖惩制度》,主要针对每周评出的等级进行折合换算的办法;《教师绩效工资考核规定》是关于核算教师工资的一些规定与计算办法。除此之外,学校还有一些不成文的潜规则,例如,评优晋级按照考核绩效排名;工作没有达到自定标准要主动自罚;学校班子会也是按照五环节的流程,每个人先谈问题、自己找问题等等。由于薪岗"四选"制度还在试行期(2015 年下学期酝酿 2016 年试行),学校只有一些操作性办法及其过程中的数据,没有较完善的制度文本,笔者就此做了实地考察,结合学校工作资料与记录,与校长、负责校长及教师深度访谈后梳理如下。

试行中的薪岗四选制度[①]

一、以解决问题为目的的指导思想

校长明确表态:"学校现在发展了,有钱了,当然要涨工资,我认为应该在最要害处动真格,怎么涨才能最大程度提升教师的自主意识与自主能力,这是改革制度的根本指导思想。"为此,学校充分征求教师意见之后总结了薪岗制度存在的问题。主要包括:教师们认为"教师工资属于偏下,对教师的工作激励有待提升。2014 年教师工资平均在 3 500 元/月,工作 5 年以上的教师担任年级职务的最高在 5 000 元/月,不担任职务的教师,低的工资 2 600 元/月"。管理人员的意见是:"原中层干部平均每月有 600 元工作量补贴,管理层补贴金额固化,每月工作绩效与薪资没有太大关系,偶有惩罚将导致消极情绪甚至怠工。"备课组长表示,"五环节"管理程序中教师的服务意识和专业水准有待提升。年级组长的意见为,年级组长轮流当值中,学校给年级组平均每月 1 000 元奖金,其中 40% 属于当月轮值的年级组长,60% 作为年级组内绩效考核发放给组内教师。学校对年级组的考核分 A、B、C 三个级别,级差浮动 200 元,最高和最低相差 400 元,一段时间以后组间相互攀比、矛盾逐渐呈现,年级组工作状

---

① 依据 X 学校薪岗"四选"实施方案资料(2015 年 10 月)、实地考察记录、校长与干部访谈整理。

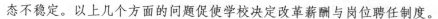

态不稳定。以上几个方面的问题促使学校决定改革薪酬与岗位聘任制度。

二、制度改革的目标是重建激励机制

学校制度实施的目标是重建薪酬激励机制。与学校负责校长、校长助理、年级主任等访谈后发现,他们认为,革新制度的目标应为:改变被动工作、工作绩效主要由中层向校长负责的局限;改变学校因没有中层职务工作薪资与具体标准,无法对中层考核与问责的缺陷;改变就事论事式考核与处罚及其由此造成的"只罚不奖"的抱怨、"罚不情愿,不罚更不情愿干"的恶性循环。经过教师大会、干部会多次会议讨论,学校明确了薪酬制度改革应重建激励机制,"自主自愿、优劳优酬"薪岗选择机制,试行教师自主选薪、选岗、选班、选课的薪岗"四选"制度。

三、制度制定与实施

经过教师全员参与的大会讨论、书面意见征求、小组讨论等不同形式,学校形成的试行方案主要内容包括:"四选"薪岗制度的制度框架;制定学校具体方案,主要内容包括工作包(岗位)设计与薪酬定级,不同的岗位级别对应不同等次的年薪,从见习级(不选工作岗位,进入自我反思)、初二级、初一级、中二级、中一级、高二级、高一级岗位,共七个岗级及其相应的薪酬;教师依次选工作包,即选岗、选薪、选班、选课;对过程中发生的问题不断纠正调整,优化与完善;试行中不断调整、趋向合理分配。

学校薪岗四选制度的实施步骤包括,第一步是选岗,工作包分为三类:校级研究中心类(对应高级薪酬)、年级组与学科组管理类(对应中级薪酬)、常规项目管理类(对应中级以下薪酬),教师除了必选教学岗位,另外必须选择工作包1—4个不等。第二步,选岗之后根据对应的工作包类别选年薪,每一类工作包划分为不同的年薪等级。第三步,选班,班主任自主设定班级的规划,班级管理特色与标准。第四步,选课,选课后班主任(教师)自行设定班级课程特色,并设计出学生能够自主选择的社团活动与兴趣课程。如常规项目管理类中,班主任级别为一级社团,区别于非班主任,薪资最高。在此基础上划分管理项目工作包,包括课堂研究、安全、卫生等,班主任如果继续认领工作包,则级别上调;非班主任也可以认领各种管理项目工作包。教师依据自己"四选"的标准与等次,按照当月考核、学年累计总评的结果自主发放薪资。

"四选"制度实施中,由五个专业研究中心承担教师的绩效评价(见"五环节"管理系统改进中的学校结构的五个研究中心),各中心的工作评价主要依据学期目标,采取中心主任自评与校长、学生校长评价相结合的办法。学科与年级组长一般都是各中心的成员,除了参与中心组日常工作,主要负责所在年级与备课组计划的执行及其绩效评价。

四、制度实施的原则

制度实施坚持"五环节"管理的方法和原则。实行过程中收集改革实施中的主要问题、及时反馈、总结纠偏、反思调整。

访谈中,校长认为,"下一步制度改革面临的问题的核心在于学校价值定位与四选机制和谐一致,如何通过薪酬四选制度实现管理规则中教师自主的最大化,进而提升学校的育人价值与文化内涵,这是制度改革的难点,也是薪岗四选制度的目标"。源于此,学校管理系统改进中,学校打破了传统金字塔结构,取消了中层处室,创新了年级组、备课组自主日常管理与研究中心专业引领相结合的组织设计,实现了组织结构扁平化。参照"成长"课堂教学的五环节,在年级与学校实行"五环节"管理流程,教师基于问题解决、在讨论中确定目标,组织实施过程中展开行动反馈与总结反思,改进完善中不断提升标准,从而提升自我管理能力与组织效能。依照"五环节"规则和流程自行反馈成为学校日常管理的方式,例如,学科组与年级组形成了组长协调、教师任务领受、人人自行制定工作督查标准、底线与规则,人人参与评价,每一阶段例行结果反馈与反思总结,进而不断提升管理标准与改进工作内容。自我管理理念主导下,学校实行了岗位自选、薪酬自定等人事管理办法,推行了"薪岗四选"制度。增设了五个专业研究中心,以提升教师专业研究、标准制定与科学评价能力。

二、C学校"三横六纵一个圆"管理系统改进

为真正落实学校"决策以课堂教学改革为中心"的理念,促使管理服务于课堂教学改革中的问题解决,提高教师教学改革的积极性,C学校取消了副校长、教务处与政教处等机构设置,转为校委会领导、以年级组和学科组为管理主体的"三横六纵一个圆"(三横是指七、八、九三个年级组,六纵语、数、外、理化生、政史地、体音美六个学科组,一个圆是指学校督委会)组织结构。学校以组织结构及其职能转变为依托,创新决策管理中平行结构、自上而下与自下而上之间的协调运行机制,运行过程中强化了学校与年级组、学科组之间的双向沟通,教师全员参与督导评价,每天及时公示督导评价与等级考核,并做到对反馈适时纠偏、完善。学校工作以月为单元,由督委会对年级组与学科组的工作绩效进行等级评定,然后年级组与学科组对分属的教学组(两个班为一个教学组)与备课组(一个年级是同一科任教师)定等级,教学组与备课组内再分等

的考核办法,管理中形成了层层评级定等、组内捆绑评价、教师人人参与的考核评价制度。制度实施中学校逐步细化工作流程、工作标准及其评价办法,形成了"三横六纵一个圆"结构下的技术流程与管理制度。具体内容如下:

（一）学校"三横六纵一个圆"管理系统的结构及职能

C学校是一所全寄宿制初级中学,学校创办伊始就借鉴了集团学校"三横六纵一个圆"管理结构及其运行方式,后发展完善为"三横六纵一个圆一支点一杠杆"（一支点是指校长、一杠杆是指校委会）学校结构,以下简称"三横六纵一个圆"组织结构。

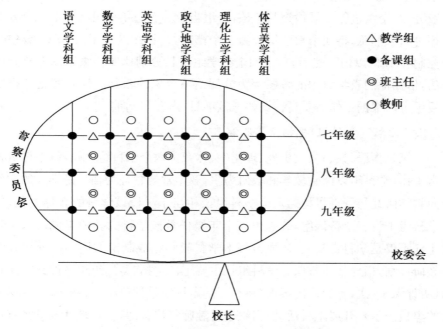

图 4-1　C学校"三横六纵一个圆"组织结构①

1."三横"（年级组）机构及其职能

三横是指七、八、九三个年级组,由三个年级主任负责,年级工作以学校常规管理为主,课堂管理为辅。各年级组下设四个教学组,两个班为一个教学组,班级管理实行每班两个班主任包班制,学校考核班主任工作时实行捆绑评价,不分正副,班级工作与班主任津贴由班主任自行分工、自主协商分配。年

---

① 参照《C学校管理手册》103页,管理框架——闭合式、网格状、扁平化管理图整理。

级主任参与制定并执行校委会的管理指令,带领本年级教师完成大周计划、月计划、学期计划,每月负责对本年级的教学组量化分等、落实月奖惩。"我们学校的三个年级主任,相当于三个小校长,他们掌握财权和人事聘任权、设置奖项、发放奖金和年级聘任权。"年级主任主管的考核奖是每位教师每月600元,奖金对应的工作考核主要包括三方面,一是学校安排年级主任推行的班级常规工作,占200元;二是教学工作,占300元,包括教学常规事务、教学检查、组织过关课、达标课、公开课等;三是其他方面,占100元,主要是家校沟通、参与学校各项活动等。年级组的考核办法是,年级组建一个考核组,考核组人员主要来源于年级主任及由教学组推荐的教师(几乎是全员参与)组成,两人一组、一般分10个组进行常规检查与考核,每组当值一天。年级组将以上几个方面的评价结果汇总,将四个教学组分为三个档次,1个A、2个B、1个C,级差奖金控制在12%以内。然后,再由四个教学组组长分别比照年级组的考核分配办法,依据他们教学组内的考核等级分配给两个班的教师。计划实施过程中年级组可以根据工作需要自行调整考核项目、内容与比重。

2. "六纵"(学科组)机构及其职能

六纵是指语、数、外、政史地、理化生、体音美六个学科组,由学科主任负责日常工作,学科组以课堂教学和教研为主,教学常规管理为辅。是学校的六条纵向教学研究与管理机构。六个学科组长相当于学校该学科的教导主任,每个学科组下设三个备课组,分别由三个年级任教该学科的教师组成。六个学科主任不仅是学科带头人,还要带领本学科教师完成制定的周、月、学期教学与教研计划,指导集体备课。学科组长主要工作包括:每周组织备课组轮流查课(听评课)一次,查课后出板面(将查课的定性定量评价结果在教学楼一楼大厅的黑板公示);开展学科活动;组织学科教师集体备课,负责教师导学案审核签字;每两周开展一次学科公开课与集体备课教研活动。学科主任掌管的考核奖是每位教师每月400元,教学工作考核内容主要包括每天查课,考核人员主要来源于学科主任和由备课组推荐的教师(基本全员参与)担任。学科组长负责将以上几个方面的评价结果汇总,然后分为A、B、C三个档次,级差奖金控制在12%以内,将奖金分到三个备课组,由三个备课组长按照组内考核结果的不同等级分配给备课组每个教师(组内考核办法比照学科组的考核与分配办法)。备课组的教师除了完成以上常规工作,每个任课教师还有随时配合班级常规工作的任务,配合情况也是教学组奖金分配的依据。

除了学科组与年级组里的考核与奖金,学校每年还设有三次考核奖,每次

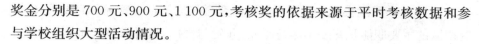

奖金分别是 700 元、900 元、1 100 元,考核奖的依据来源于平时考核数据和参与学校组织大型活动情况。

3. "一个圆"(督查委员会)及其职能

学校督查委员会负责督查年级、学科组的工作。督查委员会设专职主任一名,专职教学干事一名,四名兼职干事和临时成员。四名兼职干事都是任课教师担任,他们分别负责常规管理、教务、团委、课堂教学督查工作。临时成员由优秀教师代表定期或不定期轮流参与,共同承担督委会的日常督查工作。督查组职责主要包括两个方面,一是对年级组和学科组进行评价、分开档次、兑现绩效奖金。主要兑现绩效奖金是每人每月 1 500 元,其中年级主任掌管 600 元,学科主任掌管 400 元,任教班级学业考核奖补按 500 元。将年级组与学科组分别划分 A、B、C 三个档次,每个档次级差不超过 12%。然后各年级主任和学科主任再将教学组和备课组考核分等,教学组和备课组依据组内每个人的工作考核情况分等。关于奖金考核分配办法,督委会主任说:"班主任拿到的奖金是经过学校督察组、年级组、教学组三次分配的,任课教师拿到的奖金是经过学校督察组、学科组、备课组三次分配的。每个教师(例如,一般情况下年级主任和学科主任都是班主任,他们也都是教学组成员和备课组成员,与其他教师一样接受督查评价与考核)都处在管理与被管理的网络节点上,大家人人参与、相互评价、信息公开、各种督查结果及时公布到大厅黑板上。"二是负责常规管理,召开中层干部(学科组与年级组以及相关学校管理部门负责人)会议。召开学校每两周一次的反馈与计划会议,参会人员包括督导组成员、年级主任、学科组长,主要听取各个学科组和年级组的问题反馈和意见建议,形成双周指导性工作计划,保障学校管理各个方面意见及时反馈并得到解决。

4. "一支点"与"一杠杆"

一支点是指校长及其办学目标与价值导向,主要发挥导向与引领作用,校长认为自己应在系统运行过程中真正做到"权力下放、责任上移";"一杠杆"是指校委会,是学校的决策机构,是学校撬动整个管理系统的"杠杆",其成员组成是校长、校长助理、督委会主任、综合办公室主任和年级主任。校委会每双周的后一个周五召开一次,由"值班校长"(每个校委会成员轮流)主持,客观评价双周的工作,对没有完成的工作相关负责人要说明理由及其解决办法,在充分听取校委会成员对下周工作发表意见的基础上列出工作纲目,交给下周"值班校长","值班校长"细化后周一早上公示在学校综合楼大厅校委会工作栏。

2016年3月学校成立了课程教学研究会与班级自主管理研究委员会,研究团队的主要职能是开展小课题研究、开发与推广,提升学校管理水平、促进教师专业发展与学生健全发展。学校出台了课堂研究计划和方案,出台了课题研究审批标准和组织措施,对课题成果进行鉴定评奖,按照评分结果设置1 000元、800元、500元三个等级奖项,并规定成为获奖课题的主要负责人是学校晋升骨干教师的必要条件。学校组织结构与职能得以进一步完善。

(二) 学校"三横六纵一个圆"管理系统运行

C学校"三横六纵一个圆"管理系统运行的程序是按照双周为一大周制定工作计划,以月为工作周期依次循环的。

 访谈4-1

"三横六纵一个圆"管理系统具体是怎么运行的?

(时间:2014年11月16日。地点:创新初中。对象:C学校督委会H主任)

笔者:请您谈谈学校"三横六纵一个圆"管理系统是怎么运行的?

H主任:每学期初,校长主持召开校委会,确定学期主要目标和任务,主要确定学校价值导向和目标层面的工作项目,日常管理工作主要由我主持,接下来,我们主要通过中层干部会(中层干部会一般由校长助理、年级主任、学科组长参加)传达校委会会议的精神,讨论上学期工作计划实施中的不足与改进,形成新学期工作意见。各年级组与学科组依据校委会会议精神和中层干部会的意见制定本部门学期工作计划和双周工作历,督委会汇总后与各年级组主任与学科组组长商定,经过综合协调后制定出督委会的双周督查计划。学校工作常规按双周一个循环开展,第一周的周一召开全体教师会,周二召开年级主任会,周三学科主任会,主要安排学校工作、互通各年级与学科组工作情况,周四开督查会,主要反馈三天以来的督查,看视频、点评、提出下一阶段督查重点。第二周周二召开年级主任会、周三召开学科主任会、周四召开督查会、周五召开学校校委会。参加校委会的人员包括校长和学生校长、家长督学委员会代表、督委会主任、年级主任。校委会工作主要是反思双周工作中的不足、工作总结与问题反馈,然后完善下周计划与督查评价内容,完成一个大周工作。

与 H 主任访谈还了解到,由于校长要分管三个校区,2014 年以来 C 学校管理稳定就绪后就较少待在学校了,但是他每次回到学校总会有学校管理方面的新想法和点子与 H 主任聊,然后 H 主任再和部分中层干部商量出具体"落地的"措施和办法,校委会会议表决通过后实施。总之,"三横六纵一个圆"管理系统运行中,校长主要发挥价值引领,校委会决策与中层干部集思广益中创新管理举措,督委会与年级组和学科组上下沟通、协调互动后形成工作计划。

(三)学校"三横六纵一个圆"管理制度

C 学校"三横六纵一个圆"组织结构配套的是"立体式、高密度与交互评"的管理评价制度,即"三展、六评、一奖惩"。"三展"是指督察组、年级主任、学科主任三个层面每天展示督查结果,公开课堂教学与班级管理等工作的优缺点与分数量化评价;"六评"是指每天对班级课堂教学有六个层面形成的督查评价网络,包括校领导、督委会、年级主任与学科主任、学科组长与教学组长、班主任与教师进行检查记录和评价;"一奖惩"是指每月一次综合检查评比并量化奖惩。校委会对督委会、督委会对年级组与学科组、学科组与年级组分别对备课组与教学组、教学组长对班主任、进行评价定级。除了"三横六纵"中的督查评价,每天学校层面的督查还有学校行政、学生校长领导下的学生管理委员会、家长管理委员会(学校每日都有家长代表参与学校全天工作观察,并对学校有关工作进行评价反馈)。参见以下 C 学校教师评价规定①:

C 学校教师评价规定

学校的教师薪酬结构中,每位在岗教师每月均有 1500 元奖金,奖金以绩效考评为依据发放。具体办法如下:

一、奖金组成。本学年开始,奖励工资分为三部分。① 每月 400 元用于学科教学奖励。② 每月 500 元用于教学成绩奖励。③ 每月 600 用于年级工作奖励。

二、考评权限。① 学科教学奖励由各学科组长发放。② 教学成绩奖励由年级主任发放。③ 年级工作奖励由年级主任发放。

三、档次区分。所有奖励工资将采用档次区分的原则,逐级考评、确定档次、区分数额发放。① 学科奖。学校督查组考评各学科教学,并将各学科组分为三档,月人均依次对应奖金 420 元、400 元、380 元,并下发给各学科组长;学科

---

① 参照《C 学校管理手册》第 168 页学校教师考评办法整理。

组长考评本学科个人教学情况,依据考评结果将所有成员分为三档,依次获得当月组人均奖金的 108%、100%、92%。② 成绩奖。年级组考评各教学组每学期三次大型考试的教学成绩,以名次、尖端名次人数、及格率、平均分等为依据(可参考 12 年奖励办法)确定当次考试各教学组应得奖金数额;教学组长依据本组成员本阶段内教学及组内工作的完成情况,依次将所有成员分为三档,依次获得当次组人均奖金的 108%、100%、92%。③ 年级奖。学校督查组将从常规管理、课堂教学、任务完成等方面对各年级组进行评价,依据当月考评情况将年级组分为两档,分别对应的月人均奖金分别为 620 元、580 元。年级组考评各教学组当月的教育教学工作,以出勤、班级管理、课堂教学、任务完成等为依据(可参考 12 年奖励办法)将所有教学组分为三档,依次对应月人均应得奖金数额108%、100%、92%;教学组长依据本组成员本阶段教学及工作完成情况,依次将所有成员分为三档,获得当次组人均奖金的 108%、100%、92%。

备注:1. 各级各组要严格按照规定档次的奖金数额发放,不得搞平均主义,否则奖金回收。2. 督查组督课结果只作为区分学科和年级的依据,年级和学科不得使用此数据,奖金表上报时,要有详尽的考评数据和依据。

为使这些学校评价落到实处,学校出台了相关的考评规章①,主要有三类,第一类是考评办法,主要针对教师的工作成效和达标情况制定评价办法,具体有《学校教师考评办法》《学校教师晋级方案》《关于导学案的检查与评价》等。第二类是规定,主要规定教师绩效与工作责任与规范,具体包括《新聘教师培训及实习待遇的规定》《课堂教学督察制度》《学校关于集智备课的规定》《学校关于教师课堂教学效果检测的规定》《学校关于教师行为规范的规定》《学校反思规定》《学校教师工作量的规定》《学校关于初备稿书写的规定》《教师课题研究审批计划与标准》,等等。这些规定都有明确的评价标准与考核办法,评价结果都与教师教学绩效挂钩。第三类是工作流程,主要对教师教学与研究行为进行指导和规范,例如《教师导学案编制须知》《教师听评课流程》《教师每日常规流程》《学科教师的集智备课流程》《年级主任周工作流程》……学校制定的流程涵盖了学校教师工作的各个方面,例如,《教师接新生的流程》《新生划分小组的流程》等共计 63 个,以上流程制定比较详尽地规定了学校各项常规工作的内容、程序、技术标准。

综上,"三横六纵一个圆"管理系统改进,以学校结构与职能转变为主体,

---

① 数据参考《C 学校管理手册》第 1—175 页内容整理。

实现了学校管理实践的整体转型。第一，"三横六纵一个圆"管理系统改进围绕学校课堂教学改革与教师专业发展核心，是一种致力于教师的学科素养、研究水平与变革能力提升的组织设计，组织结构创设了领导者、管理者与教师相互沟通对话的正式渠道，实现了真正意义上的组织结构扁平化。第二，年级主任成为学校校委会的重要成员，参与学校决策。同时，学校赋予教学组与备课组一定的管理决策权，工作中自行计划、自主组织评价、教师人人参与评价与反馈，建构了有利于沟通与协调有机结合的组织结构体系，为学校组织管理运行方式转变，管理实现了柔性化奠定了组织基础。第三，管理系统运行程序优化。管理优化主要体现在管理运行中的开放与互动，即教学组和备课组每一位教师和班主任都有机会参与"三横六纵一个圆"的组织运行系统。一方面，管理系统运行实现了上下级之间的沟通与互动，校委会、督察委员会、年级组与学科组、教学组与备课组计划与决策是经过了自下而上问题与反馈形成报告，经督委会综合协调后形成自上而下的计划，计划的实效性增强。另一方面，体现在横向的互动，教学组与备课组、年级组与学科组的教师都有可能角色交叠，每个人都是评价者和被评价者，无论班主任、年级主任、学科组长与教师，他们都有相互评价的机会，这种横向沟通有利于平等与信任关系建立，进而促使组织管理高效。第四，具体详细的工作办法、规定与流程为教师工作提供了标准参照与技术指导，促使学校"三展六评"有据可依、有章可循。进而使学校管理通过技术标准化施以有效控制，保障了管理的效能。定性定量绩效评价与教师薪酬直接相关，通过有效激励促使教师健康竞争与密切合作，进而编织了管理者与教师的"工作责任网"。

三、G 学校"一制三权"管理系统改进

（一）"一制三权"管理制度

G 学校和其他公办学校一样实行校长负责制。"一制三权"管理系统改进是以校长负责制革新为主体的学校管理转型。校长、书记、若干副校长为校级领导，由市委组织部任命，教务处、政教处、办公室、后勤处等中层管理人员由市教育局任命，参照相应的级别纳入干部管理，学校称以上人员为干部。除此之外学校自行设置年级主任、教研组长管理岗位。年级组长参加学校中层干部会。学校实行年级负责制，年级主任主持年级日常管理工作，负责校内教师岗位选聘、业绩考核与教师评价。随着"主体"课堂深入推进，学校管理的不同层面相继发生了变化，创立了教学改革与课程教材开发研究室，改进了教务、

政教等管理处室的职能,组建了教师校务管理委员会、学生自主管理会,并赋予其参政权、表决权与议事权,形成了"一制三权"学校内部管理体制[①]。"一制三权"校长负责制创新,教师通过"1+1+1"议事制度行使学校重大事项的决策权与管理权,学校常务委员会及其议事规则是发挥教师的主体地位、提高教师专业自治的主要举措。"一制三权"中的"一制"是指校长负责制,"三权"是指行政权、教学团队的议事权、学生团队的自主权。学校成立了校务委员会,即学校教职工代表大会常务委员会,是教师团队行使决策议事权力的一个常设机构。创设了与"一制三权"匹配的"1+1+1"议事制度。成立了学生自主管理委员会,学生通过自主管理委员会行使学校相关事务的质询、评议等管理权。结合实地考察 G 学校"一制三权"制度的具体内容如下:

第一,关于"一制三权"。"一制三权"是学校为促使师生主体作用发挥,将行政权、议事权让位给教师、学生,使校长负责制下管理团队的行政权、教学团队的议事权、学生团队的自主权都能在决策层面落实。对应"三权"行使成立行政管理委员会、校务委员会、学生自主管理委员会三个决策组织,在校长负责制的统摄下,相对独立、各有侧重、相互制衡。

第二,行政管理委员会。行政管理委员会是由教育局和市委组织部任命的干部组成的决策管理委员会(包括校级领导与各处室主任),主要负责学校重大事项研究与集体决策。

第三,校务委员会及"1+1+1"议事制度。其一,校务委员会是教师治校与民主治校的常设权力机构,产生的办法是学校行政会先提出选人标准与名额,将名额均衡分配到各教研组,并依据标准提名候选人,由候选人所在教研组自由选举,每位教师不受行政会推荐人选的限制自愿投票或者提名。选举确定的教师组成校务委员会,校长和书记也是其中的成员。按校务委员会章程,学校的大事要事都要提交校务委员会讨论或者票决。票决实行实名投票制。校务委员会定期与学校行政会举行联席会议,并提交议案。校务委员会需接受行政会与全体教职工对其公正性的监督,行政会或者四分之一以上的教职工联名,有权向全体教职工代表大会提出罢免请求,并交付全体教职工代表大会表决。校务委员会每两年换届一次,校务委员连任不得超过三届。其二,1+1+1 议事制度是校务委员会的工作制度。"1"是指学校重大决策中首先由学校行政会根据相关政策与文件提出实施方案,提交校务委员会审议,审

① 朱丹.建设现代学校制度的思考与探索[J].河南教育,2011(4):11-13.

议后在全校公示,无异议即方案通过。方案通过后,校务委员会就方案中的议题进行票决,并将票决结果向行政会通报,行政会评议无异议后全校公示,公示无异议,则这一轮票决结果即为最终结果;"+1"是指,若行政会评议时产生异议,有权向校务委员会提出合理化建议和说明(说明和建议权只限一次),校务委员会进行第二次票决,票决结果公示后无异议,则第二轮即为最终结果;+1是指,若全校公示后有异议,相关人员可在全体教职工大会上进行申述,由全体教职工直选票决,票决结果即为最终结果。以上三轮票决为1+1+1议事制度的三个主要程序。第四,学生自主管理委员会。学生自主管理委员会是有学生代表组成的参与学校事务决策与管理的组织,学校开创了校政对话、学生评教、伙食说明会、教学恳谈会等问政机制。

(二)"一制三权"管理系统运行

1. 教师岗位竞聘中的"一制三权"管理运行

学校教师岗位竞聘方案、中层干部竞聘上岗实施方案与教师职称评定实施方案出台的一般程序是,学校党委会依据市教育局文件讨论确定实施方案的原则与标准,办公室起草学校岗位竞聘实施方案草案,经校务委员会讨论后出台修订案,然后再由全体教工会讨论通过之后出台正式方案,即学校重要决策的"一制三权"运行程序。以下是G学校2013年教师岗位设置实施方案[①]:

教师岗位设置实施方案

包括五个部分。包括岗位设置的意义、岗位申报的基本条件、岗位工作内容及考核办法、岗位竞聘程序以及《学校专业技术岗位聘任量化计分细则》附件。

岗位考核办法为每学年结束时,五级岗位教师向校务委员会(或全校教工会)进行面对面述职,接受校务委员会的监督和评价,六级、八级、九级岗位教师向校务委员提交书面述职报告,接受校务委员会的监督和评价。

岗位竞聘程序共七个环节:公示岗位、个人申报、学校资格审核、"1+1+1"议事规则确定岗位人选(三个环节)。

具体办法是:如果申报数量超过岗位数量,由校务委员会依据岗位职责和量化计分对申报人进行评估,按照"1+1+1"议事规则计算岗位人选的投票得

---

① 参照内部资料《G学校岗位设置实施方案》(2013年7月6日)。

分,按照得票多少排序,前 20％计 1.2 分,后 20％计 0.8 分,中间计 1 分。如果申报数量少于岗位数量,由校务委员会按照量化得分排序增补候选人,候选人总数应为岗位数量的 120％,然后按照"1＋1＋1"议事规则计算岗位人选的投票得分,前 20％计 1.2 分,后 20％计 0.8 分,中间计 1 分。结果在全校进行公示,本人对公示结果有异议者,可提出书面复议申请,提交校行政会,行政会研究后可提请校务委员会进行二次表决或提请全校教工会票决……

方案出台之后,方案的执行与实施也依照"1＋1＋1"议事规则的程序。2013 年学校岗位聘任方案实施过程中"1＋1＋1"议事规则的第三轮票决在 C 老师(高级职称)身上发生了。

 访谈 4－2

教师岗位聘任中"1＋1＋1"议事规则如何进行

(时间:2015 年 11 月 16 日。地点:G 学校。对象:G 学校办公室 W 主任)

笔者:听说 2013 年教师岗位聘任时有教师没有被聘到所报的岗位?能谈谈当时的情况吗?

W 主任:是的,是一位老教师,和我一样教语文的,今年应该 55 岁以上了吧。当年 C 老师申请的是八级岗位,任教语文学科、担任班主任,结果没有被原来的年级续聘,也未被其他年级聘任。按照学校惯例,需要转岗为后勤岗或待岗。C 老师当时就对公示结果有异议,首先,他向校行政会提出书面复议,要求申请续岗,行政会进行表决,表决没有通过。第二步,提交校务委员会再进行表决,校务委员会表决仍然没有通过。第三步,C 老师向全体教职工会议提出复议,并在全体教工大会上提出续聘陈述,教职工代表大会再次表决,表决结果仍未通过。他在非教学岗位待岗了一个学年,现在已经回到了教学岗位上了。C 老师是我们学校 1983、1984 年最优秀的语文教师,当时是全省一流的,他落聘应该和学生评教分数低直接相关。再加上他年龄大了,知识陈旧,又不善于学习,不积极进取,上课的精彩程度、备课的投入度、辅导学生的认真度都不够。这件事对他也是个教育。不过这是在我们学校,如果放在别的公办学校,或许教师巴不得往行政后勤上去,落一个清静呢。我们学校老师都很要面子,他可能想的是,我以前出类拔萃,结果现在是这个样子!

　　学校干部竞聘与教师职评等所有事关教师切身利益的大事情,都遵循"一制三权"与"1＋1＋1"议事规则的相关程序与规定执行。例如,学校 2012 年中层干部竞聘上岗方案制定环节中,竞聘上岗方案经学校党政联席会议讨论审定后,提交校务委员会大会会讨论、完善后报市教育局批准。其中的演讲答辩环节,演讲答辩评委会成员有校级干部、校务委员会代表、市局领导和专家组成,竞聘干部在全体教职工会上演讲现场接受评委提问进行答辩,评委当场评分,全体教职工投票,两项结果当场公布,赞成票未过半的不得进入下一轮竞聘环节。票决环节中,校务委员会参与民主票决是否同意该人选任职,具体计分办法是演讲答辩占 60 分,笔试成绩占 20 分,全体教职工投票占 40 分(第一名 40 分,第二名 38 分,以后依次递减 1 分计算),校务委员会票决权重占 20 分(第一名 20 分,第二名 18 分,以后依次递减 1 分计算),分数相加后排序,以 1.5：1 的名额提交党委会进行差额票决,票决结果即为进入公示人选,如公示无异议即为最终确定人选。[①] 又如,学校职称评定方案实施中,校委会按照评定细则对其积分与资格认定,按照业绩积分排序,以 2.2：1(2015 年中高级职评中分别是 11 选 5、5 选 2)进入校务委员会票决环节,然后校委会进行投票,票数转化为三个档次的积分,票数排名在前 20％的计 10 分,中间 60％计 8 分,后 20％计 6 分,个人业绩积分再加上校务委员会的投票计分即为教师职称评定的积分结果。[②]

　　笔者访谈中发现,教师普遍认可这样的方式。"事关教师切身利益的晋级、评先竞岗、干部竞岗等大事情都按规矩走程序的,教师只用做好自己分内工作就好了,一般情况下校务委员会票决积分与业绩积分的次序是吻合的。"显而易见,不论学校职评还是岗位竞聘主要是凭工作业绩,都是按照"一制三权"与"1＋1＋1"议事规则"走程序",这已经成为学校人人皆知的规矩。

　　2. 学生自主管理委员会的决策权、质询权与评价权

　　伴随着学生自主管理委员会成立,学校开创了校政对话、教学恳谈会、伙食说明会等学生问政机制。

---

　　① 参考《G 学校中层干部竞聘上岗实施方案》学校〔2012〕7 号。
　　② 内部资料《G 学校职称评定实施方案》(2015 年 10 月 9 日)。

 访谈4-3

学生自主管理委员会有哪些权力?

（时间:2015年11月18日。地点:G学校。对象:G学校学生会干部Q同学）

笔者:学生自主管理委员会都有哪些权力,是怎样实施的?

Q同学:第一,学生自主管理委员会的权力主要有学校事务的管理权、与学校领导的对话、建议权,这些权力行使是通过学校开设的校政对话。校政对话是指各班通过自荐和推荐选出的学生代表与学校领导干部就学校管理与生活中的问题进行面对面的对话,领导现场答复。第二,学校事务管理权,主要通过学生自主管理委员会及其下设的寝管会与伙管会。寝管会主要负责在寝室管理工作中维护学生权益、发表学生建议,与寝室管理教师一起制定管理办法,检查评比等。伙管会主要通过伙食检查、价格质询、组织召开伙食说明会等形式进行管理的。伙管会可以抽查餐厅食品卫生、核算饭菜成本,对菜品的质量、价格发表意见,并有权要求经营方出席伙食说明会。第三,学校社团活动都由我们自策划自组织,诸如主题辩论赛、学习方法论坛、写作方法交流等,完全由我们自己策划、制定活动方案、组织开展活动,邀请组建评委等。第四,我们也参与学生评教的意见调查。学校每学期组织两次年级教学恳谈会,每班推荐2—3名学生代表与教务处领导就教学和任课教师发表意见和建议,之后对于重要的意见学校会进一步深入调查,我们有时参与这些意见调查工作。

访谈中,多数教师认为"除了考试成绩的压力,另一个重要的压力来自学生的测评,测评结果差可能导致教师落聘,这已经有先例。不过这里的学生确实很有水平,提问题很尖锐,反映意见能够尊重事实、也公正,学校也很听他们的"。"一制三权"与"1+1+1"议事规则已经成为学校重大事项决策与管理中"做事情的方法",成为师生参与学校管理工作的重要方式。

（三）"一制三权"组织结构

笔者通过查看学校管理处室工作资料,观察管理工作,与教务处、政教处和研究室中层干部、骨干教师访谈,发现课堂教学改革以及"一制三权"管理制度创新以来,学校结构及其职能改变主要体现在:学校组建了教师学校管理常务委员会,学生自主管理委员会,通过"1+1+1"议事规则重新划分学校行政会的职责权限;学校增设教学改革与课程教材开发研究室,将业务指导与评价权等学术权力划分给研究室,改进了教务处与政教处的职能;教师管理权下放,教师岗位聘任权和日常管理权下放至年级组。随着学校决策与管理结构改进,机构职能随之变化:第一,教务处保留了原来的教学事务管理职能,协助副校长落实学年(学期)执行教学工作计划,负责上传下达,完成上级教研室安排的任务或材料、成果上报、组织公开课评比推送、组织考试,参与年级组质量分析、命题分析等事务性工作,将教学评价与教学研究活动设计、教材开发、学术交流等职能划给教学改革与课程教材开发研究室,研究室专职主任一名,人员主要由学校实验团队教师和改革优秀教师兼任。具体职能担任教师精讲案的评级划分、课堂教学活动的设计、评价标准制定、学科教材培训讲座等,以强化教学改革理论培训与学科教学专业指导与交流,引领教师行动研究。第二,政教处将学生日常行为管理权下放到学生自主管理委员会,学生自主管理委员会下设寝管会、伙食管理委员会、活动部、学习部、卫生部、纪律部等。政教处职责主要是指导学生自主管理委员会日常工作,例如,指导管理委员会干部换届竞选,为学生自主管理委员会的工作开展提供物资、信息场地服务,做好相关协调工作。第三,年级组自主权加大、责任提升,成为学校管理的基层组织机构,负责教师聘任和常规评价,年级教研活动组织、班级常规管理、监管年级教学成绩并进行质量分析等。由此,学校形成了学生自主管理、教师参与决策、三个年级组主要负责、教学改革与课程教材开发研究室业务督导、教务处与政教处(协助副校长)协调服务的学校组织结构与管理运行格局,结构扁平化与管理柔性化得以提升。

综上,"一制三权"管理系统改进是"主体性"价值主导下,以校长负责制为切入点展开的学校管理整体性转变过程。围绕"一制三权"制度实施和"1+1+1"议事规则运行,管理流程与学校组织机构职能也发生了改变。为充分发挥教学改革专业团队的学术影响力,满足课堂教学研究引领、课程教材开发推广与学术交流业务增加的需求,学术权力与教师日常管理权从中层管理机构中分离,分别让位于研究团队与年级组。学校成立师生管理委员会与课程教材研究室,改变了行政与学术权力结构,实现了行政服务于学术关系转变,赋予专业人员学术评价与督导权,提高了教师专业影响力和专业自主性,最终实现了学校系统改进及其管理价值提升。

第三节　学校管理系统改进策略及分析

一、管理系统改进的策略

从学校管理变革实施的视角，策略是为实现某种目标或解决某方面问题的思维方法、步骤与方案的总体设定。策略实施是一个不断完善的过程。学校管理系统改进策略主要是对管理改进过程中的问题与矛盾进行协调控制的具体步骤与方法。

（一）结构职能转变为主

C学校结构职能转变以"扁平与网状化结构"改变为切入点，通过组织结构与部门职能转变推进课堂教学改革与学校管理转型。其结构兼容了机械科层制与专业科层制的特征，以教师群体作为组织控制的实施者，以工作过程标准化与技能标准化为主要协调方式，通过结构控制与技术控制促使管理转型。学校管理系统改进基于组织协调与沟通的矛盾，致力于组织目标与教师个人绩效相关问题解决，促使学校管理职能整合与效能提升，组织目标实现与个体绩效协调发展。其策略具体分析如下：

第一，扁平化组织结构提供学校管理重心下移的组织支撑。扁平化的组织结构促使课堂教学改革真正成为学校决策与管理的中心，结构调整使基层教学管理人员与教师直接或间接地参与决策，来自教学与管理改革一线的年级主任、学科组长成为决策信息的重要提供者，信息得以最大化地反馈到决策层，促进了教学改革问题的解决。学校管理围绕教学改革的问题诊断和解决，在常规问题发现、暴露、诊断和解决中生成标准与规范，进而形成评价、激励等制度，教学改革行为改善与能力提升真正成了学校激励、评价与控制的焦点，致使课堂教学改革与教师专业发展真正成为学校决策与管理的核心。由此，自上而下的变革理念价值引领与自下而上的问题需求成为决策的参照与依据，决策的目标与价值指向不再仅仅是规范与秩序，而是改善与发展，学校决策与计划不再是对过去经验的演习，而是对不同层面的督查与评价的结果及时作出反馈与纠正。指向"改善和发展"成为学校决策的价值指向，管理以满足教学改革及其问题解决的需求为原则真正成为领导者的决策思维方式。这种扁平化组织结构与全员参与式管理运行中，教师不仅仅是执行者，而是管理者和决策者，教师有机会也有条件对自身的权、责、利作出权衡分析与把握利弊,增加了自己意愿实现的可能性,从而极大地激发了教师的自主性与主动性,打破了原来教师和教学以教导处为中心、自上而下的管理运行方式。

第二,网状式沟通促使管理方式转变与变革动力凝聚。管理过程中校委会、督查委员会、年级组与教学组、学科组与备课组之间形成了决策—执行—评价—反馈的封闭回路和信息沟通网络。年级组与学科组中,组长与教师一样,平等接受同样的评价和考核,全员参与督查评价使大家都有行使管理的权力,能够换位思考、彼此尊重,心态平和,不容易产生内讧,极大地缓解了传统组织结构中组织协调与个体沟通之间的困境与矛盾。课堂教学要接受三个层面六个组织的评价,相应地,每个人都会有一组来源于操作层面的可视的数据,用数据反映工作的过程,在数据中发现课堂问题并提出解决对策。这种网状的信息沟通,聚焦于教学过程中教师的行为、技能与教学过程,改变了传统教学评价偏重成绩、凭主观认识和偏见、靠关系的弊端,每个管理岗位之间互相评价、互相监督,信息公开、直接、快速、高效、真实。即时公开、自上而下、自下而上与平行之间的交互督查评价的开放化沟通与反馈,促使管理者与教师之间人际关系改善,极大改善了组织协调的成效,致使部门之间的组织协调与沟通呈现出立体、网状、随机性的互动模式。这种互动沟通促使决策、执行、评价、反馈等管理职能有机整合,学校管理的核心指向"教学变革",致使学校管理目标与课堂教学改革价值之间相互渗透、共同促进教师教学行为与管理方式转变。

第三,机构管理职能改变促使教师主动发展与组织整体效能优化。管理职能转变形成了决策—执行—评价—反馈的组织协调与群体沟通回路,促使教师能够在这种扁平化与柔性的网状信息沟通中发现问题并取得组织支持,教师作为群体参与者,置身于群体间竞争与群体内合作的氛围。不得不在团队合作与竞争者中提升绩效,加之评价考核与薪资直接相关的薪酬制度设计,势必使教师责任、群体绩效与学校管理目标高度契合,进而促使教师主动学习、协同发展与责任提升,学校管理目标与教师个体协调发展。多层面、立体式、全方位的"大督查"管理评价方式改进促使暴露与反思行为常态化,极大地促进了决策与管理运行中的问题暴露、问题发现、问题诊断与问题研究,有效改变了学校传统管理"问题意识"缺失的弊端,"扁平与网状化"结构及其"有机、柔性化"职能转变致使学校日常管理摆脱了"阶段性、事务型"的惯性,而是转向统一价值主导下的有目的、系统性与有效性的意义活动,极大调动好整合了来自组织不同层面、机构部门与教师个体的改革力量。

（二）管理流程改造为主

X学校"五环节"管理的实质是管理流程改造，传统管理流程一般是计划、执行、检测与反馈的循环回路。"五环节"管理模式以问题为起点，建构了发现问题、确定目标、行动落实、结果反馈与总结反思五个环节管理流程，实现了从计划出发向从问题出发、从以计划落实为目标向以注重教师自主管理能力发展为目标的转换。并始终将"人人能够发现问题、创造性解决问题"作为管理的价值追求，进而实现了教师自主参与式管理转变。管理流程改造策略具体分析如下：

第一，问题前置促进管理目标转型。人人都能够发现问题并创造性地解决问题是"五环节"管理流程变革的目标，策略实施促使学校由传统管理中注重计划执行转向了教师主动发现问题、并解决问题进而提升教学变革领导力，改变了传统管理中自上而下的指令发布、层层落实、检测与反馈，及其过程中普遍出现的上有政策、下有对策、照章办事与形式主义，有效地改善了组织管理计划与个人主动性之间的困境、矛盾与问题。"五环节"管理流程旨在促使教师聚焦课堂教学改革中的问题发现、基于问题确定目标、行动反馈、总结反思、确定新的目标进而自主解决问题。"五环节"管理流程促使教师在日常变革实践问题的解决中提升创造力和专业水平。诸如年级组长轮流当值的体验式管理，教师在领受任务的管理过程中发现问题，与问题的当事人协商确定下次督导评价的内容，教师自行制定底线、规则与标准等。又如，学校层面的督导依据年级组的工作计划，针对发现的问题提出建议，与年级组协商后确定下次的督导的目标与内容。再如，学校与年级不同层面"五环节"管理始终以"发现问题并创造性地解决问题"为出发点和落脚点。显而易见，学校管理目标已经从注重任务落实转向了教师自主发展。

第二，强化反馈促进教师互动生成。"五环节"管理流程强化五个环节的过程反馈，通过目标反馈、问题反馈、行动反馈、结果反馈、总结反思，促使教师在行动中展示、展示中评价、反馈中总结、总结中反思，为小组及其教师间相互借鉴、竞争与合作搭建了平台、提供了机会。尤其是"五环节"管理流程运行中的即时性与跟踪式反馈，促使教师在这种在相互反馈中反思、相互影响，极大提高了教师的行动力与学习力。管理流程中的总结反思不仅体现在教师个人层面的课后反思、活动反思、月反思等方面，而且贯穿于学校、年级组和班级管理的不同层面。薪酬制度变革中，学校对制度实施不同阶段的问题都有反馈与反思，在不断总结与改进中调整优化，制度运行中的动态反馈促使学校不断发现问题、改进方案、确定新的目标,进而改进了制度改革的价值定位与创新目标,通过树标、对标,促使五个研究中心自己对标,不断优化研究中心的职能及评价机制,最大化实现教师的自主性与创造性。显而易见,"薪岗四选"制度改革的问题与目标是校长、管理者与教师经过不断反馈、反思、改进,进而逐步明确的。

第三,旨在教师自主性提升的管理价值转型。对比 X 学校的课堂教学模式与管理流程改造发现,以上管理流程改造策略,借鉴了"成长"课堂的教学模式的理念与环节,是对"成长"课堂教学流程中确定目标、自主学习与合作交流、展示与反馈、达标检测流程的迁移与改造,而且与其"自主""成长"价值一致。五个环节管理中问题自找、目标自定、行动自主、反馈自省、反思自觉,每一个环节都体现了"自主性"核心价值。管理流程改造使教师自主计划、行动与反思,极大地激发了教师专业成长的内生动力,促使学校管理计划与教师个体主动性之间和谐一致,致使教师人人成为反思型实践者。

（三）管理制度创新为主

制度创新不仅为学校变革提供了合法性机制,而且提供了变革的支撑性力量。"一制三权"内部管理制度是在新的教育关系与教育理念基础上重建的规则系统与意义系统。校长负责制创新实施中,学校聚焦师生"主体性"发挥,以主体权力赋予作为管理变革的切入点,通过学生自主管理、质询与评价,教师参与决策管理、民主表决协商议事等方式方法,管理中民主与集中兼具、组织规范与学术自由互融。G 学校管理制度创新策略,是通过提升学校制度的价值合理性与工具合理性,着眼于主体价值与制度实效性实现的有效探索。价值合理性是一种主观合理性,是关于不同的价值之间逻辑关系的认识与判断;工具合理性是一种客观合理性,是关于不同事实之间因果关系的判断。[1]由此,学校管理制度创新策略分析从这两个方面展开。

第一,通过主体性价值的制度理念创新提升学校制度的价值合理性。学校制度理念创新,旨在追求学校制度的价值合理性,指学校制度制定时所选择的价值标准、所追求的目的应当是合乎正义、公正的。价值合理性关乎学校制度规则所体现出来的价值判断与目标定位。相对于工具合理性,价值合理性具有优先性,是制度的根基。学校制度创新理应是对传统教育管理观念反思基础上的重建,理应维护转型时代的教育功能、实现学校的育人使命,体现学

---

① 刘国艳. 制度分析视野中的学校变革[D]. 济南:山东师范大学,2007:49.

校"为了师生主动健全发展"教育理念。然而,现实中学校功能的实现更多取决于制度化体系中的规制,公共教育机构学校的组织设置、运行机制与功能发挥多是来自体制的规制和指令,外在于学校的法律规章和制度有可能使学校为在标准化的、有序的运作系统内得以合法存在而奋斗,致使学校组织结构与管理运行标准化。加之学校教育性功能的难以测量性,可能会导致学校普遍地追求合法性存在而忽视其教育质量提升,这就存在着"学校教育游离个体发展"与"学校游离教育"的倾向。源于此,传统意义上的学校制度价值偏向于维护集权与规范秩序而忽视师生人格健全发展。G学校"一制三权"校长负责制度明确了以师生"主体性"价值观来统领学校制度设计,并以这种价值观指导学校各类主体的权力、利益与责任划分。由此,其价值合理性内涵与教学改革价值追求、学校育人目标高度契合,保障了学校变革朝向有利于个体发展的方向。学校制度创新与人的发展关系处理中,制度始终以促使学校管理者、教师、学生的主体性充分发挥为出发点和落脚点,致使学校管理在行政会的决策权、教师常务委员会的议事权与学生自主管理委员会的质询评价权这三权制衡中实现了科层威权与师生自治之间的和谐。

第二,通过增强制度实施的实效性提升学校制度的工具合理性。学校制度的工具合理性主要关乎学校制度实践活动中的可操作的、可检验的、正当与公开的程序与规则。G学校设置校务委员会,弥补了教师因缺少一个常设机构而无法参与管理决策的机构缺陷,通过建构"1+1+1"议事规则的程序与办法,清晰界定了行政会与校务委员会、全体教职工代表大会之间的权力关系,教师议事表决权过程的规范化与程序化,校务委员会程序化的票决制、票决分等计分制,有效地将民主治理的思想贯穿落实到学校决策与管理行为之中。学生量化评教、恳谈会、班级日志等定量定性评价办法,及将其结果作为教师考核晋级的主要内容的教师考核细则,建构了师生主体间平等对话的规则,规范了教师与学生主体之间的责、权、利关系。学生管委会参与学校事务管理、视察、质询权的规章与规定,建构了学校管理者与学生主体之间相互尊重的对话机制。以上这些具体的规则、规章、票决制、考核细则与规定,一方面,充分体现了管理制度内容创新的实效性。另一方面,也体现了学校"一制三权"制度执行的公开化与透明化。多数教师认为,"事关教师切身利益的晋级、评先竞岗、干部竞岗等大事情都按规矩走程序,教师只用做好自己分内工作就好了",教师认为"最厉害的是学生的测评,测评结果差可能导致教师落聘,这已经有先例。不过,这里的学生确实很有水平,他们提问题很尖锐,能够尊重事

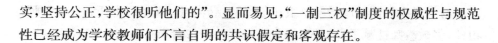

实,坚持公正,学校很听他们的"。显而易见,"一制三权"制度的权威性与规范性已经成为学校教师们不言自明的共识假定和客观存在。

二、管理系统改进策略的机制

机制泛指事物之间较为稳定的相互联系与相互作用。机制构成主体之间的相互联系可看作机制的静态关系结构,各主体之间的相互作用可看作机制的动态表现形式,这种相互联系和相互作用具有稳定性和规律性,并将会产生相应的功能作用。[①] 对学校管理系统改进机制的探究,一方面,着眼于管理系统不同内容要素之间的有机联系,机制的有机联系一般通过结构、流程或规则设计来固定;另一方面,分析要素之间的相互作用,系统中诸多要素中,总是存在构成对立统一矛盾运动的最具根本性意义的核心要素,他们之间的基本矛盾运动形成了系统运行机制。

学校管理系统改进诸要素中存在着两两相对的核心要素是"组织控制"与"个体沟通","管理计划"与"专业自主","科层纪律"与"主体解放",他们之间的对立、矛盾、互动与制衡关系形成了以下三个方面的机制:管理结构转变中的组织控制与个体沟通相融机制,管理流程改造中的组织计划与专业自主共生机制,管理制度创新中的科层纪律与主体解放平衡机制。

(一) 管理结构转变中组织控制与个体沟通之间的相融机制

组织控制与个体沟通相融机制注重组织目标达成过程中组织控制与个体沟通之间相互促进与交融,新的组织管理结构改变了传统管理中上传下达、逐级执行、督导评估、结果反馈这种偏重于自上而下、单向的组织控制程序与方式,促使学校权力关系及其职能转变。管理结构转变中的组织控制与个体沟通相融机制体现在:一方面,组织结构及其职能改变中的控制是建立在沟通基础之上的;另一方面,组织控制中强调沟通。

建立在沟通基础之上的组织控制。以民创学校管理系统变革为例,其主要体现在三个方面:第一,有利于平等对话关系的扁平化结构设计。学校"三横六纵一个圆"结构是学校向教师赋权的具体体现,扁平与网状化组织结构和全员参与的立体式评价制度搭建了个体、群体、部门之间直接交流的平台与平等关系,提供了教师全员参与管理的组织基础。学校的日常运行是由督察委员会主任主持,学校督察委员会成员主要由年级组与学科组的成员组成,年级

---

① 辛鸣. 制度论——关于制度哲学的理论建构[M]. 北京:人民出版社,2005:97 - 98.

组长与学科组长同时属于教学组和备课组成员,同时又是班主任和任课教师,由此,多数教师被赋予计划权、督查权与评价权,某种意义上说,"三横六纵一个圆"扁平化结构意味着权力结构的扁平化。第二,旨在增进教师沟通的权力关系改变。学校在结构改进基础上将计划、督导与评价等权力下放,实行分层定等、部门承包、层层负责的专业小组责任制,学校按照工作内容权重将薪酬考核支配权下放到年级组与学科组,年级组与学科组再将权力下放到教学组与备课组,教学组与备课组的教师人人享有评价权。促使各部门计划、评价与督导职能加强,致使组织管理机制从原来的偏向控制转向沟通与控制有机相融合。第三,基于教师沟通的督查评价制度设计。学校围绕教学与管理工作,建立了"三展、六评、一奖惩"全员交互式评价体系,形成了立体、多元、双向信息交流与反馈互动的评价网络。通过制定详细具体的工作流程,明确技术标准,完善了纠偏机制。教师在交互式评价与基于技术标准的沟通中自我反思、彼此借鉴、相互协作,在沟通中达成一致性行动与共识,促使沟通与控制兼容。

组织控制中强调个体沟通。学校组织结构及其职能转变中,与组织控制相对应的个体沟通策略包括,第一,细化组织设计,促使教师主动沟通。学科组下设备课组、年级组下设教学组、班主任双人负责制等结构设计,将教师置身于多个群体并使他们成为合作伙伴,创设教师多层次观察、多角度审视自己和他人的角色行为,促进反思并相互合作的机会,致使沟通成为教师的需求,进而促使教师之间形成基于合作的真诚、主动沟通。第二,层层放权、逐级分等、小组负责制有效改变了科层制管理中组织协调主要依赖等级差异化与集权导向的控制方式,致使各部门与小组负责人之间主动沟通。例如,学校学期的督查计划制定,是在各个年级组与学科组上报计划的基础上,与各个组长沟通之后制定的;年级组管理中,月督查计划的内容与标准制定是根据学期计划和计划实施中存在的问题随机调整的,是与各教学组长沟通之后确定的;教学组与备课组的督查项目与内容可以自主、随机调整。这些都促使团队之间的沟通成为必要。第三,层层考核、多次分等、打包捆绑的绩效考核与薪酬激励制度,公开、公平、公正的自由沟通氛围,有利于促使小组成员为纠正问题主动交流经验,促使小组内成员之间有效沟通,致使小组之间健康竞争与小组内密切合作。

总之,通过组织结构及其管理职能转变,学校将管理中的主体权力、主体责任、绩效评价与薪酬激励有机结合,通过全员参与交互评价方式改变,将教师置身于立体式、网状化、开放式自主管理体系之中,成功营造了教师之间、团

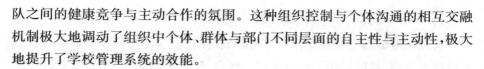

队之间的健康竞争与主动合作的氛围。这种组织控制与个体沟通的相互交融机制极大地调动了组织中个体、群体与部门不同层面的自主性与主动性,极大地提升了学校管理系统的效能。

（二）管理流程改造中组织计划与专业自主之间的共生机制

管理规划与专业自主共生机制,即在教师专业自主性激发中实现学校管理系统变革目标与价值转型。共生机制主要表现为学校管理计划与教师专业自主性之间相辅相成的共生关系。

组织计划与个体自主性之间的互动共生。组织计划一般是指自上而下分解,以格式化方案设计将具体任务分解到相关角色去实施。X学校在学校整体改革目标与理念指导下,管理流程改造的五环节——问题自找、目标自定、自主行动、自行反馈、自觉反思突出了教师工作的自主性,管理计划与专业自主共生关系将教师主体性发挥与计划制定有机结合,促使个体目标与组织计划在互动中相互促进。例如,制度设计与实施过程中,学校通过"坦心会"、座谈会等多种沟通方式,倾听教师的问题、意见与建议,并不断调整完善,促使制度设计与实施更加合理,也发挥教师的自主性。

管理流程改造与教师教学行为方式转变之间同根共荣。对X学校管理系统改进实践及其策略分析发现,学校"五环节"管理流程改造是"成长课堂"教学模式的迁移,随后渗透到了学校薪酬制度改造、年级组与学校日常管理各个层面,在更大范围和程度上促使师生自主行为方式改变。管理运行流程改造旨在通过管理者与教师之间关系改变促进教师的专业自主性发挥,教师教学行为方式改变旨在通过教学关系改变促使学生自主学习能力提升。管理流程改进与教师行为方式转变共同的立足点是促使师生的主体性发挥。显而易见,五环节管理流程,是主体性理念统领下旨在促进管理者、教师与学生行动方式转变的更高层面的一个策略,是学校"成长"教学模式经验改造基础上的创新与发展。管理流程改造提供了有利于师生行为方式转化的组织环境,师生行为方式转变与管理流程改造互为因果、相得益彰,教师自主行为方式是在管理流程的底线、标准与规则等规制下的行为,管理流程是为促进教师自主性发挥而建立的规则。流程改造与教师行为改变之间呈现了同根共荣的关系。总之,学校管理流程改造的共生机制,不仅促使教师自主反思中确定新的目标和工作标准、工作底线与管理规则,而且有效落实了学校管理系统改进的组织目标与部门目标,进而形成了管理方式与行动模式、制度设计与自主选择有机结合的管理机制。

（三）管理制度创新中科层纪律与主体解放之间的平衡机制

管理制度创新中科层纪律与主体解放之间的平衡机制中，以 G 学校管理系统改进为例，科层纪律主要体现在行政会、校务委员会、学生自主管理委员会三个组织机构及其工作制度。主体解放主要是指主体权力赋予，学校管理团队的决策权、教师团队的议事表决权、学生团队的评议与质询权。科层纪律与主体解放平衡机制是不同群体权力运行中相互作用的结果。具体而言，即行政会决策权与校务委员会表决议事权、教师权威与学生评议权、学校事务管理权与学生监督质询权之间的平衡。

行政会决策权与校务委员会议事表决权之间平衡。学校行政会将部分决策权与管理议事权授权给教师团队，通过教师校务管理常设机构——校务委员会组建，为教师治校权力合法化运行提供了组织保障。校务委员会章程制定与权限划分，"1+1+1"议事规则与程序出台，保障了教师在程序化系统中独立行使议事权。行政会与校务委员会之间权力关系界定与议事程序规范的确立，促使教师对学校民主管理的高度认同及干群关系和谐。

教师权威与学生评议权之间平衡。传统的教学关系与师生关系中教师认为自己扮演着学校权威与知识的传递者，又是管理者与控制者。教师与学生的主体性都难以发挥，教师很难发现自己的问题，更不容易主动改正错误。学生评议权行使，C 教师落聘与学生评教分数低直接相关，学校很重视学生的意见等事实，致使师生"主体间"关系建立，师生之间权威控制与被动服从关系改变，教师的专业服务要接受其服务对象的监督与评价，促进师生平等交流、合作与对话。进而重建了学校管理者、教师与学生之间"主体间"对话关系。

学校事务管理权与学生监督质询权平衡。第一，学校创设了学生自主管理机构，充分赋予学生对学校相关事务的自主管理权与民主参与权。第二，形成了学校事务管理部门与学生自主管理委员会之间的对话与监督机制。学校开创了校政对话机制，组织伙食管理委员会，有权组织管理会议，质询监管食堂质量与价格。第三，监督与质询评议结果在全校公开，校长亲自倾听并及时处理学生意见，保障了学校管理权与学生监督质询权相互制衡。以上基于管理者与学生之间制衡关系的组织制度设计，改变了学生的弱势地位，促使学生自主意识与自主能力提升、学校管理行为改变、制度创新中实现学校管理实践整体转型。

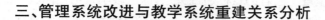

三、管理系统改进与教学系统重建关系分析

学校管理系统调整与教学系统重建关系分析的目的在于揭示他们之间是怎样相互作用的。管理系统调整与教学系统重建关系分析主要聚焦两者的价值观、目标与策略三个方面。

（一）两者共统于"主体性"价值观

教学系统重建通过"主体性"教学模式推行、班级"自主"管理转型、"自主"教研的备课组建制化等策略提升了教师教学研究的自主性，进而实现学生的"自主"学习能力。显而易见，主体性教学行为方式转变是其根本目的。管理系统改进通过管理结构与职能转变、管理流程改造、学校管理制度创新策略实施，创设了组织控制与个体沟通之间的相融机制、组织规划与专业自主之间的共生机制、科层纪律与主体解放之间的平衡机制，力促教师专业自主性提升与自主管理方式转型。显而易见，主体性教育管理观是其价值取向。学校管理系统改进旨在通过"主体性"管理方式转变促进教师专业自主性发挥，两者具有共同的价值指向——通过组织"权力赋予"来实现教师的"主体性"，实现"主体性"教学行为方式与"主体性"管理方式是教学系统重建与管理系统改进的根本。

（二）两者目标一致、各有侧重

第一，两者都是为了促进教师自主发展，提升教师的主体性。教学系统重建旨在转变师生教与学的行为方式，促进学生自主学习能力与教师教学自主性。管理系统调整是以科层控制与专业自治平衡为目标，旨在实现教师自主管理能力，进而实现教师的专业发展自主性，两者的目标一致。第二，关注点各有侧重。教学系统重建聚焦于学生自主学习能力，侧重于教学行为改变，也就是说，将教学行为改变作为教学系统重建中矛盾的主要方面，一方面，为满足学生自主学习方式与能力需求，改变教学模式、教学关系；另一方面，为促进教学方式改变创新教研与教学管理活动方式，最终通过改变教学方式影响和改变学习方式。管理系统调整则聚焦教师专业自治，侧重组织结构与职能改变，围绕教师专业自主性需求，进行组织结构调整、管理流程改造与管理制度创新，进而重建学术权力与科层权力、组织与个人之间关系，即以组织管理方式改变影响教师群体组织过程与行为方式。第三，层级目标递进。教学系统重建旨在转变教师教学行为、提升教师的教学自主性。管理系统改进则着眼于组织过程中部门与群体的管理行为改变，并以此营造有利于教师专业自性发挥的管理环境,呈现了两者的目标递进关系,即从教学自主性向教师专业自主性提升的递进、从教学与教研行为改进到组织管理方式变革的递进。来自不同层面、既各有偏重又彼此协调的教学与管理两个分系统的变革,共同指向的目标是,通过教师行为改变与支持其行为改变的组织管理方式转变提升教师的专业自主性。

（三）两者的策略相互促进

教学系统重建与管理系统改进策略之间的相互促进关系具体体现在:第一,管理系统改进策略始终以促进教学系统重建策略的有效实施为原则。管理系统改进策略以教学模式实施、班级管理转型、教研组职能发挥与学科组建设为依托,旨在通过专业自治实现教师专业自主性,而教师专业自主性是基于并通过教学改革实践中教学行为转变、绩效提升与专业发展来体现和实现的。换言之,这意味着旨在发挥教师专业自主性的管理系统改进策略应以教学系统重建变革实践为依托才有意义。第二,从策略要解决的问题看,管理系统调整着眼于教学系统重建的组织问题与矛盾,以组织结构、管理流程与学校制度创新作为其专业自治实现的切入点,将教学系统重建实践的组织诉求作为策略的着力点,诸如学校管理体制设计、组织部门设置与职能划分、配套的教师薪酬制度的组织要求,通过组织结构与职能转变、管理流程再造、学校制度创新的具体策略强化学科组与备课组职能发挥,进而保障了教学系统重建中教学管理改进与班级管理转型的持续深入。第三,从策略的作用与功能看,两者高度关联、相互促进。管理系统改进策略更注重教师学校生活的自主方式与自主理念培养,促使教师在"参与式"管理的民主氛围中体验自主,进而激发教师的专业自主性。而教学系统重建的策略直接聚焦于教师教学行为改变,围绕教师课堂教学改革问题解决,提供满足教师教学自主性提升的支持策略。显而易见,管理系统改进的策略与教学系统重建的组织诉求之间是相互呼应、密切关联的。

从学校组织变革的整体视角看,学校管理流程改造及其运行机制,是借鉴"成长"课堂教学模式的技术和理念基础上的改造和发展;学校制度创新策略是"主体"课堂及其教学系统重建的理念及其策略的迁移;学科组建制化为组织结构与职能转变提供了实践基础与依据,管理结构转变策略促进了学科组与备课组的有效运行。总之,管理系统改进是教学系统重建的组织基础与制度保障,教学系统重建为管理系统改进提供了价值启示与实践基础。旨在"主体性"教学行为转变的教学系统重建与为了"主体性"价值的管理系统改进是在相互促进中得以持续和稳固的。

第五章
基于课堂教学改革的学校领导变革

> 改变自己与改变世界统一于积极的变革实践中,是马克思主义哲学关于"革命实践"价值的经典性判断。①
>
> ——叶澜

　　领导变革关乎学校办学理念、领导方式、学校人际关系与组织氛围的诸多方面,是学校文化重塑的关键。而学校文化重塑最终应体现在教学行为方式转变与育人价值提升。由此,基于课堂教学改革的学校领导变革将着重把握两个维度:一是领导变革是怎样通过领导者角色转变及其职能发挥促使教师成长与组织发展,进而促使课堂教学改革深入持续的。领导变革中的组织目标与价值转向、组织结构中权力分配、人际关系营造、文化重塑的策略都受领导者价值偏向及其组织决策的影响。领导者以何种影响力营造下属关系直接影响着学校组织结构、运行机制与管理方式改变。二是把握领导变革与组织变革的关系。领导变革作为组织变革的一个分系统,具有整体性与相对独立性特征,须理解学校领导变革的本质与内涵、厘清学校领导变革的要义,分析其在组织系统变革中作用。同时,关注案例学校领导变革实施的具体措施,方法与成效,透过不同的组织情境和现象,分析领导变革的基本矛盾,发现学校领导变革路径,理清领导变革的职能及其实施原理。鉴于此,本章首先探究领导变革的基本理论,理解其定义与内容框架,把握学校领导变革的内涵,探讨学校领导变革的实践理想;其次,依照学校领导变革的理论框架,描述案例学

---

　　① 　叶澜.新基础教育论——关于当代中国学校变革的探究与认识[M].北京:教育科学出版社,2006:335.

校领导变革的事实;最后,分析学校领导变革的策略与概括领导变革实施原理,揭示领导变革与管理系统改进、教学系统重建的关系,以考察领导变革对学校组织系统变革的影响。

第一节　学校领导变革基本理论探究

对学校领导变革的相关理论阐释,旨在理解领导变革的概念与主要内涵,明确学校领导变革的内容框架。结合案例学校领导变革实践与领导变革研究成果,最终理清学校领导变革的现实性、必要性与可能性,以及领导变革应变什么,怎么变的实践理想。

一、学校领导变革的概念与内容

(一) 学校领导变革的概念

关于领导的内涵,学者们从不同的视角进行了定义,认为领导是领导者能够影响一个群体实现目标的能力;领导的主要职能是产生变革;领导就是某一个体影响并带动一个组织实现某一目标的过程;该过程是由领导者、被领导者和组织环境三者的相互作用而决定的。[①] 哈德罗·孔茨则从管理职能论的视角,把领导定义为影响力,是影响人们心甘情愿地和满怀热情地为实现群体的目标而努力的艺术或过程。[②] 以上领导概念中共同的核心观点为,领导是一个引领他人的组织过程,领导具有影响力与控制力,领导的职能主要是关注和实现组织目标。

本研究从学校领导变革实施的角度,重点关注领导的组织目标实现及其活动过程,认为领导即领导者在对人性与需求理解的基础上有效运用权力、实施激励与影响、营造有利于组织目标实现的过程。这一过程最终是通过一系列的领导活动实现的。领导活动有三个要素,领导者角色,即领导活动的实施者及其行为方式;领导与被领导者关系及影响力,主要指领导者有效运用权力鼓舞下属及其影响力;促进组织目标实现与组织发展。依此,学校领导变革是指领导者通过转变角色与理念、下属关系及其影响力,实现组织目标并营造有利于个体发展的组织氛围的过程。探究学校领导变革,理应着重把握四个方

---

① 赵国祥. 领导理论研究的现状与展望[J]. 河南大学学报(社会科学版),2009(5):133 – 138.

② 孔茨,韦里克. 管理学(第十版)[M]. 张晓君,等编译. 北京:经济科学出版社,1998:320 – 321.

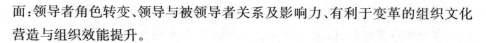

面：领导者角色转变、领导与被领导者关系及影响力、有利于变革的组织文化营造与组织效能提升。

（二）学校领导变革的内容

在学校领导变革概念与内容框架下，结合学校育人目标的特点，学校领导变革分析主要着眼于四个方面：

第一，领导者角色转变。角色是"处于一定社会地位的个体，根据社会的客观期望，借助自己的主观能力，适应社会环境所表现出来的行为模式"。[①]学校领导者角色是指领导者在学校变革与发展不同时期、不同方面工作的行为方式及其作为领导者与管理者的教育思想、办学目标和价值追求等。主要包括校长对人的因素的认识，学校愿景、目标与价值的认识与追求，及其在学校变革实践中的思想与行动。领导者角色变化的描述与分析旨在阐明其行为方式与办学理念发生的变化及其在领导变革中的作用。

第二，与下属关系及其影响力改变。领导者与下属关系及其影响力旨在促进教师成长与发展，主要是指领导者通过决策实施、组织沟通与激励，促使包括校级领导团队、中层领导团队、教师团队发展及其过程中的影响力。具体体现在学校重大决策及其实施过程中领导团队整体合力、管理团队职能转变与培养、促进教师合作沟通与专业发展等。通过案例描述，分析其过程中主要有哪些因素和策略，以及它们是怎样发挥作用并形成一定影响力的。

第三，学校变革文化营造。组织文化是"一种保持组织完整、使组织有着独特身份的共享取向系统"[②]，是"一个群体在解决其外部适应性问题以及内部整合问题时习得的一种共同的基本假设模式，它在解决此类问题时被证明很有效，因此对新成员来说，涉及此类问题时这种假设模式是一种正确的感知、思考与感受的方式"。[③] 文化是人们经验的抽象化，是人们寻求稳定性、一致性与意义的结果，"文化是社会学习的产物"是其最基本的特点。从文化的结构看，组织文化包括三个不同深度的层次：共享的行为规范，作为共享的信

① 周小红.现代社会心理学：多维视野中的社会行为研究[M].上海：上海人民出版社，1999：366.

② 霍伊，米斯克尔.教育管理学：理论·研究·实践[M].范国睿，译.北京：教育科学出版社，2007：161.

③ 沙因.组织文化与领导力（第四版）[M].章凯，罗文豪，朱超威，等译.北京：中国人民大学出版社，2014：16.

念与价值观,共同的默会的假定(和认识)。依此,学校组织文化营造主要侧重校长在组织行为规范、信念与价值系统、假定三个不同层面的塑造活动。具体内容包括:领导者定期持续关注、检测和控制的问题;领导者如何应对学校关键事件、冲突与危机;领导者怎样进行有意识的角色示范、讲授和指导;领导者如何分配资源、奖酬和职位;领导者如何招聘、选拔,以及解雇员工;领导者对学校组织管理中基础性工作的设计,例如,组织设计与结构,组织制度与组织程序;学校环境设计、各种典礼和仪式、重要人物和事件的故事等;组织哲学、信条及其规章流程的正式声明。[①] 通过描述以上领导过程中关键活动事件与行为,揭示学校的变革文化营造的路径与方法。

第四,学校效能提升。学校效能改变主要是指学校组织变革目标实现、效果及其外部环境超越等方面的状况。主要包括学生学业改进、教师个体专业发展、学校管理实效与文化改变,学校输出能力提升及其环境超越等方面的整体性描述。

以上四个方面只是对领导变革内容的相对区分,由于领导者角色、与下属关系及其影响力、组织文化营造方面的工作是相互融合的,领导过程又总会受不同方面因素影响,缘于此,在必要的分类基础上,本文将采取关键人物与关键事件相结合的方法展开领导变革实践的描述。

二、学校领导变革的本质、必要性与可能性

(一) 领导本质论与学校领导的本质

领导的本质是实践。领导的本质主要体现在组织领导活动中,领导活动的基本要素包括领导者、被领导者与领导环境。回顾领导本质的演化逻辑与变迁,人们对领导本质的传统认识主要是权力论与权威论,后发展为实践论、变革论、激励说。[②] 笔者经过梳理发现,领导本质理论发展过程中研究视角与思想的演进:"权力论"强调传统的精英主义;"权威论"开始肯定被领导者的地位和作用;"实践论"关注目标,强调实践是培养领导的唯一途径、人人都可以成为领导;变革论则进一步强调了实践论中领导的核心职能与目标;激励说则将具体到领导的行为方式,进一步突出了权威论中强调被领导者作用的意蕴,

① 沙因. 组织文化与领导力(第四版)[M]. 章凯,罗文豪,朱超威,等译. 北京:中国人民大学出版社,2014:203.
② 赵英超. 领导本质演化逻辑及其变迁启示[J]. 湖北文理学院学报,2016(3):48-57.

进而提高被领导者的自主性、主动性与创造性。综上,领导的本质是实践,它不仅仅是指领导者个体的实践——人们改造自然和改造社会的有意识的活动,①而且是顺应时代与社会客观需求的组织层面的变革型实践,进而通过个人的自主发展、自我激励与自我领导实现个体与组织的和谐发展。

学校领导的本质是实现人、组织与环境和谐发展。20 世纪 80 年代以来,学校变革与学校领导等方面的研究越来越多地论及学校领导"愿景"的重要性,强调学校领导最重要的是改善目前不完善状况、逐步实现领导者的理想与学校发展的目标。学校领导"要有对学校、教学和学习的清晰愿景,以及如何在学校实践中实现这个愿景的计划"。② 换言之,学校领导的职能旨在实现学习、教学、学校愿景的一系列计划性变革实践。学校领导是通过一系列的计划与策略,创建有利于改变教师教学行为、信念与假定的组织管理方式与文化氛围进而实现学习、教学与学校愿景的过程。其具体内涵应包括:发展学生的自主学习能力并有效促进学生学习成功与健全发展;营造有利于学生学习的环境与适应型教学计划;营造公正、公平、民主与开放的学校文化及学校的外部支持环境。

（二）转型时代的学校使命促使领导变革的客观必要性

转型时代学校的使命应是了解个体需要和个体特征以使学校环境与文化更加适应个体发展。对校长而言,其主要责任将是改进学校,使其成为一个更有利于师生成长的地方。其再也不能像以往学校行政人员那样,只知道盲从"教育官僚"的指令去工作,而是致力于提高人的能力与激发和影响他人,促进个人学习、成长与发展,鼓励创新,增进学校成员的自信心、主动性和对自己行为的责任感。促进团队合作,不断增强教师的协作能力,促进思想共享与经验分享,逐步达成平等、信任与合作的学校氛围与文化,始终将师生的成长与发展作为学校的重要使命。然而,这并非一件容易的事情,也没有现成的、完全可以照搬的经验借鉴,校长将面临一系列包括新的教学范式转变、学习理论与学校改进、学校改革与发展的知识,新的环境与动态过程中教师如何工作的新知识与技能,组织如何改进以有利于教师创新的组织结构、制度与环境等问题。缘于此,校长不仅仅是像"经理人员"那样,将主要精力忙于应对眼下紧迫

① 现代汉语词典[M].北京:商务印书馆,1994:1036.
② 欧文斯.教育组织行为学——适应型领导与学校变革[M].窦卫霖,温建平,译.北京:中国人民大学出版社,2007:26.

的事情,而应当确定一系列的价值、信念与原则来形成高效的管理策略与有价值的领导行动,以便应对不确定的环境与变化。由此,转型时代校长的核心责任是"变革学校",而其担当责任的必要前提是自身角色的转变,当然也包括转变教育思想、学校理念与目标。

(三)教育领导理论发展引发学校领导变革的可能性

领导理论的演化和进展为学校领导变革实践勾画了参照图景[1]:20世纪以来,国外领导理论发展大致经历了传统领导理论阶段,包括特质理论、领导行为理论、领导权变理论等经典理论。变革型领导理论主张,除了交易型领导所强调的目标角色和奖惩之外,还应聚焦领导者如何了解下属为所在的部门或组织的更大利益而超越自身的利益,进而实现最高水平的绩效。其主要控制因素有领导魅力、感召力、智能激发与个性化关怀。变革型领导更多地授予下属权力,提出一种新的策略来指导下属怎样解决问题的方式。显然变革型领导也同样超越了魅力型领导将下属看作对领导者完全依赖的个体、对魅力行为做出反应的机器。授权型领导强调下属的自我管理过程,而非层级控制,关键在于激发下属自我责任意识、创新精神、鼓励自我奖惩,鼓励参与目标制定并参与团队工作。以上领导理论的模型虽未能给我们提供一个统一的最佳模式,但某种领导方式在某种特定的情境下是有效的,领导理论的动态演进将成为学校领导变革的理想指向。

教育领导理论对学校变革现实的回应。世纪之交,道德领导理论备受瞩目,标志着教育领导理论发展进入了独创阶段,随后的教学领导理论、分布式领导理论、知识社会领导理论为身处变革之境的学校领导提供了诸多可资借鉴的理念[2]。教学领导强调教师专业发展、专业精神与学习共同体建设;分布式领导理论指向学校领导实践并通过一系列的实证研究认为,学校领导及领导的影响是分布于有结构的组织关系之中的,是以组织中种种联合的力量表现出来的。领导是在一种共同文化之下、在合作性工作之中发生的集体行为;知识社会领导理论认为,校本管理,自我管理学校制度只是变革的一轨,必须和变革的第二轨——学生学习的改进相联结才有意义,最终要和第三轨——创造面向知识社会的学校相联结。道德领导理论[3]以一种更为接近学校领导

① 李燚,魏峰.领导理论的演化和前沿进展[J].管理学报,2010(4):517-524.
② 冯大鸣.美英澳教育领导理论十年(1993—2002)进展述要[J].教育研究,2004(3):72-76.
③ 萨乔万尼.道德领导[M].冯大鸣,译.上海:上海教育出版社,2002:39-66.

真实世界的立场,认为学校的本质不是组织,而是一个学习共同体,把学校组织转换为学习共同体可能是学校改善的关键。学习共同体中领导的侧重点和方式是不同的,共同体重在目的与价值观、情感、契约与承诺、职业精神与团队精神方面的建设,认为校长的领导权威不应局限于传统组织中源于职位权力和等级制度的科层权威、基于校长的人际技能和激励技术的心理权威与以科学知识为依据的技术-理性权威,而应当注重专业权威和道德权威。

专业权威与道德权威成为教育变革领导的重要价值参照。专业权威源于教师个人的专长与技艺,认为权威应来自每一个工作情境和教师,要注重科学知识的内化训练与经验,进而形成教师的专业知识。内在的权威才是有价值的,他们来自社会化和内化了的价值观。源于此,领导活动应促进教师交流以澄清专业价值观和认可的实践原则,并将之转化为专业标准,赋予教师必要的自主权,要求教师基于专业标准相互问责,并给教师提供帮助、支持及专业发展的机会。道德权威来源于共享的共同体价值观、理念与理想。学校应以共同体规范与和专业理想为依托,培养责任感和义务感。领导策略重在甄别将学校定义为共同体的核心价值观与信念,并将之转化为驾驭行为的不成文规范,推进团队精神与相互依赖关系,依靠共同体成员的能力去回应责任与义务,进而依靠非正式规范强化专业与价值体系,促使教师因道德原因对共同体的价值观作出回应,形成集体性实践活动。换言之,即道德权威强调的是追随一种愿景与价值观,而不仅仅是追随一个人、奖惩或者其他别的什么,旨在强调激励的动机应从可算计的、所能获得的奖赏等外部动机,提升到从内部获得、正在得到的奖赏的内在动机,即道德权威所主张的"认为美好的东西、责任或义务、道德的动机"。[①] 或者说后者至少应当和前两者一样重要。总之,校长应致力于建树愿景与学校文化建设,扩展自己的工作维度并将道德领导置于首位,以实现重建学习共同体的学校理想;应当将自己定位于"领导者的领导者",并推行分布式领导;学校不必去追求浅表性的人人都在进修学习的热闹场面,而应致力于组织智慧的积累和聪敏学校构筑。[②]

三、走向"学习共同体"的学校改造

领导变革的价值论旨在理清学校领导实践的目的与价值追求。"学习共

---

①　萨乔万尼.道德领导[M].冯大鸣,译.上海:上海教育出版社,2002:33-34.

②　冯大鸣.美英澳教育领导理论十年(1993—2002)进展述要[J].教育研究,2004(3):72-78.

同体"，蕴含了学校核心价值观与基本假定的重塑、领导者角色及其影响力转变。是学校领导之"变革性实践"本质的体现，也是充分考察教育领导理论与领导变革实践的理想选择。"走向学习共同体"是时代社会的客观需求与学校的必然使命。近些年来，随着基础教育改革将关注焦点转向学校整体性变革，顺应终身学习、网络与信息化、全球化的时代特征，学校的"组织"隐喻也转向"学习共同体"，学校"自主、合作与探究"学习的课堂教学策略、教师专业学习共同体发展路径、学校学习共同体的变革愿景及其行动，已经成为学校变革实践的主流。学校怎样走向学习共同体已经成为理论与和实践备受关注的核心。

"共同体"作为一个社会学概念，是德国学者滕尼斯(F. J. Tonnies)最初提出的，意指共同的生活。滕尼斯认为维系这种共同的生活主要依赖忠诚的关系和稳定的社会结构，个人在共同体中会形成更强有力、结合更紧密的关系。① 学习共同体思潮的兴起意味着学习共同体的思想是对"主体际"哲学思想的回应，它强调将学习置于中心地位，为每一位学习者提供一种"最近发展区"的学习环境，以实现每一位学习者的潜能最大化发展。② 学习共同体也是杜威关于"教育即生活经历，而学校即社会生活的一种形式"③的民主主义与教育思想的写照，如今已经成为 21 世纪学校的目标与愿景。

关于学校学习共同体，博耶尔(Boyer. E)在他的《基础学校：学习共同体》中如此定义：学习共同体是所有人因共同的使命并朝着共同的愿景一起学习的组织，共同体中的人共同分享学习的兴趣，共同寻找通向知识的旅程和理解世界运作的方式，朝着教育这一相同的目标相互作用和共同参与。④ 学习共同体为学校再生描绘了一幅图景：⑤使学校成为儿童合作学习的场所；教师作为专家相互学习的场所；家长参与学校教育并相互学习的场所。学习共同体学校有公共性、民主主义与卓越性三个特性。公共性不仅体现在学校的公共使命与公共责任，而且意味着学校与课堂的空间是一种对内对外开放的、多样的生活方式与思考方式借助对话性的沟通得以交流的场所；民主主义的意蕴

---

① 郑葳,李芒. 学习共同体及其生成[J]. 当代教育科学,2011(5 - 6):18 - 22.

② 王作亮. 学习共同体思潮的兴起及其对美国学校变革的影响[J]. 外国教育研究,2011(12):71 - 75.

③ 杜威. 民主主义与教育[M]. 王承绪,译. 北京:人民教育出版社,2001:10.

④ 王黎明. 基础学校建立学习共同体的研究[D]. 华东师范大学,2004:11 - 15.

⑤ 佐藤学. 学校再生的哲学——学习共同体与活动系统[J]. 钟启泉,译. 全球教育展望,2011(3):3 - 10.

在于,学校的目的在于民主主义社会的建设,学校自身应成为民主性的社会组织。学校学习共同体的民主主义不只是指政治的程序,而是杜威所指定的"与他者共生的方略",意味着学校中的每一个人都承担着各自固有的责任,是参与学校运行的"主人公";卓越性是指无论教的活动、学的活动都必须追求卓越性,这种卓越性是指创造自己的最优、寻求最高境界意义上的卓越性,而不是与他人相比更加杰出。与他人相比带来的是优劣感,与此相反,对卓越行动追求带来的是师生的审慎与谦恭。这种卓越性即"冲刺与挑战性学习"。作为学习共同体的学校要借助不同层面的"活动系统"来组织,而"倾听关系"在共同体建构中具有决定性意义。正如杜威所指出的,一个人通过"观看",能够沉浸于"思辨"之中;但通过"倾听",却一定会作为当事者"参与"其中。这种相互倾听的关系可以产生对话性语言,并通过对话性沟通为共同体的建构打下基础。综上,领导必须赋权于教师,建立教师专业发展共同体,赋予学生权力,形成学生学习共同体,开展能够有助于"倾听与对话"的学校内外活动系统,构筑信任与合作关系,进而实现人人是学习共同体学校的"主人公"。这理应成为课堂教学改革中学校领导变革的目的与价值追求。

第二节　学校领导变革实践

一、X 学校道德领导变革

（一）校长角色转变

校长认为,"成长"课堂教学模式实施以来,自己的教学改革认识、对学校教育的理解以及学校理念发生了很大的变化。促使自己重新认识教师与学生、学校与教师之间的关系。通过课堂教学改革发现了一条通向理想教育的"捷径",明确了学校教育应该是什么,应该追求什么,重树了职业理想。

 访谈 5-1

课堂教学改革使我们走上教育理想之路

（时间:2016 年 4 月 11 日。地点:X 学校。对象:X 学校校长）

笔者:课堂教学改革以来您对办学的认识有变化吗? 如有,发生了哪些变化?

校长：变化很大。改革之前，我的想法首先是学校要安全、别出事，像大多数学校一样想办法提升学校教学成绩，办一所政府与社会认可的学校。课堂教学改革之后，我认为应该办一所让每一个学生都能快乐成长、每一个教师都激发潜能的学校，办一所能够培养师生自主精神、独立人格的学校，一所教育变革的领军学校、有信仰的学校！要让每个选择 X 学校的家庭教育也因此改变，让家长受到新教育思想影响。现在看来，课堂教学改革对我来说首先是启蒙，是对人性与教育的启蒙；是引领，找到了学生发展的方法和教师发展的路径，就是让教师和我自己看到了一种内在发展与生命自觉的路子。课堂教学改革对学校来讲，最有价值的就是找到了学校发展的方向，探索到了共同成长的路子，能够让绝大多数教师逐步走向由内而外自觉成长的路子。学校是什么或者应当是什么，我以前对此认识很模糊，教学改革促使我思考，学校本质上应是开放性、自由和个性化的，是一个散发自由思想的地方，应成为价值引领与人性启蒙的地方，能够引领家长和社会。这使我心中产生了一个好校长标准，假如有三条，我认为第一条，校长应该知道自己想办一所什么样的学校，教育的意义、目的和价值要很明确，要有自己的教育信条，只有这样，校长才不会偏离自己的办学方向，抓住这一条就是抓住了校长成长的"七寸"（关键）。第二条，校长自己应知行合一，做教师的标杆，是示范者。第三条，是具有影响人的能力。能领导，带出一个善于内省、反思和成长的团队；会管理，整合学校课程教学、评价与制度、家长与社区等力量，办出学校特色。

观察 5—1

校长的首要责任是引领、成就教师[①]

　　校长的角色首先就是怎么去服务、引领与成就教师。校长不能高高在上，这说起来容易，当然这个毛病我也有，我有时候也想自己是老板，你们都听我的，你们必须把工作给我落实。后来发现这和我们课堂教学改革的价值观相悖，因为我们要求教师对待学生要读懂儿童、尊重儿童、服

[①]　2014 年 4 月 15 日参与学校中层干部会议的观察记录。

务儿童、做儿童的启蒙者,那么校长对教师应当也是这样的,一个组织应当坚持一种价值观与准则,管理机制应当是一样的。校长需要自我提升,因为团队发展的瓶颈是领导,校长重要的是要有胸怀,要明白下属与自己的关系,搭建平台帮扶下属,下属比自己优秀才是领导优秀,不断地研究下属的需求,搭建梯子解决需求,要树立只有让下属站在自己的肩膀上学校才能成功的信念。

访谈5-2

发现校长发生了很大变化

(时间:2016年4月12日。地点:X学校。对象:X学校J老师)

笔者:课堂教学改革以来你们发现校长有变化吗,如有,是什么?

J老师:变化很大。最常见的,也是大家公认的方面,比如教师工作没有做好,他现在的做法是,首先要问我们想做什么,目标是什么,是哪些原因和困难造成了不理想的结果,他会和我们一起分析,找出原因,他会首先反思学校领导和管理中存在哪些方面的问题,是否需要改变或者给我们提供支持和帮助,他首先自我批评并和大家商讨纠正,而不是像以前那样直接、简单地指责和批评。

校长认为,课堂教学改革促使学校有了发展方向,找到了教师由内而外自觉成长的路子和学校使命,重新定位校长的职能与角色,将课堂教学改革中"尊重儿童成长的需要"的理念迁移到领导与教师关系之中,明确了校长和管理者的首要职责是引领与成就教师,校长要成为具有教育理想与信念、知行合一与影响力的领导者,并率先垂范,转变领导方式与职能。显而易见,让每位教师重树职业理想与信念、人人高度自律、实现自我管理,进而实现由内而外地发展与成长,是X学校领导变革的价值追求。

(二)管理关系转变与管理团队发展

1. 领导应做"教师的教师"

校长认为自己的第一责任应是促进教师的成长,就像教师对待学生那样,校长应做"教师的教师"。笔者采取证据三角形数据收集方法,在观察的基础上访谈了不同层面的管理者。

访谈5-3

管理关系转变关键在于让教师自主

（时间：2016年4月13日。地点：X学校。对象：X学校校区负责校长）

笔者：课堂教学改革以来学校管理关系有转变吗？是怎样发生的？

校区负责校长：发生了根本性转变。首先从我自身来说吧，我以前工作方式是下指令，抓落实，他们事情没有做好我就拍桌子，心里想，怎么那么明白的事情都做不好，我是领导，这样做是理所应当。你看这和传统课堂中的师生关系很相似（自嘲地笑）。现在，我鼓励教师要试着做，摸索着做事，错误是正常的现象，我们欢迎错误，在错误中反思提高，这也是课堂教学改革的理念，不是灌输和命令，而是放手让他们自己尝试自主管理、自我反思，这样他们才能成长。校长就要像教师期待学生那样期盼他们成长，鼓励他们去自我检讨，我也要自我检讨！其次，我想谈谈管理转型，学校管理应该从执行到创造，只有让教师自主，改革才能和谐。教学改革不是在改课，而是要改变人，要改变人的生存环境与状态，过去的管理和教学的思维模式都是我让你做、我说你做、我讲你听、我要你做到，反正都是要求别人做到的。改革之后发现这种方式行不通，要用关联思维，是我要学、我要做到，然后我们相互学、我们相互做到，就像"成长"课堂教学一样，师生双边关系中教师的作用就是成就学生，这与领导和教师的关系是支持者和促进者道理是一样的，领导也要为教师提供组织环境与条件。这种管理观念的转型对于领导者而言，首先重要的事情是要从自身找问题，自身找问题就是自省，我必须相信教师，对教师相信也是一种能力，就像课堂改革中教师要相信学生一样，时刻告诫自己，改革从相信教师开始。有了这样的管理与领导信念，才能真正实现人对人的影响，才是知行合一，才会有创造。

访谈 5-4

能够实现自己的想法是当组长最大的乐趣

（时间：2015 年 12 月 20 日。地点：X 学校。对象：X 学校校长、J 年级组长）

笔者：我听校长说，对年级组要再放权，现在你体会到的最大权力是什么？

J 年级组长：哪有什么大权力（哈哈笑），要说当年级组长最大的权力主要是管理或创新方面。学校不指定，也不分派我们年级组搞什么活动，组里有什么想法都可以尝试着做，都是我们自己在搞。你看董事长（校长）桌上的那个泥塑，就是我们活动的作品，本来是我们年级组自己想搞了个美术工作坊活动，我们做了个活动方案上传到学校网站，领导也是火眼金睛呀，他感觉很不错，就建议我们看看其他年级组是否想一块儿参与，结果就上升为学校层面的活动了，我们就紧急修改，更加细致斟酌了方案，加入了一些新项目，以便大家都能够参与进来。活动开展那天还有家长参与，我们还进行了义卖活动，效果很不错的！其实我们也挺佩服董事长的，他能够让人人做管理者，这也是很有创意的。

领导者与下属关系改变促使学校管理方式转型，改变了过去学校中层领导者总是和学校的认识不统一，校长明白的事情可他们却不明白，总是等目标、等指令的科层管理方式的传统。管理者与下属关系由"工具和控制"变为"自主和自由"，管理关系改变促使教师的自主性发挥，学校管理方式从执行转向创造。

2."自主与反思"规制下促进中层干部成长

为促进中层领导者自主与自律意识，转变管理方式，提高中层领导者的能力与素养，X 学校不断地尝试与探索中层干部培养问题，逐步形成了领导者率先自我反思、教师自行制定工作规则，并在规则执行中自觉反思成长的氛围。

访谈 5-5

内省应从干部做起

（时间：2016 年 4 月 15 日。地点：X 学校。对象：X 学校校长，L 教师）

笔者:听说校长助理自罚了?您怎么看?

校长:校长助理在全体教师会上做了自我检讨,还自罚1 000元,这件事令我敬佩,她已经在改变过去强硬的工作作风了,在教师中反响很大。校长和管理人员开始向内求,干部作风开始发生转变,开始走向自律、自觉。能够在那么多教师面前剖析自己的错误,我敬佩他们,赞赏他们,我还没能做得到。他们自罚以后工作效果好,团队带得好了,我就大力表扬、重奖他们!

L教师:她是我们集团学校资历最老的领导,干工作雷厉风行,也是一个不服输的人,这次让我们看到了她谦逊和柔和的一面。这可能是内心强大的另一种表现吧,感觉挺佩服她的。

资料查看中发现,X学校部门周工作反思[1]主要从五个方面进行:一是本周做了哪些方面的工作。二是做得怎么样,要对每一项工作结果进行评价与反馈。例如,优秀的和要整改的人与事。三是整改的原因是什么。没做好什么,主要是哪些项目还有缺失或不完善。例如,师德师风方面工作,关于课堂常规工作的底线是什么没有制定,现整改为、上课迟到、早退、看手机等一次自罚50元;空堂(擅自脱岗)自罚100元;体罚、变相体罚等视情节轻重降级或离岗。四是指明没做好的原因。例如,制度不完善,规则与底线意识淡漠。五是下周目标,结合上周的工作和问题制定下周目标与具体工作项目。学校除了开展以上反思活动,校级的干部会议,每次都是在问题查摆与反思环节开始的。教师们也都有自己的周反思与月反思,按照规则流程不断反思、改进与提升是每一位教师的"必修课",也成了教师默认的行为规则。

3. 让教师在反思中成长

 访谈5-6

反思成了美好的事情

(时间:2015年12月22日。地点:X学校。对象:X学校C班主任)

笔者:当班主任感觉累吗?请您谈谈课堂教学改革以后班主任工作

---

[1] 根据X学校2015年上学期三年级组第四周周工作反思工作档案材料整理。

中最难忘的事情?

C班主任:我们学校工作量挺大,孩子们又小,学校还要早晚班车接送,你也看到了我们一天都马不停蹄的,累是肯定的,但还是能感觉到班主任的成就感。我觉得也是孩子成就了我,让我感到幸福,是孩子让我懂得宽容。就在前天数学课上,数学老师可能身体不太好,学生上台展示的时候班上纪律不好,老师很生气。下午四点放学后都有半个小时了,我发现几个学生往楼上跑,我当时嚷道:"你们跑回来干什么? 怎么现在还没走!"当时语气不太好,学生可能已经习惯了,他们一点都没有生气,然后告诉我说,"老师,我们去向数学老师道歉。"他们手里还买的香蕉什么的。我说:"都这个时候数学老师已经下班了。"孩子们说:"我们已经给老师道过歉了。"我说,这里有音乐老师带的草莓、英语老师拿的苹果,老师吃了几个,这些你们几个给分吃了吧。孩子说:"不用,这是给老师的。"一刹那我被孩子感动了(她一下子眼眶发红流出了泪水)。我当时没来得及写日记,昨天我就反思了,是孩子教会了我学会宽容,学会了仁慈,而我却后知后觉,然后我就把反思日记放到了QQ空间,我空间里面也加入了一些小孩子,孩子看了我空间里写的,他们一个个都点赞。第二天,我发现他们坐在教室里,面部表情都不一样了,一点虎气(浮躁)都没有了。今天你也看到了,课堂上孩子们的精气神都很好,小孩的活力促使老师也一块活起来,课堂上那种激情盎然的状态让我感觉是一种美好的享受,虽然我们的事情还是蛮多、有点累,但我们还是有累中作乐的那种吧。

S老师这样写道:"你是能够感觉得到的,课堂中当我把枯燥无味的知识转化成为孩子们乐于接受的东西,孩子的目光闪烁……当孩子们精彩展示后一脸满足地回到座位,我知道那是我最满足的时候,我也感觉到很幸福!"[1]C老师认为:"在我的眼中,张老师已经成为我的课堂教学标杆,我原以为,她已经不需要在听课方面再花时间了,但我发现她还那么认真地用双色笔写听课反思。她这种精益求精的工作态度也带动着我追求高品质课堂教学。"[2]

教师在"自主与规则"方式中行动、在实践中自我反思,致使学校人际关系发生了根本性转变,教师之间及师生之间这种相互欣赏、相互学习、相互关爱

---

① S老师,X学校微信空间,2017年3月1日。
② C老师,X学校微信空间,2017年2月21日。

的信任与合作关系日益形成,教师和管理者成为反思型实践者,在自我反思中成长、在自主行动中改进、在自觉反馈中研究,这已经成为学校管理与教师工作的方式。

(三)营造"反思与规则"学校文化

埃德加·沙因界定的文化概念的深层结构中,文化是指较深层次的基本假定和基本信念。在一个组织看待自我和看待其环境方面,规定了一种基本的"理所当然"的样式。学校之所以成为学习共同体,其核心就是价值观与信念发挥着"粘合剂"的作用,这些共同的价值观与信念为共同体成员提供指引行为的规范,并赋予共同体的生活以意义。这个规范体系形成了一种强大的影响力,这种影响力来自组织氛围中非正式关系,以及同伴之间的压力和相互影响,他们更愿意追随一种愿景、目标或共同约定的专业伦理与规范,而不是其他。校长要"办一所有信仰的学校、引领社会和家长的教育",将信念与价值观改造作为教学改革与组织文化植入的路径与渠道,采取了不同层面的系统性措施。结合组织文化植入机制理论,主要从学校文化植入的路径及其过程中校长定期持续关注和控制的问题、学校的典型事件、领导者有意识的角色示范四个方面描述学校领导变革实践。

1. 学校文化重塑的路径

关于 X 学校文化植入的路径以及学校变革的理念,我们可以通过校长的总结报告窥斑见豹——改造我们的价值观[①]:首先,经过一年的课堂教学改革,我们回顾成绩的同时更应理性总结问题,技术支撑有漏洞、评价管理不科学、文化力量还很薄弱。主要表现在思考不系统、思维不立体、思想不对路、思路不完备。解决这些问题的根本在于重建、改造与提升我们的价值观……价值观是根本问题,也是一切问题的根本原因。文化的核心是价值观……重建、改造和提升文化是学校的必然选择。是我们学校的唯一出路,也是最具竞争力、最有价值、最宝贵的东西。其次,重建适应课改的思维与行为方式。要从"为失败找理由"转变成"为成功找办法",化压力为动力,主动发现机会、善于抓住机遇,系统整合力量,还要坚持不懈。要在"积极地享受工作"中实现改革!……改造即适合。课改就是要从"让脚适合鞋"到"让鞋适合脚"的转变。就是让课堂教学的"鞋子"适合学生学习的"脚",教师要改变单向控制的思维

---

① 参照 X 学校校长 2010 年 8 月 19 日在全体教师会上的报告课件摘要整理,题目为笔者所加。

方式和作风,指导、辅助、协助是最合脚的鞋子;对学校来说,适合学生的教育才是好教育,适合教师发展的管理才是好管理,管理者和领导者要改变没有针对性和激发性的管理流程与方式。再次,提升即确立正确的价值观。主要指基本职业观、基本操守、成就观、全面成绩观、创新学生观与幸福发展观五个最基本价值观……这决定学校的生死兴衰。这需要我们在正确的哲学思想、正确的思维方式指导下制定共同的目标与标准来统一 X 学校人的改革方向,领导者须充分理解团队管理的思维方式,并从内心与团队的价值观产生共鸣,实现团队价值观统一……我的任务是统一高层领导者的认识,同时需加强"他律、自律、律他"。"他律"靠制度,课改是团队行动,基于团队发展的评价制度才是重要的。"自律"是内驱力,是最大的执行力。"律他"是影响力,号召力,感染力。最后,学校要重树价值观。……教师需要转型,一流教师激励指导学生会学、乐学;重树学生观,学生最需要被聆听;重建领导观,领导要能说得出、教得会、能示范、会引领;转变家长观,家长是学校最亲密的合作伙伴,也是用脚做出选择的人。理解课堂观与班级观,教室应是学生心灵的归属;校园观,每个人都有展示自己的机会。我们要组建"大课堂研究会"改革团队,这是具有相同价值观和共同语言的人研究课改的同盟会。我们主张的学校文化氛围是,不虚伪、要真实;不世俗、要真诚;不压制,要真理;不歧视、要平等。

笔者和校长的多次访谈中,他再三强调,学校改革的目标就是促进人的解放与个性化发展,个人好了组织才能好,要转向"学生和教师立场"的学校发展观。他从课堂教学改革回顾中越来越坚信的办学思想:"现在回头看,课堂教学改革促使我们逐步明确了学校的使命,立足学校的使命与教师发展,促使我们从'学情'出发,尊重学生,关注学生生命成长方式;从'教情'出发,善待教师,关注教师的生活状态和专业发展;从'校情'出发,以发展为本,关注育人模式和团队价值观形成。说到底,课堂教学改革就是改变学校中人的生活方式,走向个体解放与自由发展。学校如何发挥每一个人的主体性、组织发展与个人价值如何一致,这是我们要深入思考和解决的核心问题。就说校区负责校长和我这个总校长之间吧,我首先要成就各校区负责校长,就老师和学生关系讲,一定是先成就学生,教师才能够生存,解决好了这些关系,我们才能互相成就。"

课堂教学改革促使学校和校长找到了变革的目标与路径,确立了学校变革发展的信念,课堂教学改革本质是改变人的价值观,改造、适合与提升全体教师的价值观,学校才能发生实质性改变。明确了学校与个体关系,学校应首先保障教师个体的权益和个性化发展,通过提升教师发展从而促进学生主动、健康发展,这应是学校处理组织与个体发展关系的基本指导思想。

2. X学校的"坦心会"

学校每逢重大事项都会开"坦心会",每学期都至少有2次,"坦心会"已经成为学校重大决策的主要方式。笔者看来"坦心会"与"头脑风暴"决策类似,相当于"心灵风暴"决策沟通会。"坦心会"是校长亲自主持的,参加人员包括中层以上干部和教师代表。学校围绕薪酬制度改革召开了数次"坦心会"。

访谈 5-7

学校为什么开薪酬制度改革"坦心会"?

(时间:2016年4月13日。地点:X学校。对象:X学校校长、Z教师)

笔者:学校为什么开薪酬制度改革"坦心会"?

校长:第一,通过大家一起坦言讨论,我们要在解决问题中学会建构规则。为什么要围绕薪酬制度改革开坦心会,是要解决以前发工资的弊端,一个是评得过细,需要考虑这个需不需要加二十块,那个是不是要扣十块,教师心里会想张三的奖金是怎么来的,是不是从我身上往他身上移了多少等等琐碎问题。虽然学校有发放的原则,但是这种算小账的做法误导了老师的金钱观。通过坦心会建构规则,引导教师树立正确的金钱观。第二,通过大家基于问题的展示,看自己真实到什么程度。试想你做人不真,不敢打开自己的心,别人怎么会把你当领导去信任,你怎么去求得信任。我首先要活的真实,这是发挥我作为领导者的价值。领导必须通过正确的渠道去引导这些观念。这是我们的另一个目的。第三,通过这样的"游戏规则",促使教师自主选择工资,目的是让教师思考自己的目标与追求,让老师自我激励、有精神超越。我们先后讨论了怎样对待利益、金钱观与名利观的问题、怎样处理好个人与组织的关系问题,学校公布了每年逐步提高薪酬的制度改革指导思想,组织了部分教师参与算账,公布了用于学生的资金、教师发工资和福利的基金、流动资金、余留资金数目、投入发展预算的数目,让大家讨论发多少,怎么发。紧接着,2015年上半年学校就成立了财务委员会,决定构建一种让老师给自己发工资的体制。2016年实行了新的自选薪酬制,过程中围绕这一主题召开了数次"坦心会",最终形成共识——避免出现斤斤计较的金钱观,应当从薪酬制度开始。会上大家都真实的表露思想,坦言自己的想法、问题和建议。同时,每个人都需要思考,制定目标。经过一轮又一轮的讨论、修改、再讨论,目的是促使大家在讨论过程中摆正心态,建立新观念,建设新思维。第四,就是让管理者明白,学校就是要帮教师去发现自己的目标,用目标与价值来引领教师成长。归根到底让老师去发现问题,决定自己的工作方式。校长是学校价值观的引领者,要搭建平台让教师去展示、成为主角,通过设置不可触碰的底线,尽量减少老师应该做什么或者怎么做的规定,放手发挥教师团队的潜力。

 **访谈5-8**

"坦心会"的目的达到了吗?

(时间:2016年4月14日。地点:X学校。对象:X学校Z教师代表,校区负责校长)

笔者:学校薪酬制度改革"坦心会"您参与了几次? 您最大的感受是什么?

Z教师:学校的薪酬制度改革"坦心会"共开了三次,议题主要有三个,第一个是组织与个人关系的问题,第二个是教师金钱观与名利观问题,第三个是仅仅改革了薪酬办法就能有效解决教师主体性的问题。第一个问题的讨论中,我们都被董事长(校长)的真诚和办教育的决心打动了,后来学校公布了财务收支、成立了教师财务监管委员会,感觉挺令人震惊的。第二个问题讨论,使我明白能够追求自己的价值是有勇气和信心的表现,在我们学校并不需要避讳。关于第三个问题,通过大家畅所欲言最终达成了共识,只有一个人要去实现自己的人生价值,要成为一个卓越的教育工作者,而不要成为平庸者,他才会积极自主。

校区负责校长:这次薪酬改革会议引起了我的思考,使我更加坚信校长的使命,首要的是研究人,让人成为标杆、成为标准,成为可视化的行为标准,发挥榜样的力量与作用,学校要让最好的班主任成为年级长,而领导的任务是通过解读他们、去点评他们的行为和思想来引领教师。其次,研究组织怎样为人搭建平台,组织与个人目标最大化地实现,当然要研究教师教学的问题,帮助教师解决困难、实现目标和理想。这些都是衡量领导者最基本的底线,必须毫不动摇地坚守。

学校里的规矩。校长认为改革运行中最重要的事情,也是自己持续关注与监控的事情就是怎样通过规则与规范来提升教师自我管理能力。要让教师在制定与遵守规则中养成自律的品质,形成共同认可的专业规范,"要围绕着价值观去制定规则,左右摇摆不坚定是不行的! 学校规则不仅仅是做事的规则,而且是为捍卫价值观而制定的规则"。学校通过各个层面的五环节管理,引领教师自定规则、标准与底线,自律自罚等,逐步形成了各项工作规范。

笔者无论与教师还是管理者聊起学校的工作,他们都会不自觉提到诸如制定规则与守住底线的话语。负责校长认为,作为学校管理者,要有自己的行为规范,做好自己的事情,以身作则,要守住底线,杜绝抱怨,杜绝当面一套背后一套,要真诚,确保学校的红线不被触碰,比如体罚学生,比如管理中的不正直,不实事求是等这些都是最基本的底线。还发现了学校工作的"法规"[①]:不备课不得进入课堂;班主任不得以任何理由触碰孩子的身体,出现一次,经济处罚 100 元,组内通报批评,出现第二次,中层降职、教师处以校内通报批评。对待学生发现有言语讽刺、罚站、动手者,视情节轻重给予处罚,发现一次,口头警告;两次,通报批评;三次,通报批评并罚现金 100 元;严重者法律责任自负。禁止家长在公共场合对孩子咆哮或打骂,违反此底线的家长要接受委员会的处理,一次,批评教育;两次,大会警告;三次,禁止进入学校。遵循"发现—研究—落实—总结"的工作程序,否则不予评价、条线(团队)排名为最后一名……

3. 领导者有意识的角色示范

在 X 学校,教师敢于亮明自己的价值观、承认自己的错误,被认为是光荣的事情,表明自己是积极向上的。领导通过有意识的行为示范与平台营造向教师传递着人人自觉反思、主动成长的价值观,自觉反思的学校氛围日益浓厚。

---

① 参考集团学校 2013—2014 学年第二学期条线组织建设方案。

 观察 5-2

我要真诚反思、改变自己①

作为校长,我越来越明白,信任是管理的实质。让"愿意"激发工作方案。上周学校总结会我主持,前一天,抛出问题与暴露问题,第二天,把问题分析、归纳、分层,每个人都把自己的问题、心得、体会分析后形成个人发展目标。我发现总结会最大效果和收益是让老师打开心扉,从对问题的麻木走向积极察觉,效果较好。学校里的安全感、真实、开心诚恳,这种氛围比金钱还重要。2009 至 2010 课改一年我听课一千多节,犯的错误现在总结如下:如果不顾及别人的感受,不关注别人的态度,直接把结果给人讲,带来的负面作用很大,不被人理解,惹人反感。只有以教师主体性激发为本,才能实现影响力最大化。作为校长,我要从反省、真诚反思开始改变自己……

X学校教师公约:成为我自己是我的理想;保持自我反思和自省的习惯;具有发现问题、研究问题、解决问题和总结问题的特质;宽容孩子的错误,帮助每一个孩子成为他自己;崇尚真理,坚守规则,具有自我判断与自主选择的意识与能力。

学校注重师生行为规范引领,每年组织教师与干部培训会,培训会上教师共同讨论,教师自己制定教学十大公约、课堂十大好行为、校园十大好行为等行为规范。除此之外,学校的微信平台每天都有教师的故事,"反思中成长"是教师与学校微信平台的主题:对批评自己的人他千恩万谢的劳模易老师;②别人犯错他惩罚自己的傻老师李超;③动动手指红包到手,这点事他都不会做——拒绝家长的红包的丁老师;④干得最多罚得也最多,还乐在其中的"三多"老师孙林⑤,孙林是教师发展中心的主任,干得最多、罚得最多、挨批评也最多。干得最多,大家有目共睹;罚得最多,挨批评最多,就很容易让人替她"打抱不平"。组内老师离职,她要自罚,工作太多延误了集中反思的时间,她要自

---

① 根据X学校校长 2014 年 9 月 21 日在学校中层干部会上的讲话内容整理。
② X学校微信平台 2016 年 10 月 11 日。
③ X学校微信平台 2016 年 9 月 26 日。
④ X学校微信平台 2016 年 9 月 27 日。
⑤ X学校微信平台 2016 年 9 月 29 日。

罚,组内有些老师没去参加集体听课,她要自罚,黑板公示目标没及时更新,她要自罚,组内的值日校长周日晚没到校,她要自罚……拿别人的错误惩罚自己。推功揽责是大家对她的评价,"三多"教师就这样让大家称道。然而,"三多"教师孙林,她的年薪也是全体教师中最高的,她收获了更多的机会和回报——她是全校经验案例最多的老师,也是公派外出指导联谊学校最多的老师。

通过校长"改造价值观"的学校组织变革目标与信念确立,"坦心会"议事决策方式,学校"底线与规则"等规范约束,领导率先反思、教师共同制定行为公约,"成长"微信平台创设与反思氛围营造等措施,教师参与规则建构,人人自觉反思,"规则与反思"的学校氛围与文化日渐凸显。

（四）学校美誉度提升及跨越式发展

学校美誉度提升及跨越式发展主要体现在三个方面:其一,改革研究与引领方面有突破。自 2009 年课堂教学改革以来,X 学校集团教学改革与学校发展研究院成立,与数十所同类学校签约,建立了培训服务合作关系,推广学校变革实践的经验与智慧,真正成为课堂教学与学校组织变革领军学校。其二,政府奖励与社会赞誉提升。学校多次受到政府以奖代补的资金奖励,累计超百万元;家长与社会认可方面,家校课程共建活动蓬勃开展,家长与社会赞誉度高,学校作为改革创新的先进典型被多家媒体多次报道,特别是 2016 年 4 月 18 日学校所在的 K 市电视台报道了其教育教学改革的先进事迹。改变了过去政府对学校改革的质疑态度和否定看法。学校招生形式从"学校宣传拉生源到家长排队,领导说情"。其三,学校办学质量提升,转向内涵式发展。学校收费增长、办学条件与水平大幅提升,其间新办学校一所,规模得以扩展,教师课堂教学及改革研究成果多次获得市级和省级优秀成果,教师专业发展达到办校以来的空前水平,省市优质课竞赛成绩遥遥领先于同类学校。

二、C 学校"学习导向"领导变革

（一）校长角色转变

C 学校校长认为,课堂改革推行促使校长角色认识及学校办学思想发生了改变,为课堂教学改革中的问题诊断和解决,学校相继改变了组织结构、运行过程、考核评价制度等,经过不断沉淀与改进经验,逐步形成了工作规范、制度与学校文化。

访谈 5-9

校长在领导课堂教学改革中蜕变

(时间:2014 年 9 月 15 日。地点:C 学校。对象:C 学校校长)

笔者:课堂教学改革推行以来,您认为自己的角色有无改变?有哪些变化?

校长:应该说课堂教学改革使我发生了很大的变化。

改革初期,自己除了要成为理论研究与实践的先知与先行者,还要扮演好课堂教学改革的独裁者、理解者与支持者。首先是改革的独裁者、不换思想就换人,不要让教师觉得离开了他学校就办不下去了,不要怕教师走,该走就走。教师是看校长脸色行事的,校长稍稍松动,教师会把这种压力传递给学生,学生就会传递给家长和外围的人群,从而形成改革的重重障碍,甚至是毁灭性的打击。其次是理解者,要设身处地去体会教师的苦处和难处,包容教师的失败和错误。因为新的教学范式触动了教师的安逸和他们一直以来控制教室的安全感,触动了教师最大的"既得权益"。最后是作为一个支持者,从物质、政策等方面给予支持教师。因为现在民办学校是靠拼教育理念、拼课堂、拼学校文化,所以学校要千方百计发挥教师的主体性。现在我对教师的管理理念是"先私后公"。先让教师衣食无忧,过上体面的生活,能够把心安在学校,想干好教学工作,然后提升专业水平找到职业尊严,不断提升成为名师,实现自我价值。

到了改革深入期,校长要做一个学校改革全局的谋划者,除了课堂教学技术与评价制度改革,还需要从整体上调整学校的组织结构与管理。首先从我们的办学思想出发,管理的一切应围绕学生的学习和发展提供支持、服务和保障,围绕课堂中的问题诊断和解决,课堂改革的需要是中层管理和学校决策的依据。这主要源于课堂教学改革的大展示、大暴露思想的影响,致使学校的办学思想发生改变,教师是学校的主体这一思想更加明确!这一指导思想促使我们转变传统管理方式,传统学校管理与课堂教学是没有问题(意识)的,决策和计划大多是面向过去的经验和规范,而不是面对学生的学习与发展,多是阶段性、事务型的工作,是为了完成某项事务,是一个阶段工作结束之后再做另一阶段的事项,两者有联系,但不紧密,只是事务性联系而不是同一价值观指导下的系统性实践。

通过课堂教学改革,我们改变了课堂生态、教室和学校的意义。教室集电脑、图书、学习、制作为一体的"学习场",这个学习场中最重要的是尊重和安全。尊重是指教师真正的尊重学生,尊重学生是学习的主体,而教师是服务者。安全是能让学生把心打开,学生的学习是自然状态而不是强制状态,是自然滋润和自主体验的过程。我们准备进一步完善教室生态,从3D(是指三大,大阅读、大展示、大单元)课堂到5D,就是利用计算机和信息技术实现大数据、大平台,建立学习终端,实现每一个孩子个性化的学习方案,每个学习者之间相互交流,形成网络中的学习小组合作,实现课内与课外的勾连。学校要成为展示的大平台,处处是表达平台和机会,机会和平台越多,就会激发更多的好奇心。教育主要是激发好奇心,让学校成为激发好奇心的地方。正是这些教育理念的转变促使学校管理转型。

总之,我真切地感受到,校长应成为学校理念和文化的引领者和愿景设计者,必须成为学校管理的支点,对学校管理系统起到一个整体支撑作用,校长应抓"大"放"小",要赋予每个管理者充分的权力与责任,真正做到"权力下放、责任上移",学校不应有金字塔式的行政结构管理,而应是"三横六纵一圆环"教育专业服务的组织。他们围绕课堂评价,为了课堂的高效评价,为高效学习、教师专业成长而评价。

学校"三横六纵一个圆"扁平化结构及其职能改变正是源自校长办学思想观念的转变,一是管理应基于课堂教学改革的问题诊断和解决,然后形成激励评价制度和规范,让课堂教学真正成为学校管理的中心。二是要让教师全员参与,通过教师参与民主管理与督导评价,致使教师专业成长成为学校管理的出发点和落脚点,进而实现学校管理的高绩效。

(二)管理关系转变与学习型团队建设

1. 校长要打好"创新"与"责任"两张牌

校长始终强调"让权力为责任服务",领导应成为履行责任的典范,学校要坚持不懈地追求创新,营造干事创业的氛围。

关于如何让权力为责任服务,校长讲到:"办学四年来能够在名校林立的省会站稳脚跟,获得了良好的口碑,我们靠的是什么? 靠的是'3D(大展示、大单元、大读写)'课堂教学,是全新的教育理念和教学模式站稳脚跟的。我们正是恪守了集团学校'办责任学校、做良心教育,教孩子3年,想着孩子30年',

'让尊重落地,从最后一名抓起'的办学理念。是我们'负责任、能担当、有良知'的学校文化获得了广大家长和社会各界的广泛认可,这是我们的一张名片,是我们的'传家宝'。特别是校长,校长要认清自己的角色,首先是责任,权力是为了保障责任的实现,权力越大、责任越大。校长的权力是为营造良好的工作氛围所用的,我们 TH 教育集团的工作氛围应该是和谐,人际关系简单,管理无暗箱操作、公开透明、用数据和事实说话。学校、领导、教师都能够坦然、正气、干净。只有这样,我们的团队才能够具备'三心',基层有责任心、中层有进取心、高层有事业心。做到小事有主意,大事有正义。"①

与多位教师和中层管理者访谈,他们认为"校长就像一个永动机,他总是不断冒出新的想法,每次回学校都有新点子",多数教师都说,"不管什么困难,在他那里总是有思路和办法,他总能够把问题分析得非常透彻,令人豁然开朗","校长是一个负责任的典范"。校长自己首先是一个负责任的典范、一个创新者和探索者。正如学校综合楼大厅的校长寄语——教师应做负责任的典范。校长时时处处在向教师传递学校的权力观和价值观——让权力为责任服务,不断营造干事创业的氛围。

2. 工作实战中选拔教师、提拔干部

学校招聘教师都有试用期,主要是看教师对大展示教学模式的理解与运用,无论是对刚毕业的大学生还是有教学经验的教师,学校新录用教师的前提条件就是必须能够胜任"大展示"课堂教学。教师们认为,学校的中层干部都是教师中的楷模和典范,学科组长和年级主任和教师们一样都是满课时工作量,还当班主任,教学业绩好,管班都是一把好手,遇到麻烦事能挡上去,人品正。年级主任中资格最老的是 L 主任,堪称中层干部的代表。他 2004 年大学毕业,2009 年进入集团 TH 学校任教英语学科、班主任,参与 2012 年学校招生工作,曾担任 2012、2013 级的年级主任。2012 年同时担任学校"重点班(学困生)"的班主任和英语课。2016 年 12 月 L 主任被提拔到集团新托管的一所高中做副校长(同时兼 C 学校的年级主任),开始负责一个新学校 2017 年的开学筹备工作。

---

① 根据学校微信平台(2017 年 3 月 1 日)关于 2017 年 2 月 27 日 TH 集团举行校长恳谈会内容摘要整理。

不能辜负了 L 主任的责任心

（时间：2017 年 3 月 5 日。地点：笔者工作的城市。对象：C 学校校长）

笔者：听说 L 主任被提拔了，请谈谈您对他的评价？

校长：L 主任是一个塌下心思做事情的人，能担当、有格局。他原来在一所民办高中，2009 年高中停办撤销后进入我们集团的 TH 学校。当时他原来所在学校的校长就向我推荐，说学校在最困难的时候发不下来工资，有的教师就撂挑子走人了，他坚守到最后一天，一个人代几个人的课。跨学段到我们 TH 初中后，第一学期所带班级的成绩就遥遥领先。C 学校 2012 年 5 月开办，当时虽然学校花费重金广泛宣传，但截至 6 月份报名学生仅 6 人，我就把他从 TH 中学抽调他过来参与筹备组负责招生工作，他想办法，运用我们的课堂教学理念和方法举办夏令营组织招生宣传，主持两期夏令营，其间和学生同吃住，最终学校招生完成 158 人。开学后他就陪着这些孩子，担任了这一届的年级主任，工作很出色，赢得了家长的信任，2013 年招生形式有所好转，我们如期完成招生计划，但是生源还很不理想，就又让他回头带 2013 级当年级主任，这么多年以来发现他是个拼命干事业的人，是在关键时刻能扛得起的人，我就在琢磨着，不能辜负了他的责任心。

动力源于对学校教育理念的忠诚

（时间：2017 年 3 月 6 日。地点：笔者工作的城市。对象：C 学校 L 主任）

笔者：谈谈你在 C 学校工作的最大感受是什么？能取得如此骄人的成绩，您认为主要是靠什么？

L 主任：在我们学校里干工作，一是要说得到、做得到。二是混不了，得把事情做到位，成绩拿出来，用事实与数据说话。三是只要你能顶得住，就上得快，学校要的是实干，还要想法实、激励实。工作一天下来也挺累的,后来就习惯了,要说辛苦不辛苦呢,我想前面还有 H 主任,他每天要处理的事情比我们更多,承担的责任更大,主任前面还有校长,校长要管几个校区,只要在学校,从来都是 5 点多钟起来站在操场,白天除了处理管理上的事情,还坚持听课,学校老师的课他都挨个听几遍了,对年轻教师更是手把手的指导,他比我们有更辛苦。要说靠的是什么,靠的是能够坚持不懈地实干和业绩,如果再往深层里说,我认为是源于对我们学校管理和教学理念的忠诚。

　　学校在选拔教师、任用干部方面主要凭业绩说话,注重在工作实际中发现和培养人才。更重要的是,校长试图在寻找与学校教学理念和办学风格一致的人,在校长心目中这些人才是学校最佳的人选。创办人运用了这种最微妙的文化植入机制,而且这种机制是在不知不觉中发生的。

　　3. 让制度成为教师学习和发展的保障

　　新进入的教师认为,除了小组内老教师的帮扶,学校针对教师的工作,都有相应的工作流程和规定,这对他们帮助很大,这些流程都是优秀教师、班主任备课组长、年级主任经过近三年的探索,在自身经验总结和小组谈论的过程中制定出来的。让可视化的工作流程为教师工作"引路"是学校促进教师成长的一种制度策略。以学校 63 个流程之一文综组集备制度[①]为例,以窥一斑而知全豹。

表 5-1　文综组集备制度

步骤	名称	具体规定与标准
一	分配任务	据教材分配备课任务,定主备人及集备时间
二	主备人初备	1. 主备人备课包括,挖资源(课程标准、教材、教参、资料等)、备学生、设程序、选方法、拟活动,整合课程资源制定学习目标、知识点、重难点
		2. 围绕课堂教学的基本环节,预设学生独学、对学、群学、记达标训练的主要问题,体现"知识问题化,问题层次化,问题探究化,问题情境化",并准备问题拓展生成的多种预设
		3. 主备人根据课堂时间,做好课堂各环节的时间预设
		4. 主备人完成导学案初案,打印并下发给本年级本学科教师
		5. 主备人准备好所需的音视频、PPT 等资料

---

① 参照《C 学校管理手册》第 75 页文综组集备流程。

续表

步骤	名称	具体规定与标准
三	集智备课	1. 主备人说教学过程设计意图。设计要突出学习目标,突出学生的主体参与、自主学习、合作学习、探究学习和师生互动
		2. 根据课程标准和学情,再次就学习目标制定深度是否合理,落实度怎样,并就学案中知识链接的是否起到铺垫作用、学法导引是否到位,问题预设是否全面、合理,研学内容设置是否体现能力培养,展学设置的合理性等方面展开讨论
		3. 提出备课时的困惑和问题
		4. 非主备人根据自己的备课稿提出修改意见和建议
		5. 备课环节涉及的每一环节的时间和处理方式
四	编制学案	综合集智备课的意见,修改补充完善学案并印制
五	复案补改	各备课人针对所在班的不同学情做自己的学习预案
六	续备	课堂中在导学案上标注过程中发现的有价值问题;教后反思

学校的数学学科主任 W 老师告诉笔者:"我们学科主任、包括年级主任都是这样干的,第一年,学着做,发现问题就相互帮助,大家一起解决问题;第二年,领着做,和教师一起边做边学,就像是教练;第三年,主要流程可视化,教师们基本上都知道怎么做了,我们主要是指导和督导。"学校将工作流程与技术可视化,一方面,促使大家形成一致认同的工作规范与技术标准,更好地"传、帮、带",指导新入职教师能够尽快掌握工作技能,另一方面,为每一个教师参与和接受督查评价提供依据和标准。教师也认为,大家依照流程的规定与标准来规范自己的工作、督查和评价,各方面工作都有公开量化的考核标准。

学校除了运用工作流程为教师学习"引路",还让制度为教师成长"护航"。C 学校编制了教师晋级方案①为教师搭建的成长的梯子,任职教师采用晋级制,所晋级别依次为入职教师、合格教师、优秀教师、骨干教师和功勋教师,各级教师对应的每月基础工资依次浮动增长,骨干教师、功勋教师,每月另享受200—1 000 元特殊津贴。并设有科研奖项和破格晋级办法。

流程和制度设计为学校高密度、交互式、全员参与、层层分级定等的评价考核提供了有力的支撑,为教师交互学习、相互合作搭建了平台,营造了氛围,促使教师主动学习,为教师搭建了成长的阶梯,促使教师把自身成长当作最重要的事情。学校餐厅吃饭时笔者随机与五六位年轻教师聊天,他们认为:"我

---

① 参照学校教师晋级方案,C 学校管理手册:第 169 页-第 170 页。

们学校评价与激励机制比较公平,感觉大家都是在为自己干的,多劳多得,优劳优酬。""没有感觉到学校里的评价和制度是一种束缚,其实只要做得好,每个人都有得 A 的机会,感觉到挺自主的,教师好的建议都会被小组或者学校采纳的,大家交流也很开放的。""因为刚刚毕业嘛,自己成长才是最重要的!"

（三）学校"卓越与责任"文化营造

C 学校变革文化主要是通过校长的管理思路和系统策略的实施逐步营造的,做责任教育、良心教育的教育信条;爱的教育与铁定纪律的管理理念;让尊重落地,对每一个孩子负责、知行合一的治学态度;领导者率先垂范,说到做到、时时处处成为"责任与卓越"的典范等,是学校打造"卓越与责任"文化的主要渠道与措施。

1. 建设"有面子、里子和骨子"的学校文化

校长关于"集团学校 2015—2020 五年发展规划"与"建设有深度的学校文化"报告分别对学校文化建设进行了深入思考与系统阐述:

学校文化是一种生态环境,是一种让人依恋的氛围,是一种让人感觉舒服的温度,以"文""化""人"才是文化的目的。学校文化的塑造应从三个层面入手:物像——"面子"文化,制度与行为——"里子"文化;精神——"骨子"文化。学校文化的塑造关键在于平等关系中求"互动",在制度落实中求"实效",工作实效中求"变化"。

学校文化塑造的路径,一是应将平等的师生关系作为学校文化的基础。尊重学生的权益,尊重学生的差异,尊重学生的人格,尊重教师自己。二是将民主的管理制度作为学校文化建设的核心。一方面,通过学校制度、流程与规定,营造自主、平等、责任与绩效的教师人人参与管理的民主氛围;另一方面,建立学管会、家长督学会,设立"家校共育中心"、家校连心卡,通过开放的课堂和会议,实现家校互动。三是将丰富的展示平台作为学校文化建设的载体。教室文化、黑板文化、树牌文化、楼道文化、就餐文化、厕所文化,要将独特的班级文化和校园活动作为学校文化建设的单元。①

学校发展与文化转型的四个保障:理念保障,"做责任教育,做良心教育",让"尊重落地,从最后一名抓起","教好一个孩子,幸福一个家庭,办好一所学校,造福一方社会";管理与制度保障,构建集团六级目标管理体系,即学生目

---

① 根据校长 2015 年 8 月 6 日教师培训报告课件《建设有深度的学校文化》整理。

标、教师目标、学科目标、年级目标、学校目标、集团目标;健全管理制度,博采众长,实现"民主管理"。创设合理的用人机制,让"能上能下,优劳优得"成为用人的基础,逐渐实现"项目制"＋"年薪制"。健全组织建设,成立科研中心、督导与评价中心、财务中心集团三大中心;课堂保障,坚持教学改革的信念不动摇,不断升级、优化课堂结构,为学生的学习构建最好的生态环境;文化保障,让"健康、快乐、丰富、向上"成为每个人身上的特质,让"责任文化、反思文化、质疑文化、发动机文化"成为学校文化的主要内核。①

2. 做"责任与良心"教育

笔者每次实地调研该校,都会驻足品读学校的校园文化。无论是校园的墙壁、餐厅与楼道,还是大厅与走廊的角落,师生们工作与生活的印记都在诉说着他们的思想与文化——生命因责任而高贵,工作因责任而精彩。校园醒目位置的标语主要展示了学校的信条:学校使命——让进入学校的每一个人健康快乐丰富向上培养目标;培养好一个学生,幸福一个家庭,办好一所学校造福一方社会;学校理念——做责任教育、做良心教育,教孩子三年想着孩子三十年;管理理念——先学做人、再做学问,爱的教育、铁的纪律;校长寄语——《教师要成为负责任的典范》。教学大楼门口并不宽绰的两侧墙壁上安放了两块刷了桐油的淡咖啡色镌刻着"先生"与"学生"的小木板,上面写道:"因为我是先生——因为我是先生,所以我要先修品德,先做表率,先寻方法,先找路径。我要处处走在学生前面,才不愧为先生之名。因为我是先生,相信学生是我的品格,解放学生是我的情怀,依靠学生是我的智慧,发展学生是我的追求。因为我是先生,我必须先阳光自己,进而去温暖学生;我必须先燃烧自己,进而去点燃学生;我必须先获得生命的自由,进而使学生获得自由。因为我是先生,保护学生、丰富学生、发展学生将是我一生的使命。

因为我是学生——因为我是学生,所以只有学习才能生存,只有学习才能生活,只有学习才能生疑,只有学习才能生成,只有学习才能升华。因为我是学生,所以学习是我的天职,学习是我自己的事情,学习是完善自我的最好途径,学习是安身立命的根本,学习是成人达己的最好方法。因为我是学生,学会学习,学会思维,学会合作,学会宽容,学会自省是我每天必修的功课。因为我是学生,学会对自己负责、对他人负责、对国家负责是我不可推卸的责任。"

---

① 依据校长 2015 年 8 月 3 日教师培训会上 TH 教育集团 2015—2020 年五年发展规划报告摘要整理。

一位教师自豪地告诉笔者,校园里这些大大小小的图文版面都是校长、教师与学生的原创,也是大家恪守和践行的教育信条:"我们学校都是要说得到、做得到的,特别是校长,他才是言行一致的模范。例如,学校关于对教师体罚学生的一事的处理是这样的①,Z 教师是 C 学校数学学科主任,九年级班主任,并担任九年级两个班的数学课。在检查学生作业时没有控制好自己的情绪,动手打了学生,该行为与学校'让尊重落地'的理念相悖离,经校委会研究决定,给予该同志处分并罚款 1 000 元,在全体教师会上公开做书面检讨。对于这件事情的发生,教师们认为'一个很有能力、责任心也很强的老师,还是年级主任,被学校严厉处罚,原因是自己的一次过激行为。这在别的学校可能是司空见惯和熟视无睹的事情,但我们学校不一样,因为要遵守铁的纪律、爱的教育的管理规则,学校要对每一个学生负责,教师要对自己的行为负责。'"

3. 学校"铁的纪律"

对学校的每一个人来说,铁的纪律是一视同仁的,铁的制度和纪律是学校教师学生都知道的规范和要求,校长也不例外。"我们这两年招生形势好了,总有领导说学生的,但是学校招生是有纪律和底线的,我们要遵守每班 40 人、不突破 42 人的社会承诺,一个都不能超的! 这个问题学校会议上校长有表态,还请老师们监督的。"

学校里的重点班。得知重点班的事情,是与校长访谈中意外收获的。2014年 9 月 16 日实地考察 C 学校时,校长满脸欣慰地告诉笔者,学校九年级有两个"重点班",学生都是学习困难生,为适应学生的特点,学校调整了班级课程,弱化理科,加强文科。第一届招生虽然只招到了 158 人(后来发展到 163 人),这些学生刚开学时分为五个班,前四个班是普通班,最后一个班是重点班,到初二年级发现平行班里有一部分学生跟不上,和家长沟通会后,又分出一个重点班,全年级的 163 个学生就被分成六个班,四个平行班,两个重点班。

访谈 5-12

重点班的孩子是校长的骄傲

(时间:2014 年 9 月 16 日。地点:C 学校。对象:C 学校校长)

笔者:重点班的情况是怎样的?

---

①　依据文件 C 学校〔2016〕10 号摘要整理。

> 校长:这个重点班的孩子们成长最多！让我感到很欣慰。这个班不仅仅语文老师是最好的,班级配的老师都是学校最有经验的。有一个学生初一入学时,他父亲对我说,儿子上四年级的时候,他们一起去餐馆吃饭,让儿子点菜,结果坐在那里半天,没点,问他怎么不点啊,孩子的脸涨得通红,支支吾吾的,最后才知道是菜单上的字,孩子大多都不认识。就这样的孩子,初二的时候还给我写了信,大半页呢,让我很感动。现在他们都能说会写！经过三年培养,班上的孩子都发展了一技之长,这样以后出去干事啥都不耽误了。

对于重点班,学校有规定,如果该班学生成绩提升到一定程度就可以晋升到其他的普通班,七年级时班里 30 多人,九年级变成了 20 人。语文学科组长 Z 老师和年级主任兼任两个班的班主任,他们同时还担任本班语文课和英语课。Z 老师说,我们围绕"玩味国学、书香四溢"制作了积分榜,刚才听课时你也看到了,他们没有不自信的,天天乐着呢,都喜欢看书。行为规范方面也是学校最好的！作文大赛和英语单词接龙他们都拿过第一名！

学校对违规教师严厉处罚不仅履行了"爱的教育、铁的纪律"的管理理念,重点班是学校为保障每一个学生的学习权益,落实"让尊重落地,从最后一名抓起"、对每一个孩子负责的教育承诺而设的,更是学校"责任教育"办学理念的具体体现。

4. 领导者的示范与讲授

校长是学校文化的引导者,也是教师职业精神的启蒙者,校长对教师职业状态、职业技能、职业操守与职业理想的指导与期待将引领教师走向更高的目标,进而成为负责任的典范和卓越教师。学校除了不断地邀请全国教育教学专家来交流,在不同时期校长也会结合学校的实际给教师做专题讲座。例如,校长在专题培训教师职业素养与课堂教学改革中讲道:"第一,提升我们的职业素养、实现自我价值。职业状态、专业技能、专业操守、专业理想的三个境界。职业状态的三个层次:热爱——发自内心的向往,走得进;敬畏——深入职业内部产生的恐惧,走得深;敬仰——为职业献身的信念,走得远。职业技能的三种水平:熟悉,对职业流程基本掌握,能按职业要求独立操作,做到自立;贯通,对职业流程熟练掌握,举一反三,抵达自信;精湛,深谙职业规律,有自己的职业思想和体系,走向自由。专业操守的三个境界:踏实,一步一个脚印,严格履行职业规范;守诺,遵守入职时的承诺,做事有始有终;忠诚,经得起打击,抵得住诱惑。专业理想的三个境界:合格,能按要求保质保量地完成规定动作,获得认可;优秀,能把规定动作完成到极致,受人尊敬;卓越,不断创新,引领行业潮流,值得景仰。

第二,教师应该处理好十大关系。(1)教师与教师的关系;(2)教师与学生的关系;(3)教师与家长的关系;(4)教师与教室的关系;(5)教师与教材的关系;(6)教师与管理的关系;(7)教师与评价的关系;(8)教师与校长的关系;(9)教师与学校的关系;(10)教师与发展的关系。并对关系中教师的角色定位与影响分别进行分析。

第三,把握教学改革的实质与要领。(1)熟悉特点。立体式、高密度、快节奏;信息量、训练量、思维量;高效率、高效益、高效果;表达力、思维力、生成力。(2)一堂好课我们要看'五有四度'。"五有"即有一次精彩的展示;有一次巧妙的生成;有一次得意的发现;有一次真情的流露和感动;有一次会心的微笑。'四度'即自主的程度、合作的效度、生成的高度、探究的深度。(3)落实理念。箴言:解放学生、发展学生,给学生创造一个乐于学习的"生态场"。……心中有爱、眼中有人,足矣!"①

观察 5－3

爱的教育、铁的纪律②

　　我讲三个方面问题,一是把这两天检查情况通报,昨天发现 3 个学生乱跑,是 7 班的,说是帮老师取东西,是不可以的! 7 班,注意落实纠正,以后不能再发生这样的事情! 寝室内务每班总是有几个学生被子叠不好,你们要学会工作方法,首先看他是不会叠还是不认真,不会的要教他,不认真的要采取惩罚措施,不要啰唆讲道理,就让他抱着被子上课把被子放教室后面,晚上再把被子抱回寝室,被子一直叠不好就一直抱着。要让学生知道你是说到做到! 认真是底线,爱的教育需要铁的纪律,听到了就要做到! 上操情况方面,班主任不要跟在队伍后边,而是要跑在队伍左边,

---

① 依据校长 2015 年 8 月 10 日暑假教师培训会的报告《教师的职业素养与课堂教学改革》摘要整理。

② 笔者 2014 年 9 月 13 日上午大课间,C 学校教学楼三楼办公室七年级教师碰头会观察日记。

要检查队伍是否整齐、跑步纪律是否达标。上操好的班级有1班、3班、6班,不好的有2班、7班,除了扣分,提出批评……之后对班级管理的两操、查寝、卫生、班级入静、常规、就餐六个方面进行问题曝光。第二个问题是,年级缺乏合力。只要是7年级老师,在我们区域出现的问题都有义务和责任去管理,7年级老师都有权力管班,要全员管理。第三个问题是,本周工作重点是抓寝室内务,除了做好这些方面的工作,还要善用班干部、寝室长,各班一定要上好校本管理课程,培养学生自主管理的行动力。最后,王老师代表学校督查委员会来通报了两天来学校检查的情况,并一一反馈,包括查课堂、查的重点、抓常规、抓流程要具体细化,记分督查的情况,要求大家按照标准执行好。并强调了开学初学生管理工作要高标准严要求。要不折不扣地践行爱的教育,铁的纪律!

上午大课间是年级开"碰头会"(短时间小型反馈会议)的主要时间,碰头会包括年级会、各种督查反馈会、听评课问题通报、常规管理中有关考试安排、活动开展等会议。实地考察学校期间,笔者没有和教师打招呼、作为旁观者参加了七年级上午大课间的碰头会。

在碰头会上讲话的是七年级主任,她是一位大学毕业不久的女教师,给人泼辣干练的印象,第一次听她干脆利索的说话方式,容易使人想起军训时教官叫口令的节奏,后来发现,学校碰头会上教师们讲话方式如出一辙:短、平、快又直接。

(四)学校信用提升与办学体制超越

改革以来,学校效能提升主要体现在三个方面:第一,办学规模质量双提升。收费增长、办学水平大幅提升,教师专业发展、规模实现跨越式发展。2017年C学校高中国际部成立、秋季开始招生,小学部开始筹建。教师受邀到全国各地讲学达百余次。第二,政府认可与社会赞誉方面。2015年学校与河北省某市某区签署政府购买高中教育服务合作协议,与某县政府签署新办一所寄宿制初中学校协议书、与石家庄某高中签署合作创办"石家庄某高中某某校区"的协议,与英国哈特普尔学校签署1+2国际高中协议。2015—2016年为集团发展的签约年,四个新学校合作与创办项目签约。2016—2017年为集团发展的履约年,四个新学校合作与创办项目履约。2017—2018年为集团发展的跨越年。五项新学校合作与创办项目。C学校国际学校小学部筹建,学校国际高中部第二期改造工程动工完成,招生达到 200 人。[①] 第三,突破了办学体制制约。学校创造了与政府合作办学的公私合营模式,先后接管公办学校两所,取得了令家长信任的办学质量。

三、G 学校"专业"领导变革

(一)校长角色转变

校长认为,"主体"课堂教学实施以来,学校办学理念越来越清晰,有了自己的办学主张,办学主张得以具体化并能够扎根学校实践。教师专业自主精神与学生自主学习能力逐步成为学校目标与校长的追求,自主成为师生的一种工作生活方式。

 访谈 5-13

课堂教学改革使我们真正践行了自己的办学主张

(时间:2015 年 9 月 11 日。地点:G 学校。对象:G 学校校长)

笔者:"主体"课堂实施以来,作为校长,您认为自己(包括学校)有变化吗,有哪些变化?

校长:变化是肯定的。随着"主体"课堂教学改革的持续深入,明显的变化是学校有了自己的办学主张并真正落实了自己的办学主张。学校逐步确立了"提高自主能力、培养自主精神、唤醒自主意识"的育人目标。"主体"课堂建设始终以学习能力为主、思维品质为内核,从控制向自由,指向学生"主体性"价值实现,我们认为深入持续地推行课堂教学改革才是解决素质教育与应试教育二元对立、在应试中培养学生的学习、创新能力的核心与关键。"主体性"理论研究与实践,促使学校进一步明晰了自主意识、自主精神与自主发展的办学理念,在此理念主导下,学校"一制三权"的民主管理模式也逐步成型,行政管理权下放至管理团队、教学团队的议事权、学生团队的自主决策权、教师代表大会的表决权都进一步强化,成立了课程开发与课堂教学研究室,学校学术权力进一步彰显,教科研队伍发展壮大,核心学术团队承担的教科研成果显著,并取得了可观的

---

① 依据校长 2015 年 8 月 3 日教师培训会上《2015—2020 年 TH 教育集团五年发展规划报告》摘要整理。

经济社会效益。我越来越感受到,学校需要有教育情怀与职业理想的领导,校长应立足教师专业自主性发挥,重建学术权威,学校是一个培养"会读书的人"的地方,要让教师自己的教育情怀、信念与信仰得到施展和赞赏。学校理应发展为让教书育人成为教师"做自己想做的事情"的地方,校长首先应是个读书人。经过深入思考,自己心目中逐步有了一个好校长的标准,我想到了杜威、苏霍姆林斯基、陶行知这些教育家,他们都是校长,他们共同的经历和特征有三个,学术素养、职业情怀、实践场所(自己的实验学校)。我认为能够专注于这三个方面的修炼才是一个好校长,一个专家型校长。

校长将"主体"课堂教学理念与其对学校、教师与教育的理解相结合,以"自主"价值为核心,确立了课堂教学改革的重要地位与意义,"课堂教学改革才是解决素质教育与应试教育二元对立,在应试中培养学生的学习、创新能力的核心与关键",重树了学校育人目标,重构了教师专业性自主性发挥的组织机构与制度,明确了学校的管理思想——从控制走向自主,实现师生"主体性"价值,搭建有利于学生自主能力提升的学习环境与学校管理环境,进而逐步形成了从课堂教学改革到学校组织变革整体思路。以上校长角色的认知、行为与职业理想转变促使学校变革思路与措施的改变,彼此密切关联、相互促进、相辅相成。

(二)影响力改变与学术团队发展

学校管理与文化转型得益于学校领导团队、管理团队与教师团队三支队伍建设。学校领导团队强调民主与集中,和而不同,行政服务于学术;管理团队重在公私分明、身先士卒;教师团队注重专业发展与个人成就。学校系统改造始终注重学术与行政、学校引领与教师自主、管理者与教师之间关系改善,进而促使变革领导力整合、干部影响力提升与教师主动发展。

1. 行政与学术领导力整合

学校行政力量与学术力量的整合不同时期有不同的策略与方法。

 访谈 5-14

"行政搭台、学术唱戏"

（时间：2016 年 4 月 12 日。地点：G 学校。对象：G 学校 Y 副校长、课程教材开发研究室 Z 主任、研究团队 L 老师）

笔者：您认为"主体"课堂改革实验取得成功主要得益于什么？

Y 副校长：改革实验成功主要是得益于"主体"课堂改革本来就是一件正确的事情。我们学校的改革是先做草根实验，得到火种，自下而上，滚雪球，雪球逐渐变大的过程。

研究室 Z 主任：学校改革成就得益于一把手校长亲自和大家一起做，亲自深入课堂、亲自撰写文章、亲自讲课改理念、亲自参与并主持实验。副校长和我们一样担任语文课。大家研究讨论的时候，是不论谁是校长或者主任的，校长一般以倾听我们发言为主，还经常请教我们学科教学改革方面的意见。

L 老师：在我们需要的时候，学校都会从时间、经费与资料等方面第一时间为我们提供服务和保障。我们感到课堂改革一直是学校工作的中心，校长无论大会小会各类场合都强调这是学校发展的重要抓手，优先参加是关键、是核心，学校千方百计给予政策支持，校长面临两个活动冲突时优先参加教学研讨会，这已经是大家都知道的事实。

"主体"课堂改革实验期，校长牵头，副校长（时任校长助理、教务处长）与教师一起担任试验班的课，研讨中校长肯定认可教师的教学主张，尊重教师教学研究成果，并将教学改革及其研究作为学校的核心。

（1）变革实施期，"两条腿"走路

在改革组织推进中，教学教研实施分别由两个团队组织，学校原教研组长主要是应对上级部门安排的任务和学校常规工作，教学改革主要由另外一个学术核心团队引领和推进；副校长主要负责教学技术、教学评价改进与教研活动组织，是学校教学改革的"操盘手"，校长是总策划，自课堂教学改革以来，校长无论大会小会，逢会必讲学科素养就是教师的成就和尊严，领导干部要以身示范，把学术追求作为教育工作者的'看家本领'；班级教学管理坚持实验班与普通班并驾齐驱、双向选择、分别评价。

（2）变革推广期，整合学术与行政力量

学校的管理与教研各有各的要求，"学术求真"与"管理求简"相互促进。学校强调教研活动都要动真格，实事求是，要刺刀见红，直击要害，真心帮人！管理求简，不追求整齐划一、井然有序，淡化规定标准和奖惩，坚持量化考核宜粗不宜细，淡化教学奖惩得失。教师不坐班、不签到，管理中只给底线和负面清单，至于干成什么，干到什么程度，看学生评教与工作成效。随着学校改革成果的学术影响力不断增强，为满足教师外出讲学、同行到访参观学习交流、教材研发与发行等工作需求，学校成立了课堂教学改革与课程开发研究室，极大地促进了改革成果交流推广，致使机构职能与学术影响相得益彰。

（3）变革成型期，"一制三权"制度全面实施与民主集中制完善

"一制三权"学校制度及其"1＋1＋1"议事规则的程序化运行，教师与学生成为学校重要决策与管理中的多元主体。在此基础上，学校进一步改进了行政会议事规则，依照行政与学术的不同主题，明确学校行政会议三种程序化形式：议而不决，不议而决，有议有决。对不同问题进行归类，选取与议题契合的方式，促使民主与集中更加透明与科学，进一步完善了决策中的民主集中制，营造了人人都是决策"主人公"的氛围。

2. 提升中层干部影响力

干部的整体素质及其工作作风体现着学校的用人导向。中层干部是组织运行系统的枢纽。中层干部与教师朝夕相处，掌握着教师日常工作的信息，也直接影响着教师的工作状态，发挥着凝聚团队、服务教师的重要作用。G 学校参加中层干部会的，分为校级干部与中层干部两种。校级干部是市委组织部任命的。中层干部主要有两类，一类是市教育局任命，主要是各职能处室的主任与副主任，还有一类是学校任命的，是各年级主任。其中，前一类中层干部日常在处室里办公，一般带一个班的课（主科），相当于一般任课教师工作量的一半；后一类干部在集体办公室与年级组教师一起办公，三个年级主任都同时带两个班的课（主科）、担任一个班的班主任。年级主任一般是教师和班主任中的佼佼者，其产生过程是年级主任发现苗子，然后推荐给学校，校长经过征求部分教师意见、经过办公会讨论后，在学校会议上口头任命，先任命为副主任。副主任一般是年级主任经过 2—3 年"亲手带大"，然后接替主任的。年级主任升为职能处室的干部后（一般先升为副主任），自己带大的副主任接替，升为年级主任。年级主任要为自己找到一个好帮手才能够干出成绩，同时也想为自己提拔时找一个好的接替者，当然"也代表着自己的眼光和形象"。显而

易见,与其他领导干部和任课教师相比,年级主任岗位是学校工作量比较重的,同时,也是学校干部培养的"摇篮"。他们在年级里工作,无论教学成绩还是学生评议都不能落后于一般教师,同样还要按照中层干部的标准要求自己,然后才能提升为教育局正式下文的中层干部。他们平时和其他中层干部一样参加学校召开的中层干部会议,而且还被校长指认为"小校长",是"冤大头"。

观察 5-4

学校中层干部会上校长的讲话①

　　G 学校中层干部调整刚刚结束,借此机会,我想和大家交交心、扶上马、讲一段、送一程。首先,澄清干部是什么。是当兵、当将与当帅呢? 是当兵当将而不是帅。自己不想当兵的帅也绝对当不上帅,中层干部是当兵、是冤大头。其次,是关于感恩心和欲望。大家要公私分明的感恩,"公恩"是讲回报的,尽职尽责、对得起岗位,这个意义上讲,"公恩"就是最好、最大的私恩,在我们学校没有其他的私恩。再次,干部工作中的公私分明问题。特别是年级主任,你以个人身份私下关怀老师的生活可以关怀备至,但以职务身份就要公私分明,负起岗位职责,特别是年级主任,你就是年级的小校长,人事聘任权、日常教学与管理工作的安排权下放给你们,就是要你们率先垂范、高标准落实学校工作制度、严把备课质量关,切实做好年级办公室文化和氛围维护。最后,中层干部不仅要做到服从组织安排,忠诚岗位职责、自律与自我约束,还要创造性开展工作,工作不应只是局限于被安排,而是找来干的。学校干部试用期为一个学期,不合格就调离。

　　校长对中层干部的要求主要是要当好兵、是兵中的冤大头;要公私分明,要报公恩;要创新工作、用业绩说话、不能懈怠。这些明确了干部要靠什么来取得组织信任、影响教师的问题,中层干部要靠自己的专业权威与工作业绩、率先垂范、靠自己的人格等影响教师,而不是把自己当什么官,依赖行政权威影响教师或者非正当的方式取得组织信任的,更重要的是,要自主创新不断提升自己的影响力。

---

① 据 2015 年 9 月 24 日下午 G 学校中层干部会议上校长讲话整理。

3. 让教师在"教研式"改革中主动发展

学校始终坚持用"教研的方式"驱动课堂教学改革,坚持"让教学改革自然发生、让教学改革成为教师自己的事情、让教师做自己喜欢的事情"的指导思想,通过理念与价值引领、教研活动平台搭建与自主氛围营造,促使教师在教学研究中主动变革与发展。关于教学改革推进的策略,副校长认为主要在于抓好三个教师团队。

访谈 5-15

学校理念引领,教师自主行动

(时间:2015 年 9 月 14 日。地点:G 学校。对象:G 学校 Y 副校长)

笔者:请您谈谈学校"主体"课堂改革推广的方式(和方法)是怎样的?

Y 副校长:我们是采用教研的方式搞改革,不攻坚、不搞运动。G 学校课堂教学改革推广实施重在培植、发展与管理好三个团队,一是培植专家骨干团队,40 多人,他们发现问题、研讨解决问题,资料编写、输出理念、建构操作模式、对外交流,他们从物质与精神方面自然享受改革成果。二是发展有兴趣参与自由选择的基础性团队,他们参与学校组织的研讨、观摩、课例研究、教研组活动、观课、评课、赛课等全校活动,学校鼓励其参与并提供帮助促其成长,给展示机会,教学推优评先活动中享受优先权。三是保守型团队,他们可以不参与有关的赛课活动,可以自行研究课堂,但决不允许未参与者对改革发表不同意见,没有调查就没有发言权,不懂不能胡说。

理念引领下的教师自主行动具体体现在:第一,不强制教师都采用一个模式,但统一教学理念。对于非实验班,学校做到统一"主体"课堂教学理念——培养学生自主学习能力。明确教师要根据需要讲,有不讲、略讲、精讲标注,课前、课中、课后标注,必须使用学校开发的学习指导手册,不得另定其他教辅。第二,不排斥非实验班的教师,不统一用主体课教学评价标准,但统一教学绩效评价标准。对实验与非实验班教师一视同仁的评价,统一教师评价内容与办法,评价内容主要包括学生评教反馈、精讲案设计与使用、考试成绩、教室日志、年级全员评聘中民主评议五个方面。第三,坚持有利于教师主体性发挥的评价导向。在评价结果运用上,反对末位文化,如评教中按照量化积分排名的前 20%、中间 60%、后 20% 分三等,而不是按分数累计排序,避免争斗、攀比,以营造简单的人际关系,维护每一个教师的面子。评价过程中,坚持学生评价权与学科教师专业权威优先的原则,充分发挥学生与学科专家的评议权。学校对教师《精讲案》的评价由骨干核心团队的专家教师来打分,教务处只负责组织和汇总。第四,搭建三个教师团队之间的活动机制,营造有利于教师专业自主性发挥的研究氛围。

（三）营造"自主与尊严"学校文化

为形成学校变革的整体合力,营造以主体性价值观为核心的组织氛围与文化,进而促使学校组织系统改造,学校开展了一系列有效的领导变革活动。G 学校文化营造的主要措施体现在四个方面:校长的学校文化营造思路,致力于教学质量分析与监控,学校危机事件应对,重大事件与活动中的领导者示范。

1. "一个中心、三个维度、四个团队"的学校文化建设思路

关于学校管理与文化植入的路径与渠道,校长结合学校改革与管理实践有系统的思考。学校管理文化的工作思路表明,校长洞悉中国人特别爱面子的人性弱点,准确把握了知识分子的人格特征。"教师是君子的职业,有知识分子的文化特质和'士为知己者死'的阶级禀赋,应让教师的教育情怀、信念与信仰得到施展和赞赏"。为此,学校充分发挥了"会议课程"的中心作用,校长组织并参与实验团队教研会、一系列的课堂观摩与赛课大会、教学质量分析会、学术交流会、中层干部会、"1+1+1"议事规则全员投票表决、学校典礼、学生自主委员会、管理质询会等,这些会议的精心策划与组织,从领导、教学教研、管理制度不同的维度,为教师、学生与干部不同群体搭建了展示"自主与尊严"的平台、营造了有利于师生主体性发挥的组织氛围与文化。

观察 5-5

G 学校管理与文化建设的主渠道[①]

学校主要围绕一个中心、三个维度,进行领导、教师、学生与家长四个不同团队文化与学校氛围营造。一个中心即"会议课程",会议是集体议事的主要方法。学校把会议作为文化植入的主渠道,作为课程去开发和实施。广义的会议包括各种集会,都要具有教育的功能,都要体现民主与集中、自主管理,都要落实和体现学校文化的核心价值。三个维度包括:

---

① 根据 2015 年 11 月 12 日 G 学校给宁波市教育考察团校长的《学校管理与文化建设》报告整理。

一是校长率先垂范——上行下效，营造氛围。领导行为时时处处要精心雕琢、具有教育内涵，要影响教师学生和家长，发挥教育功能。二是聚焦教师专业发展，学校要千方百计维护学术成就与尊严。例如，精心组织每次研讨会、学术分享，请教授、专家与骨干教师同台分享，培养教师的问题意识，学会思考、激发教师表达和分享的意愿，这种有尊严的氛围中，每一个人会怕失去面子，会去做出最好的表达，这就是圈子和氛围的威力；三是以民主集中制管理方式营造公平、公正氛围，既要讲究尊严，又要风清气正。进而通过一系列会议课程影响教师、学生与家长。

2. 专业化的教学质量分析与监控

校长定期持续关注、检测和控制的问题是教学质量分析。学校教学质量分析会分年级开，每学期两次，一直以来，学校各年级质量分析会是校长逢会必到、必讲的重要会议。质量分析会的内容主要依据学生期中与期末考试成绩，对阶段教学工作进行分析总结。会议上教学效果较差的教师与大家一起直面教学问题进行反思检讨，学科成绩差的教师要写出书面反思与整改措施并当众发言。据说发言中不断有教师流泪的情况，教师认为这是学校最让他们难过的时候，"比较丢面子，很难堪"。以下是学校一次高三质量分析会的概要。

高三期中考试质量分析会内容概要①

参会人员：全体高三教师、年级主任、教务主任、教学副校长、书记、校长

会议主要议程与内容包括：

第一，年级主任就期中考试作总结发言。发言内容主要包含考试成绩各项数据的详细分析，包括各科成绩及格率的计算、平均分、方差各种系数；试卷中知识点的难度系数与失分情况，每个班的成绩分析等；学科成绩中暴露的问题；按照学校提出的教学反思的三个方面，即学科知识有无问题、时间精力投入度有无问题、教学理念与策略有无问题一一展开分析。

---

① 根据校长 2015 年 11 月 13 日学校质量分析会议讲话整理。

第二，典型代表的问题分析发言。成绩不理想的学科教师和教研组长分别就自己发现的问题做了反思发言。一般是每学科成绩的排名最后的教师发言，年级排名后三位的学科教研组长发言。例如，一位语文教师说："通过分析学生试卷，这次语文成绩出现大掉落的原因是，文言文和知识部分失分较多，这与学生平时的投入不够有关，下一步要制定计划和策略，督促加强学生每天的背诵计划，做好跟踪与监测。"

第三，副校长点评。针对刚才大家谈到的问题了回应，强调了质量分析会要化反思为热情！要以一种追求卓越的精神去实践"主体"课堂。并针对"主体"课堂的操作技术提出要求。

最后，校长讲话。校长针对年级主任和典型代表的发言内容分别进行表扬和回应，并从"群之首、教之思、症结在哪里"三个方面做了总结。第一，关于群之首。年级主任是群之首，应时刻聚焦三大课堂建设（主体课堂、自习课建设、特色课堂），聚焦学生自主学习能力的办法和理念；聚焦教师的付出与能力，聚焦偏差行为的纠正，并提出原则和建议；聚焦核心价值观——通过个人成就获得尊严，聚焦管理，管理中的公私分明，人贵正、家贵和，勇于直面问题，改变从自己开始，干部要率先垂范。第二，关于教之思。一是教师的真诚与投入，二是小切口与大问题。大问题是什么？解决大问题，关键在于落实"主体"课堂理念与策略，精雕细琢练本事！一是要布好局、有目标、不懒惰、真心干；二是要放开"学"，刚才语文老师的发言说是基础知识不牢，这还需要周密的教学计划吗？说明学生不用心、没有自主学，学生主体性还没有充分发挥，难道还要在基础知识上打夯吗？放开学做得不到位；三是要重精讲，锤炼好自己，多做题、百问不难，一定要触及应有的教学深度和学科思维的高度。第三，症结在哪里呢？这次没考好的学科教师，是职业态度还是水平问题呢，希望这些老师多反思，要真心实意地研究教学，主体课堂是我们的主要策略，抓主体课堂就是抓成绩、抓质量，好学校不仅有高考成绩，更重要的是要有教育理念与教育理想，好教师当然应该也是这个道理。

以上围绕考试展开的质量分析，是"主体"教学价值引领下的系统分析，"群之首"旨在要求各年级领导的教学管理指导思想应聚焦核心价值观主导下的学生自主能力、管理与文化，强调了三大课堂建设是质量提升的路径；"教之思”则重在明确主体课堂教学技能和要求，要“布好局、放开‘学’、精致讲”。最后明确了主体课堂是学校质量提升的主策略，“主体性”理念是好教师、好教育的本质追求。

3. 学校危机事件应对

对学校应对冲突或危机事件的策略和做法的关注，能够发现其过程中的价值冲突及其主要领导者在事件处理中的权衡与抉择，最能够体现学校文化的核心价值观。笔者听老师们说学校的学生伙食管理委员会成立的起因竟是一则负面信息：“2014年春季，学校网站的贴吧里出现了一则关于学校食堂经营的负面信息，学生留言说，学校饭菜质次价高，坑蒙学生。学校及时召开行政会议，决定在G学校学生自主管理委员会下设学生伙食管理委员会（简称伙管会），赋予伙管会参与学校食堂管理的检查督导权和质询权，并有权组织食堂经营者与学校相关管理人员召开事务性会议。”[1]

4. 学校重大事件与活动中的领导者示范

组织文化的创造来源于主要领导者，领导者的主要活动与行为备受关注，组织中的人员时时处处都可能通过领导者的角色行为推测领导者的意图、价值倾向与习惯，领导者向下属传递价值观并影响其行为，领导者有意识的行动示范对学校氛围营造意义重大。

 访谈 5-16

领导要做尊重学术的示范者

（时间：2015年9月14日。地点：G学校。对象：G学校Y副校长、D教务主任、C教师）

笔者：尊重教师及其专业权威方面，学校里都有哪些做法和规则？

Y副校长：“主体”课堂改革成果分享，我们坚对持课改是哪个部门或者哪个人起的主要作用避而不谈，校长理念引领，教师可以就课堂教学改革发表文章，我作为副校长，主要是执行、丰富和补充。学校内外的学术交流活动学校负责统一组织，义务提供相关服务，保障教师方便参与，课时费全部归教师所有，学校以及任何领导不得分摊或截留。学校领导不分

---

[1] 依据2016年11月12日校长的《学校管理与文化建设》报告录音整理。

享改革成果的经济利益,"主体课堂丛书"的稿酬和经济利益分配学校的做法是,只能由一线教师参与分配,参与的干部不涉足名利,这样做是为了避免浮躁和虚夸风。

D教务主任:无论职称评定,还是定岗定级,同等排名和同等条件下,干部让位给一线教师,这是惯例,没商量。

笔者:刚才校长和主任谈了课改成果分享中学校和领导者都不参与分配,以及评先晋级中一线教师优先的规矩,是这样的吗?学校还有其他类似的做法吗?

C教师:是这样的。还有就是评优质课、外出培训都是教师优先。

学校之所以这样做,是为了尊重教师的创造成果,也是尊重学术权威的学校理念的具体体现。领导者能够在事关教师切身利益分配中做到推功揽责,成为教师的楷模和示范,才更有利于教师自主性、主动性与创造性发挥,进而重建学术权威,促使行政与学术权力整合,营造"自主与尊严"的学校文化。

笔者实地考察中和教师闲聊,教师们说,校长才是教学与学校管理方面的学术权威,校长的每一次讲话都是自己亲自写,而且听了都很受教育,大家也都很想听,挺让人佩服的。这印证了校长的学校文化建设思路——会议是领导活动的主要方式,将"会议课程"作为学校文化塑造的一个中心。领导者的言行与思想无不成为学校的教育课程,经过一次又一次精心雕琢的会议课程和学校学术研究氛围熏陶,教师将不断地被耳濡目染,势必会促使其养成严谨治学的行为习惯,学校才可能真正成为一个培养"会读书的人"的地方。笔者参与观察了学校2016届学生的毕业典礼,并摘要整理了校长的主题讲话。

没有了自主,学习的小船说翻就翻①

"自主、自强、自省"构成了G学校精神。它建立在"唤醒自主意识、提高自主能力、培养自主精神"的教育理念之上。自主从意识开始,到成长为能力再到形成精神,应该是中小学阶段中青少年的成长史。但当下自主却成了教育的最大缺失!没有作业就不会学习,就不会上自习课,成了高中一年级新生的共同问题!

---

① 据笔者参与G学校2016年5月15日毕业典礼校长致辞摘要整理,题目为笔者所加。

师高级职务任职资格评审委员会副主任委员、国务院教育督导委员会第九届国家督学。第四,学校突破了人事激励与财务制度制约。学术成果推广中的可观的经济效益使学校摆脱了公办学校的财务制度约束,较好解决了教师待遇问题。近年来学校被提拔调出的中层干部多达数十人,创全市乃至全省学校干部提拔交流人数的最高纪录。一定程度上解决了公办学校人事管理与薪酬激励制度的局限,教师专业发展与学校影响力取得了突破性进展。

以上 G 学校领导变革中,校长的"教育家"职业理想、教师是"君子"的职业假设、学校是培养"会读书的人的地方"的理念坚守,促使学校重建教师学术权威,专业影响力得以彰显。学校通过学术与行政权力整合、中层干部角色与职能定位中凸显专业影响力、业绩与行动示范,"研究式"改革促进教师自主研究等措施,教研与管理团队空前发展,学业增量考评连年递增,学术成果及其影响力取得了可观的社会效益和经济效益,自然形成了优劳优酬的激励制度,极大地激发了教师投身教学改革研究的积极性,学校"自主与尊严"文化得以培植。

第三节　学校领导变革策略分析

一、领导变革的策略

学校领导变革的策略,主要是对领导者角色转变、下属关系改变、组织文化营造与学校效能提升四个方面实践策略的归纳,从一般意义上揭示领导变革的行动知识与规律。

（一）领导者角色转变中的理念引领与行动示范策略

理念引领与行动示范策略,意指领导者基于学校变革目标所进行的一系列理念引领与行动示范。结合学校领导变革实践过程,理念引领,主要体现在学校愿景、改革的目标、信念及主张的形成与改变;行动示范包括变革中领导者对自身角色、教师角色及其关系的认识、行为方式改变及其讲授示范活动。具体分析如下:

1. 理念引领策略

领导者对学校的理念引领主要体现为"对存在的假定"与价值观（信念）两个方面。

第一，校长关于学校、教师、教学的认识和假定。领导者关于学校组织的假设与认识直接影响着学校目标。通过案例描述发现，随着学校课堂教学改革"主体性"价值凸显，领导者对学校是什么或者应当是什么的假定与认识也悄然发生了变化。G 学校校长认为，学校是一群读书人共同享受学习的地方，要让"教书育人"成为教师"做自己想做的事情"的地方。X 学校校长则认为，学校应是一个彰显个性、散发自由思想、能够对社会施以价值引领的人性启蒙的地方。C 学校校长坚持，学校应是一个学习场，要重新定义课堂、教室的学习场意义，学校是一个激发人们产生好奇心进而促使人们学习成长的地方。试想，如果校长认为学校应以秩序与效率为主要价值追求，那么学校将越来越像一个现代化工业组织，重视目标与计划的落实与完成，却忽视过程中人的态度、价值与情感发展。校长的学校组织假设与认识不仅决定了变革目标与学校愿景的价值导向，而且也是变革路径与策略的价值前提。

第二，校长的办学理念及其变革路径选择。理念主要指基本的思想和核心价值观，诸如学校的目标、核心价值追求及信念，信念即相信通过什么能够实现目标的判断，关乎学校改革路径的选择。在变革实践中校长能够逐步理清学校的变革理念，并结合校情选准切入点、探索路径，这是学校变革得以持续的关键。G 学校校长认为，变革过程促使"学校有了自己的办学主张并真正落实了学校育人目标"，X 学校则从追求比较基本的学校目标，诸如，安全、稳定、政府与社会认可，提升到较高的目标与价值追求——"办一所依靠教育的价值和意义生存与发展、师生精神自主与人格独立的学校"。C 学校校长主张，课堂教学改革是学校变革发展的核心，是学校管理的出发点和落脚点。在此基础上，各学校都寻找到了学校变革的路径。X 学校将重建、改造与提升教师的价值观作为解决学校改革困难与问题的根本出路。校长认为改造价值观的核心是改变思维与行为方式，这是学校的唯一出路，并提出了要营造"真实、真诚、真理、平等"文化氛围的主张。由此，学校聚焦"如何激发每一个人的主体性，保障组织发展与个人价值追求一致"问题，进行了一系列的管理变革，如年级组长轮流当值、管理流程重构、岗位自选与薪酬自定等。旨在培养能够建构规则的人，促使人人在规则中自主行动、反思发展。C 学校校长则以创新与责任为学校的核心精神，力主建设"面子（校园）、里子（制度）、骨子（精神）"文化，"权力服务于责任"的权力观，"做责任教育、良心教育"办学理念等，在"让课堂问题解决成为中层管理和学校决策的依据"理念主导下，学校进行了管理系统改进，促使学校组织结构扁平化与沟通网状式，围绕师生学习和发展进行教学与管理问题的诊断、评价和解决，并依此生成规定、工作流程和制度。G学校为充分发挥师生的主体性，校长提出了"一个中心、三个维度、四支队伍"学校文化建设思路，即形成了以学校会议课程为中心、聚焦校长率先垂范、教师发展与民主集中制管理三个方面的创新，领导、教师、学生、家长四个团队建设的思路。主体性价值及其文化建设统领学校变革实践的系统性重建。

2. 行动示范策略

校长认为自己是谁，心中好校长的标准是什么，怎样达到一个好校长的标准，不仅体现了校长的职业理想，而且决定了校长的行为方式。

第一，领导者行为方式转变。领导变革实践中，校长只有在对自身与教师关系的正确认识和假定基础上读懂教师，才能够更好地尊重与服务教师，这需要领导自身行为方式的转变，通过领导者行为方式转变促使教师改变原来对那些属于外在力量和因素的依从，转向对主体性教学价值、信念与学校愿景的追随，进而促使教师从被动执行者转为主动研究者。X学校校长对自身角色重新认识和定位，认为校长应做"教师的教师"，其首要责任是成就和发展教师，要知行合一，是教师的标杆和示范者，唯有此，才能够具有影响力。X学校校长一年听课1000多节，深入课堂与教师一起研究教学，校长做到了对待教师就像教师对待学生那样，相信教师、尊重教师、成就与引领教师。C学校校长则认为，校长应打好创新与责任两张牌，自己做到了持续领导课改8年，"成为负责任的典范、教师的典范，成为教师的楷模，不断创新追求卓越"。始终认为教师是学校的主体，认为首要的是理解教师、支持教师，对待教师要"先私后公"，学校做到了保障教师有丰厚的收入和体面的生活，而后再要求教师把教学当成事业。G学校校长认为校长应具有教育情怀，并立足教师学习与专业发展，提升学术素养，让教育真正成为君子的职业，践行了自己成为教育家型校长的理想，真正做到了"校长首先应是一个读书人"，例如，学校活动中时时处处都精雕细琢，把会议当课程，会议讲话具有教育意义，并能够对教师、学生和家长发挥教育功能；与教师一起开展学科课堂教学改革试验，听评课、做课题研究等。三位校长都做到了自己成为学校教学变革的行动示范者、课堂教学改革的研究者、学校教学改革的引领者。又如，X学校校长关于"课堂教学就是我们价值观的改造、适应与提升"论述报告，C学校校长"课堂改革初期教师绕不过去的十大问题"的讲座，G学校校长在国家级正式刊物发表了近十篇关于课堂教学改革与学校制度创新的文章，以上这些事实表明，校长真正发挥了变革示范的作用，是课堂教学变革的行动引领者。

第二，对教师的认识及激励方式转变。学校中教师的个体行为总是被他们的需要、目标与信念激发。教师是谁，有什么样的角色和人性假设？校长对教师的角色认识及其"人性假设"决定了领导过程中的激励、评价方式与管理制度设计。无论是把教师假设为懒惰的、好逸恶劳的 X 理论的人性假设，或者是勤奋的、有责任感的 Y 理论的人性假设，还是受目标激励而挑战的、社会关系影响，或是期望得到满足才会努力工作的复杂人假设，都需要学校施以相应的组织策略以激发教师的动机，满足教师个体的需求，进而提升个体效能。如果领导者片面地认为教师主要依赖于外在动机而无视内在动机的激发，甚至认为教师职业倦怠的成因关键在于学校体制制约、薪酬激励制度局限致使其积极性难以调动、改革创新无从谈起，那么，对教师角色认知的偏见将导致变革领导力严重缺位。学校领导变革过程中，校长走出了对教师以及人性认知的局限，将目标转向如何激发教师内在动力，基于发挥教师的专业自主性和教师主体性发挥采取了有效的组织策略。G 学校校长认为，教师具有知识分子求真扬善的理想，期望自己的教育情怀、信念与信仰得到施展和赞赏，教育是君子的事业。C 学校校长认为，教师是责任的典范，教师的劳动应当受到尊重、应该体面地生活。X 学校校长则认为，教师要能够主动内省、反思与成长，每一个人能够达到生命自觉。教师是君子、是生命自觉的、是体面与负责任的，在这些人性假设和认知基础上，学校管理者应着眼于促使教师成为课程开发者、变革探究者，能够在实践中反思、主动成长的教学变革领导者。变革领导实践中三所学校都采取了有效的激励措施，例如，G 学校实行的"行政搭台、学术唱戏"让行政服务学术、领导服务教师学术发展成为学校工作主旋律，正如 L 教师所说："在我们需要的时候，学校都会从时间、经费与资料等方面第一时间为我们提供服务和保障。我们感到这（教学改革与研究）一直是学校工作的中心，校长无论大会小会各类场合都强调这是学校发展的重要抓手，是关键、是核心，学校千方百计给予政策支持，校长面临两个活动冲突时，教学研讨会优先参加，这是大家都知道的（事实）。"一制三权制度赋予教师学术流动与评议表决权等，这些举措无不表明变革领导相信教师、解放教师、支持教师与发展教师的信念与决心。这不仅促使教师重建职业尊严、专业理想和教育信仰，而且明显提升了变革领导的专业权威与道德影响力。

第三，领导与教师关系改变。校长对学校与教师、领导者与教师关系的认识是领导者与教师关系改变的前提，是实现领导者行为方式转变的基础。X 学校校长始终如一地坚信组织理应促进教师个体发展与个性化实现，领导者应是"教师的教师"。这一理念指导下,校长主持"坦心会",极力营造"真诚与平等"的组织氛围,日常工作中校长和教师一起分析问题成因,率先反思自己的问题,开展自我批评、与大家商定目标对策,及时为教师提供支持和帮助,一改过去先指责和批评教师的做法。促使领导者与教师关系摆脱了科层制模式下命令与执行的工作方式,改变了传统领导中惯于用行政权威和物质奖惩的方式影响教师的做法,从而使领导与教师之间形成一种新的"倾听与合作"关系。C学校校长则注重营造简单、和谐的人际关系和透明、公正的管理氛围,学校领导与教师做到坦然、正气,注重用高层的事业心影响中层的上进和教师的责任心,领导是教师的典范。G学校的一些不成文规则,学校领导不分享改革成果的经济利益,"主体课堂丛书"的稿酬分配学校只能由一线教师参与分配,参与的干部不涉足名利的做法。学校职称评定与定岗定级,同等排名和同等条件下,干部让位给一线教师的惯例。这些示范行为有效促进了领导者与教师之间平等、对话与合作关系建立。在这种关系中,领导者发挥了像教师对学生那样做一个理解者、支持者和促进者,领导者是教师发展的启蒙者和引领者。

（二）领导者与下属关系改变的权力调配策略

所有的正式组织都对成员进行控制,而组织控制的本质是权力。从社会学的视角,权力的定义通常是指一种影响力,致使他人做你想要他们做的事情。有学者研究了关于人际关系的权力基础,并提出了包括奖赏权力、强制权力、合法权力、参照权力（榜样的力量）和专家权力（专业能力）五种权力类型。[1] 其中,奖赏权力、强制权力与合法权力属于组织权力,参照权力和专家权力属于个人权力。强制权力容易造成抵制与疏离,不易产生信奉。奖赏权力与合法权力能够使下属简单服从,参照权力与专家权力最有可能使下属产生信奉和追随。权力与权威不同,权威是"从某种特定源头获得的某些具体命令（或所有命令）为某一特定群体成员所服从的可能性"[2]。学校中权威关系意味着下属接受命令之前就放弃自己的决策标准自愿服从,并可能以群体规范的形式而合法化。由此,学校领导者与下属关系及其影响力改变应以有效地形成权威为原则,权力调配策略不仅仅是领导者如何授权,更重要的是指为

① 霍伊,米斯克尔.教育管理学:理论·研究·实践[M].范国睿,译.北京:教育科学出版社,2007:202.
② 同①,197。

影响下属改变怎样运用权力的指导原则与方法。结合案例学校领导变革的实践,权力调配策略包括:校长向非正式权威系统拓展、向中层领导授权、向教师授权三个方面。

第一,校长向非正式权威系统拓展以提升专业与道德影响力。组织的正式权威一般来源于通过合法渠道获得的正式权力,包括校长个人发布命令、设定决策前提等个人控制与通过科层制的组织控制。领导变革实践中,校长都拓展了自身的权威系统,X 学校成立了具有相同价值观和共同语言的人研究课改的同盟会——"大课堂研究会",营造开放氛围,校长讲授教学改革与学校价值观改造报告,系统阐明自己的主张与观点,主持"坦心会",自己率先做到真诚坦言,先后公布学校财务收支情况、成立教师财务监管委员会,组织教师谈论薪酬制度改革等,捕捉教师真实的观念与思想,渗透学校文化的核心价值观。C 学校校长是学校"大展示"课堂教学模式及其"3D"教学系统的创建者,系统分析了课堂教学改革初期绕不过去的十大问题、原因与对策,讲授教师职业素养、教师十大关系专题、阐明学校的"面子、里子、骨子"文化建设策略等,并能够身体力行,成为教师心目中负责任的典范。G 学校校长被教师誉为教育改革的学术权威,扎根课堂教学改革研究小组与实验骨干团队,和教师一起共同研究,并力促"一语中的、针针见血、刺刀见红"的学术研讨氛围,秉承学术求真与管理求简理念,注重学校简单的人际关系营造等。在干部会议中强调干部要公私分明。自己率先垂范,学校领导不分享改革的红利等做法,都体现了学校政治系统对非正式团体中人际关系加以限制以营造健康的组织氛围的权力调配策略。

第二,向中层领导授权,运用组织权力发展个人权力。运用组织权力开发个人权力主要是指学校通过奖赏权力、强制权力与合法权力,提高领导者与组织成员的参照权力和专家权力。X 学校周工作反思制度中,中层领导自行计划本周做哪些方面的工作、做得怎么样、没做好什么、整改的原因是什么、下次目标与标准是什么,这培养了中层领导与项目负责人的专业能力与行动力,进而提升了中层领导者的专家权力与参照权力。C 学校看重干部的实际业绩,将有行动能力的教学骨干与班级管理专家置于中层领导岗位,决策重心下移、管理权力下放,授权中层领导相关的决策权、奖惩权、评价权等。同时,强化目标导向、制度规范与效能考核,促使中层领导在班级课堂教学和团队管理的问题诊断与解决中生成评价、形成规范和制度。年级主任担任满课时工作量、当班主任,教师认为中层干部的教学业绩与班级管理水平都令人佩服。这无疑提升了中层干部的专业能力,增强了榜样力量。G学校的干部晋升渠道是从优秀的教师和班主任晋升为年级主任,并兼任班主任、满课时教学工作量,然后提拔为中层领导。赋予中层干部人事聘任权、日常管理权,要求其率先垂范,高标准、创造性开展工作,维护健康的办公室文化,这些做法和措施无疑都增强了中层干部的个人影响力。同时,学校及时组建了课堂教学改革与课程开发研究机构,成立学术研究团队,组织编写了《学习指导手册》并在全校使用、全国推广,极大地增强了教师的专业影响力。以上这些做法有效促成了学校中层干部的参照权力与教研团队的专业影响力,在组织正式权力基础上建立了非正式权威,成功地运用组织权力发展教师的个人权力与专业权力,进而提高了中层领导的变革领导力。

第三,向教师授权,运用个人权力激发教师对学校特色理念的信奉与遵从。向教师授权,是领导者向他人分享权力、帮助他人使用权力以建设性的方式对教师本人及其工作产生影响的过程。这意味着教师和领导者每个人都有自主决定事务的权力。教师与领导者的权力关系中专业技能将成为他们重要的影响因素。X学校通过年级组长轮流当值,创设教师自主发现问题、确定目标、行动落实、结果反馈与总结反思"五环节"管理流程,构建了教师在规则中自由发展、反思内省中成长的自我管理模式,形成了基于教师主体地位与专业发展的决策、沟通、评价、反馈与激励等管理运行机制,让教师学会建构规则,在规则执行中实现自我管理。C学校"三展六评一奖惩"制度设计,督委会成员由优秀教师代表组成,他们围绕班级与教学常规工作人人参与教学督查评价并及时公开反馈,将自己的经验转化为工作流程,并不断改进优化为学校的规定与规范,评价考核制度实施过程中,教师被授予计划决策权、督导评价权、信息享有权,有效地促使了教师个人权威与专业权威形成。G学校领导变革实践中,主张管理求简,从时间和工作纪律方面为教师提供更大的专业自主余地,同时,将教学专业评价权授予研究团队教师和学生,通过校务委员会议事规则保障教师的评议权和学校重大事项的表决权。这样的权力配置关系有效地促使教师取得专业成就,促使大多数教师心中确立了好教师标准——"提升自己的业务水平,取得学术成果,得到学生的肯定,家长认同",形成了"能够成为校内学科专家是最有面子的事情"这一共识。三个改革学校都相继成立了课程教学研究专门机构,着力培养"学科专家、标杆人物",形成了标杆示范引领、教师自主研究、专业团队评价、同伴真诚协作、人人自我反省的改革氛围,极大地促使教师课程教学领导力提升。

（三）学校变革文化营造的一致性策略

文化营造的一致性策略是指学校在统一价值主导下领导者通过学校主要概念重设、信念与价值观改变、氛围营造三个方面的活动，进而取得组织群体成员认知与行为的有效改变。理清学校文化营造的内涵与学校文化植入的机制并维持主要概念假设、信念与价值观、组织行动与氛围的一致性，才能使学校理念真正转化为教师的日常行为，进而实现学校文化重塑。

X学校变革文化营造的一致性策略。第一，重设课改概念。课改就是改造文化，文化的核心是价值观，改变价值观关键在于改变思维方式与行动。课改就是学校文化的重建、改造与提升，学校重新阐释了学生观、教师观、教学观等内涵。第二，重塑"自主与反思"价值观。以教师主体性激发为目的，校长率先转变思维与行为方式，管理实践中勇于自我反思，做出了真诚反思、主动改变的行动示范。第三，践行"通过规则制定捍卫价值观、在规则制定中改变价值观"的改革信念，学校致力于营造安全、真实、诚恳的"坦心会"，促使教师重新认识学校组织与教师个体关系、建构薪酬制度改造教师的金钱观，进而形成了"目标与信念才是激发主体性的根本"共识，同时，领导者的真诚、值得信任的风格促使领导者与教师信任关系建立，教师对学校的归属感增强。第四，围绕自主信念与自主意识开展系列活动。为更好地实现学校价值观与信念改造，学校展开了一系列活动：组长轮流当值、管理流程再造、任务领受、薪酬"四选"制度，旨在让教师自己发现问题与目标，引领教师围绕价值观制定规则，不仅仅是做事的规则，而且是体现价值观的规则，逐步实现以目标与价值引领教师、提升教师的自主意识与自主能力。以上课改概念重设、领导自身转变、学校价值观改造、在创新规则中重建信念等举措所体现的"自主与反思"价值一致性，促使教师在规则制定中自我管理、在反思中主动发展，进而实现了学校"反思与规则"文化重塑。

C学校变革文化营造的一致性策略。第一，重设"学校发展与教师的关系""学校发展路径"等概念。课堂教学改革促使校长进一步理清了学校发展理念，诸如，必须依靠教师、通过激发教师的主体性来实现学校文化创新的办学理念；学校与教师发展关系中的优先考虑教师的利益、"先私后公"思想；课堂教学改革是学校改革的关键，学校管理与决策应以课堂教学改革与教师发展为中心。以上校长的认识，充分说明了学校相关概念与假定改变。第二，重树"学校"概念与"权力与责任"观念。学校理应是一个使人感到安全和充满好奇的"学习场"，应赋予"师生学习与发展的主体权力"。校长认识到了传统课堂教学、管理决策和计划的缺失,明确了权力服务于责任,学校管理与决策应以课堂教学改革的需求为依据,以促进学生学习与教师发展为根本的改革信念。第三,绩效责任导向、主体性价值主导的组织结构及职能改造。学校的组织结构与管理制度系统改造中,围绕课堂教学的问题诊断和解决生成评价标准、形成工作规范,细化工作流程,构建人人参与的评价网络,践行了课堂教学与教师发展的需求是学校管理与决策的依据的管理思想。第四,围绕基于课堂教学改革的教师专业发展进行制度设计。C学校充分发挥教师在专业决策、专业标准制定、专业评价等方面的能力,强化绩效责任与目标激励,实行了学校、学科组与教研组、年级组与教学组、班级与教师分层定等、层次评价、捆绑考核的薪酬激励制度,营造了有利于教师专业发展与学习成长的氛围。第五,"责任与卓越"价值主导关键事件处理。教师体罚学生的处理决定、一个特殊的"重点班"等事件,无不体现着学校办"责任教育、良心教育"、追求卓越的理念。以上"以服务师生发展为核心"的领导与管理价值转型及概念重设、发挥教师主体性的变革信念,以及通过组织结构调整、制度设计激发教师专业发展的管理系统改造措施,共同促使"卓越与责任"学校氛围与文化重塑。

　　G学校变革文化营造的一致性策略。学校"提高自主能力、培养自主精神、唤醒自主意识"的育人理念,将"自主"确立为文化的核心价值。围绕自主价值,学校在领导率先垂范、聚焦教师专业发展、民主集中制管理创新三个方面进行了组织氛围与文化重塑。第一,重设"主体"课堂的共同话语。深入持续实施了"主体"课堂教学改革,创建"教学质量"的共同话语和概念范畴。校长参加每次的质量分析会,对教学质量持续监控,提出教师要从教学理念与策略有无问题等方面进行反思,副校长针对"主体"课堂操作环节提出具体要求,校长对语文老师发言做出的针对性回应,重申了"主体"课堂布好局、放开"学",重精讲的策略与要求,最后强调抓"主体"课堂就是抓成绩、抓质量,好教师、好学校不仅要有高考成绩,更要有教育理念与教育理想。第二,改造"主体性"信念与价值观。G学校教学变革实行在统一中"对话"的策略,学校在统一教学理念、统一绩效评价标准、统一价值导向中展开三个教师团队的"对话",坚持教师自主参与、让改革自然发生的指导思想,用有效教研式推进课堂教学改革,始终采用教研引领与评价规范相结合的变革指导思想,施以"主体性"教学改革的价值观与信念引领,统一使用实验组研发的学习指导手册,保障课堂教学设计凸显"主体性"价值,同时加大"主体性"价值在学生评教中的权重,促使教师"主体性"信念与价值观转变。第三,主体性价值主导学校制度创新。

致力于"一制三权"校长负责制创新与"1＋1＋1"议事规则细化,学校重大事项采用民主表决与集中决策相结合的议事方式,以发挥师生在学校管理中的"主体性"。教师主动参与、自愿投身研究、自然形成的利益与资源分配中形成了优劳优酬的机制奖惩制度,维护了教师专业权威与学术成果。评先晋级中同等条件下一线教师优先的惯例等,这些不成文的制度成为学校教师默认的"潜规则",形成了教师专业自主与学术创造优先的组织氛围。第四,主体性价值主导的典型事件处理与重大典礼活动设计。G学校在负面信息回应事件处理中成立了学生自主伙食管理委员会,是基于学生主体性发挥、提升学生自主能力、自主精神与自主意识育人理念的具体写照。毕业典礼的"没有了自主,学习的小船说翻就翻"主题思想,无不在潜移默化地传递着"自主"理念。以上育人理念的"自主能力"目标,"主体"课堂概念重设及其教学质量提升必须深入开展"主体"课堂的信念,"自主式"的教学改革方式及其路径设计,"一制三权"学校制度创新中的主体价值彰显,高度一致地体现了组织氛围的"自主性",这些人物、事件与事实时时处处向师生传递着"自主"核心价值观,"自主"价值观与信念成为学校文化的核心。

三所学校变革文化营造中概念重设、学校价值观与信念改造、领导者行动示范与学校氛围营造的一致性策略,不同程度地重塑了有利于师生主动发展的"规则与反思"文化、"责任与卓越"文化、"自主与尊严"文化。

(四)学校效能提升的"强化输出"策略

学校效能提升的"强化输出"策略是指为突破环境的制约与促使学校环境关系转变,学校加强教育教学改革影响力与改革成果输出的行动方略。虽然三所学校办学体制不同,但共同的特征是强化改革成果输出且各有侧重。

1. 基于环境改造的强化输出策略

X学校与C学校是民办学校,比较注重通过家校互动和政府合作以改造办学环境。民办学校虽然有较灵活的人事聘任制度和薪酬分配制度,但在资金保障、人才资源、政府支持等方面较之公办学校明显不足。为此学校有针对性地采取了外部环境改造措施:课堂教学改革初期,学校扩大开放,向家长传递"主体性"价值课堂教学理念、展示小组与班级管理和学生学习成效,通过家校共建课程、成立家长督导委员会、家长轮流参与学校班级生活,做出"尊重、激发每一个孩子"的改革承诺,表明学校改革的决心,并试图通过家长赞许和信任应对政府干扰与同行的批评。同时,家校互动使教师置身于学校内外多角度监督之下,有利于激发教师改革的动力。改革发展期,X 学校与 C 学校强化了办学质量成果宣传与输出,通过多家媒体报道学校改革创新的典型事迹,学校招生中呈现供不应求的局面,引起了社会广泛的赞誉。X 学校收费增长、办学水平提升中规模扩展,与数十所同类学校签约,建立合作关系并提供培训服务等,不断向社会渗透"成长"课堂教学理念,优质民办学校的良性循环机制逐步形成。C 学校开创了与政府合作办学的公私合营模式,实现了学校优质资源倍增复制式发展,学校也因此不仅突破了体制瓶颈制约,而且摆脱了改革启动期来自制度环境的传统观念的束缚,促使学校实现了专业内涵式转型发展与"自主"文化重塑。

2. 基于制约突破的强化输出策略

G 学校在改革初期,为缓解学校外部环境的竞争压力与改革的不确定性影响,学校组建学术骨干团队,引进高校教授专家团队,争取政府科研立项与相关支持,为课堂教学改革成果推广与输出打下基础。改革过程中采取多种形式的学术交流、学术会议承办、课堂教学专题学术活动开展、合作校项目实施、组织校长培训交流等,加大学术研究成果输出。改革成型期,强化学校改革实践成果输出、交流与推广,三个系列 36 分册的"主体课堂丛书"正式出版发行并被广泛使用。一大批学校干部快速成长,被提拔为区域系统学校领导干部,激活了学校干部提拔成长机制。通过以上改革成果输出强化带来的经济与社会效益使学校摆脱了公办学校财务制度约束,较好解决了教师发展中的激励机制问题,学校治学理念与学校文化赢得了较高的社会赞誉和较强的影响力。学校的强化改革成果输出策略,不仅极大地缓解了改革中资源不足的状况,而且学校与环境在互动中达成了理解、认同乃至追随关系,任务环境得以改善。

二、领导变革的组织影响

学校领导变革的组织影响旨在分析基于课堂教学改革的领导变革分系统对教学系统重建及管理系统改进的作用。主要从两个维度展开,一是领导变革与教学系统重建的关系。二是领导变革与管理系统改进的关系。

(一) 领导变革与教学系统重建的关系

为使课堂教学改革深入持续,领导者主动实现了不同程度的角色转变,通过一系列组织措施,使"主体性"教学系统得以重建。

第一，领导者理念引领与行动示范中重树"主体性"教学价值。学校为推行新的教学模式、促进教师教学行为方式转变、实现"主体性"价值，校长率先行动，首先成为课堂教学改革及其模式实施的研究者和行动者，G 学校教学理念讲座引领，C 学校校长成为大展示教学模式及其教学系统的创建者，X 学校校长关于课堂教学价值观改造的阐释。校长深入课堂观察教学，和教师一起深入课堂教学行动研究，强化专业学习与培训，组织课堂教学观摩与交流活动，开展问题式教研，和教师一起制定新的教学评价标准与办法、参加教学改革实验与建模，成为教学理念引领者与教学研究的行动者，参与教学组织与管理创新等一系列教学系统变革活动，这些做法充分体现了教学系统重建中的校长教学改革中的理念引领与行动示范作用。

　　第二，权力关系改变促使师生"主体性"解放。G 学校"专业"领导转型、C 学校"学习导向"领导转变、X 学校"道德"领导转变，通过权力调整策略，领导者行为方式转变，进而提升了专业权力与参照权力在学校管理中的影响力，为教学系统重建提供了主体性价值实现的保障。G 学校"主体"课堂建中的自习课建设、学生评教权重改变与班级自主管理中的教室日志设置，将学生置于与教师平等对话的关系之中，通过话语权与建议评价权授予，促使师生"对话"关系建立，倒逼教师发挥课堂教学中的主体作用，使其成为与学生互动生成中的开发者与创造者，充分发挥其主体性。同时，权力关系改变促使教师专业自治能力提升，保障了教师的教学自主性、研究的主动性、发展的积极性，致使教师成为教学变革实践的主动研究者。

　　第三，致力于营造有利于课堂教学改革的组织氛围。领导者及其组织措施实施致使课堂内外资源与力量得以整合，开展班级自主管理转型，从单一的课堂教学行为评价转向教师教学素养综合评价，主题化的教研活动开展与教研组职能强化及备课组建制化等一系列措施，选拔和培养学科骨干教师，发挥教学骨干教师的学术影响力，通过展示教学改革成果对教师施以激励，进而培养课堂教学改革的"明白人"和"先行者"，营造了有利于教师教学行为转变的教研支撑与教学教研氛围，进而促使教师的教学行为与教学信念转变，促使"主体性"价值重建。

　　（二）领导变革与管理之间的关系

　　校长为中心的领导团队为解决教学系统重建中的组织管理不力问题，通过学校管理理念确立与变革路径选择，明确教师专业自治与团队发展的学校管理新目标，促使组织结构改变、管理流程改造与制度创新，进而营造有利于教师主体性发挥的管理氛围。领导变革与管理之间的关系及其相互作用体现在以下三个方面：

第一，以"主体"教育管理观主导学校组织管理方式转型。领导的"主体"教育管理观念体现在三所学校领导者通过权力再分配与下属关系改变，致力于组织结构改变、管理流程改造与制度创新，促使"主体性"理念落实在管理实践中。例如，校长提出，要让权力服务于责任，学校管理与评价要有利于教师学习成长。学校倡导的组织应服从于个体发展，人人都有制定规则的权力，人人都能够建构规则，用规则捍卫价值观，进而实现目标与信念引领下的自我管理。赋予教师团队决策议事权、学生质询评价权以实现两者与行政团队决策权的三权制衡，进而保障师生主体地位与权力实现。各学校遵循权力调配与利益分配相结合的原则，整合组织要素资源，通过参与式决策与评价激发教师管理的自主性、主动性与创造性，促进专业自治与科层制和谐、人与组织的协调发展，极大发挥了教师在学校管理中的主人翁作用。

第二，明确"课改是促进学校管理变革的有效路径"的改革理念。校长主张"课改就是改变价值观"，通过制定规则，在制定与完善规则中实现学校教学与管理中基本价值观、思维方式与行为转变。提出了"教学的问题与需求是学校管理与决策的依据，促进师生发展的学校服务的核心和出发点，也是管理改进的指导原则"。倡导的重建学术权威、行政权力为学术权力服务的管理理念，通过整合行政与学术权力进而实现了"一制三权"校长负责制创新。

第三，营造"协作与信任"氛围。管理系统改进中，学校在"实现教师人人自我管理"理念引领下，校长率先垂范、自我反思、转变领导方式，真诚坦言、行动引领，知行合一，营造"沟通"信任氛围。学校制度执行程序公开、过程公正、结果公平，管理中干部克己谦让、清正自律，对每一个学生负责，营造"承诺"信任氛围；G学校教研活动中"刺刀见红、学术求真"。鼓励教师健康竞争、主动合作。注重创设人人成为自我管理者、在自我反思中成长的评价制度与反馈机制，营造"能力"信任氛围。由于协作的本质是信任，通过"信任与协作"氛围营造，促进领导者与教师、教师与教师之间建立信任关系，这将有利于教师专业自治的管理系统改进。

以上领导变革与教学系统重建、管理系统改进的关系分析为把握学校变革实施不同时期的主要问题与矛盾解决提供了事实基础。如何透过不同情境中的现象把握变革的实质性规律，还需从更深层次和更加普遍意义上把握领导变革矛盾运动的规律，揭示领导变革的实施原理。

三、领导变革实施原理

领导变革原理旨在为学校领导变革活动,科学、有效与系统性实施提供思想指导。而领导变革实施原则是在对领导活动的领导者、被领导者与领导环境基本要素之间的基本矛盾运动规律把握基础上,结合领导变革实践经验的一种概括。一方面,学校领导活动要素之间矛盾运动规律主要有两方面,一是学校领导者与教师作为实践主体之间的矛盾,即领导者与被领导者之间的矛盾。二是学校领导者与教师共同作为实践主体与学校客观环境之间的矛盾。另一方面,从学校领导变革实施的角度,由于领导变革策略是实践主体发挥其主观能动性、实现变革目的与改造组织环境的主要工具和手段,并在不同时间与空间环境对基本要素发挥不同影响。因此,把握领导变革策略的系统性,认识领导变革中学校组织的有机整体性与分系统的相对独立性之间矛盾运动规律,就显得十分必要。由此,学校组织变革的有机整体性与分系统变革的相对独立性之间的矛盾运动规律理应是成为领导变革实施中的第三个基本方面。相应地,如何把握领导者与教师的主体性、变革实践的效用性、学校组织变革系统的和谐性,是对以上三种基本矛盾运动规律的概括。

(一)领导者与教师共同参与的主体性激发

第一,领导变革的根本指导原则是领导者与教师全员参与的主体性激发。领导者与被领导者相结合的主体性规律是领导活动的基本规律,它决定并制约着领导活动的其他方面。学校领导者与教师之间相互依存并相互作用的关系表明,领导者的变革理念与意图只有代表教师共同的意愿和共同利益,才能够被教师接受和认同,并且领导者只有使领导活动取得成效,才称得上是一个真正的领导者;教师只有将学校与教学变革理念转化在日常的教学管理活动与教学行为中,领导活动才能够成功。因此,领导变革实施中,首先应重视领导者与教师相结合的主体性激发。

第二,坚持主体性激发的原则就是"从群众中来,到群众中去,坚持走群众路线"。教师是学校变革实践的主体,是基础性力量,学校领导变革目标的确定、领导变革职能与作用发挥、领导变革策略与领导效能实现,教师起着重要的基础性作用,离开了教师主体性发挥,任何领导变革都无从谈起。

第三,能够运用主体性激发的具体策略。需把握学校领导变革过程中民主式决策、参与式管理与行动研究的策略及其机制,注重过程中"信任"关系与"民主"氛围营造,最终促使教师主动协作与共同发展。

（二）主观能动性与环境制约性兼顾的效用调控

第一，主观能动性与学校环境制约性兼顾。科学把握主观能动性与学校环境制约性兼顾的内涵，需克服两种错误的倾向：一种是环境决定论，即过分强调学校环境条件的制约性，而没有看到教师特别是校长作为领导者的主观能动性，克服诸如学校"改革时机不到、不具备改革条件"的宿命论，从而避免出现学校对时代环境与有利时机熟视无睹、畏缩不前、消极应对或错失良机；另一种是过分强调主观能动性的主体决定论，校长不顾环境的客观性与忽视变革的规律与知识而导致的改革中急于求成、盲目冒进，致使改革面临重重压力与困境，导致改革难以为继。

第二，坚持理论与实践相结合的指导思想。需遵循理念引领—调查研究—审慎决策—系统组织—调整反馈的变革思路。领导者需了解学校的历史、现状、未来发展与外部环境的制约，抓住主要矛盾及其矛盾的主要方面，把握其规律及产生与发展的条件，从学校的具体实际出发，有针对性地采取相应的领导方式与手段，运筹决策与组织指导。不同案例学校都能够基于学校校情、环境条件与校长的变革理念寻找各不相同的切入点和路径，营造了与之匹配的"规则与反思""责任与卓越""自主与尊严"学校文化。例如，X学校以"五环节"管理流程改造为主要策略施以管理系统改进，C学校则以组织结构及其职能转变为切入点改变评价体系与激励制度实现了管理系统改造，G学校以校长负责制创新为主要策略实现了管理系统改变。这些有系统性、有针对性的策略是领导变革理念与学校客观存在有机结合的产物。

第三，重视和提升领导权威。在提升领导者权威中影响改变教师，领导者须拓展自身的专业权力与参照权力，提升变革领导力，做到知行合一、行动示范与理念引领相结合，适时施以权力再调配策略，改变下属关系、组织结构与管理改进中的权力关系及其影响力，把握文化营造的一致性策略的内涵与要领，致力于教师个人权威与专业影响力培植，促使全员教师自主、专业发展。

（三）学校组织变革的整体性与分系统变革的相对独立性和谐的维持

第一，理解学校变革的系统整体性与分系统变革的局部性之间的矛盾运动规律。这一矛盾运动规律需把握三个方面的矛盾关系：从空间维度，把握各个分系统、组织系统整体与学校环境之间是整体与局部关系；从时间维度，将领导变革的过去、现在与将来的全过程看作整体，将某一时期是变革过程作为局部；从组织与个体关系看，是组织与教师发展的关系。从把握这三方面入手进而把握组织变革的有机整体性与分系统变革的相对独立性兼顾的和谐性特征。

第二,把握组织变革的有机整体性与分系统变革相对独立性之间的矛盾运动。组织的有机整体性与分系统的相对独立性是一对相反方向的矛盾运动,一方面,局部变革要与组织整体变革保持一致性的目的与方向,进而保证系统的有机整体性,才能促使系统的整体功能优化;另一方面,要充分发挥分系统的独立性,其独立自主性越强,组织整体才能够充满生机与活力。由此,只有兼顾组织变革的有机整体性与分系统变革的相对独立性,阶段目标与长期目标的密切关联,教师自主性发挥与组织系统整体性发展相结合,促使组织整体与系统要素交互促进,才能保障领导变革的有效性。

第三,通过个体、组织与环境各方有机结合促使学校系统和谐发展。从教师个体与组织关系方面,教师教学行为转变是在教学模式重构与实施中实现的,教学模式重构与教学系统重建是同一目标与价值引导下的变革,教师行为方式转变与教学系统重建是有机结合的;创设教师专业自治与科层制的相融共生的机制,促使学校管理系统改进与教师专业自主性激发是相互促进的;只有施以文化的一致性策略,才能促使办学核心理念转化为教师的教育信念系统。从过程与环境维度看,学校围绕不同时期的具体目标,分别化解了组织价值目标改变与教师个人需求之间、教学行为方式转变与教学系统建构之间、教师专业自主性发挥与组织管理之间的问题与矛盾。从领导变革与学校环境关系看,领导变革是在把握分系统变革、组织整体变革与环境之间关系基础上,施以目标引领下的主要素良性互动与平衡策略,促使变革过程中教学系统重建、管理系统改进与领导变革等的策略协调一致,从而保障领导变革与组织变革成效的。

第六章
课堂教学改革引发学校组织变革系统分析

> 理论建设的根本任务不是整体抽象的规律,而是使深描成为可能;不是越过个体进行概括,而是在个案中进行概括。[①]
>
> ——克利福德·格尔茨

在组织变革基本理论阐述、实践描述、变革策略及其运行规律揭示的基础上,本章从组织系统的视角对基于课堂教学改革的学校组织变革演进过程进行整体性分析,归纳课堂教学改革引发学校组织系统变革演进的逻辑、变革分系统之间的关系,建构基于课堂教学改革的学校组织变革模型,以回答本研究提出的问题——基于课堂教学改革的学校组织变革是怎样的、课堂教学改革与学校组织变革的关系是什么、学校组织变革实践的一般理论(或者模型)是什么,进而得出本研究的结论。

第一节　课堂教学改革引发学校组织变革的演进

课堂教学改革引发学校组织系统变革的演进分析旨在回答"课堂教学改革引发的学校组织变革是怎样的"问题。这是在对各个案例学校组织系统变革不同阶段目标与策略进行系统分析的基础上,进一步归纳基于课堂教学改革的学校组织变革演进规律,建构学校组织系统变革行动的理论。

---

① 王富伟.个案研究的意义和限度[J].社会学研究,2012(5):167.

一、学校课堂教学改革引发学校组织变革的过程

（一）X学校课堂教学改革引发学校组织变革的过程

X学校课堂教学改革引发的学校组织变革从四个系统展开，如下表6－1 X学校课堂教学改革引发学校组织变革的过程所示，具体内容如下：

表6－1　X学校课堂教学改革引发学校组织变革的过程

系统	过程			
	理性探究	决策行动	策略应对	制度化
课堂教学改革启动及学校环境关系改变	课堂改革是学校的生命线，是学校质量的生命线	教学模式借鉴、解码与重构；在行动中认知	明确学校变革理念、培养改革领导者、制定全面改革方案、干部教师全员参与改革；与专门培训机构和改革成功学校合作	"成长"课堂教学模式；行动中认知的改革行动方式；学校与外部环境开放互动关系
教学系统重建	"自主与反馈"的教学方式转变	重建教学价值观；在自主的方式中实现主体性价值	加强班级建设；让教师成为教学改革的实施者、评价者与管理者；强化备课组职能；加强备课组建设	"成长"课堂教学方式；班级自主管理制度；教学评价制度；教研活动规范；备课组制度
管理系统改进	人人成为变革领导、自我管理者	让人人成为规则的建构者、执行者、实践型反思者	年级组与五大中心专业研究机构组成的扁平化、矩阵式结构改进；"五环节"管理流程改造；"规则与反思"制度创新	课堂、班级、年级与学校层面的五环节管理流程；各项工作中的规则、标准与底线；人人反思、反馈的管理方式
领导变革	办一所能够培养师生自主精神、独立人格的学校、有信仰的学校	重建学校价值观；规则捍卫价值观；在规则与反思中自由成长	"道德"领导转型：理念引领与行动示范策略；管理关系改变（领导是教师的教师自主与规则中促使教师发展、让反思成为一件美好的事情）；营造"规则与反思"文化的一致性策略；强化变革经验与理念输出	规则和底线碰不得；理念与目标引领下的反思与自律；自觉反思成为教师的行为方式；人人制定规则、遵守规则，营造在规则中反思、在反思中成长的氛围

课堂教学改革启动及学校环境关系改变。学校课堂教学改革启动的过程是,在校长的"课堂改革是学校的生命线,是学校质量的生命线""课堂教学改革是走向理想学校的捷径"的理念引领下,学校借鉴了成功改革学校的教学模式,并对其进行解码与重构,确定了"在行动中认知"的改革方式,明确了课堂教学改革的目标,致力于培养教学改革行动者,制定了教师全员参与的教学改革方案。外部环境管理中,学校引进了先进学校的专家入校开展课堂教学改革理论与操作的培训,带领教师观摩成功学校课堂教学、学习借鉴改革经验,加入改革联盟学校。学校向家长和社会开放,组织家校互动活动以扩大改革的积极影响,促使学校与外部环境建立合作关系,环境与学校各种力量得以整合,为改革提供了制度支持与技术支撑。学校课堂教学改革有序启动,"成长"课堂教学模式初步建构,学校与专业研究机构、家长等社会环境关系趋向开放互动,学校环境关系改变。

教学系统重建。为促使教师教学行为方式转变,学校全面推行了"成长"课堂教学模式,优化了课堂教学评价,采取问题式教学研究方法,强化教学管理中的自主反馈,促使"自主、合作、探究"教学行为转变。基于"成长"教学模式实施中教师理念难以转变的问题,学校加强班级建设,强化备课组职能与备课组建设,让教师成为教学改革的实施者、评价者与管理者。致使"主体性"教学行为与理念转变,班级自主管理转型,教学评价制度优化,教研活动专业化与备课组建制化。

管理系统改进。为使教师人人成为变革领导、成为自我管理者,学校聚焦于人人成为规则的建构者与执行者关键问题,以"五环节"管理流程改造为依托进行了管理系统改进。学校取消了中层管理机构,改进了年级组、备课组结构及其管理流程,以使教师在制定标准底线与规则中学会主动发现问题、确定目标、自主行动、自行反馈、自觉反思,人人成为自我管理者。通过班级、年级与学校层面的"五环节"管理流程实施,教师在工作任务领受中制定规则、执行规则、改进规则。在此基础上,学校进一步创新了薪岗四选制度,教师自主制定工作目标、选择岗位、施行考核评价、自选薪酬等级,进而成为自主决策者与自我管理者。

领导变革。为实现"办一所能够培养师生自主精神、独立人格的学校,有信仰的学校"的办学目标,"让规则捍卫价值观、在规则与反思中自由成长"的变革原则指导下,通过"坦心会"、反思会、组长轮流当值、薪酬四选制度改革等一系列措施,重建了学校的基本价值观。校长"道德"领导转型,角色行为转变,"领导是教师的教师"领导者与下属关系转变,通过"自主与规则中促使教师发展""让反思成为一件美好的事情"等组织管理措施实施,改善了学校管理关系,真诚、协作与信任的学校人际关系日渐形成,"规则与反思"学校文化氛围得以营造。学校强化变革经验与理念输出,与数十所学校签约改革培训引领项目,不断扩大家校交流,引领家长参与校本课程开发,"五环节"管理理念不断深化,"规范、规则和底线"成为教师行为的主要约束力量,"自主反思"成为学校教师的一种成长方式。学校规模扩张、质量提升,赢得了广泛的社会赞誉,"生命自觉"的学校文化特质日益彰显。

（二）C学校课堂教学改革引发学校组织变革的过程

C学校课堂教学改革引发学校组织变革分四个系统展开,如下表6-2 C学校课堂教学改革引发学校组织变革的过程所示,具体内容如下:

表6-2　C学校课堂教学改革引发学校组织变革的过程

系统	过程			
	理性探究	决策行动	策略应对	制度化
课堂教学改革启动及学校环境关系改变	课堂教学改革是民办学校重围中求突破的必然选择;教育理念转变的主阵地在课堂	教学模式借鉴、解码与重构;研训学用一体化推进	改革经验复制与教学模式迁移、训研做评活动设计、改革五项计划制定与实施常态化;与成功改革学校联手、人才支持、经验移植	"大展示"教学模式、反思型实践的改革方式;学校与环境开放互动关系改变
教学系统重建	重建"尊重与安全"的"学习场"	全力、全员、全面、转型性变革方式	重建班级文化;开展学科组专题教研活动;完善备课组的工作流程与制度;优化教学评价	"大展示"教学方式及其评价标准;教研活动流程;备课组建制化;班级自主管理制度
管理系统改进	制度与评价为教师成长服务;课堂教学改革是学校管理的中心	扁平化、网络式、交互评的管理系统改进	"三横六纵一个圆"结构改造;自上而下、交互式反馈与层级自主相结合流程改造;工作流程化与技术标准化	可视化的工作流程;评价办法;晋级制度;用数据说话的评价方式
领导变革	学校是"学习场";教师是学校的主体;教师应是负责任的典范;校长重在价值引领	权力为责任服务;权力下放、责任上移;"面子、里子、骨子"学校文化建设	"学习导向"领导转型;理念引领与行动示范;绩效责任影响力转变;"卓越、责任"文化营造的一致性策略;强强联手、外部合作加强、办学体制突破	责任典范与卓越追求;说到做到;爱的教育、铁的纪律管理方式;教师合作信任关系;阳光、公正的学校氛围

　　课堂教学改革启动及学校环境关系改变。面临民办学校"三把刀、一根绳子"的重围与压力,校长认为课堂教学改革是民办学校重围中求突破的必然选择,"教育理念转变主阵地在课堂教学改革"理念主导下,学校借助 TH 集团的成功经验,进行"大展示"教学模式复制、迁移与创新。变革启动采用"研训学用"一体化推进方式,促使"大展示"教学模式成型,通过研、训、学、做、评系列活动设计和教学改革五项计划制定,逐步促使模式实施常态化,过程中强化了学校与外部环境开放与互动关系,形成了教师全员参与下的大展示、大督查、大反馈的课堂教学改革启动方式。

　　教学系统重建。在校长重建"尊重与安全"的"学习场"理念主导下,学校采用全力、全员、全面转型性变革方式推行"大展示"教学模式推广。为解决模式推行中教学改革的有效性问题,学校采取的一系列教学管理措施,包括班级文化重建、学科组专题教研活动系列化、备课组的工作流程化与制度化、教学评价系统优化,进而实现了教研活动流程可视化、备课组建制化、班级自主管理转型,改善了教室的学习生态,主体性教学价值得以彰显。

　　管理系统改进。"课堂教学改革成为管理的中心,制度与评价为教师成长服务"主体教育管理观指导下,学校实现了组织结构扁平化、沟通网络化、评价交互立体式的管理系统改进。通过"三横六纵一个圆"学校结构转变,决策上下互动与反馈平行交互相结合的管理流程改造,以及工作流程化与技术标准化基础上的学校评价制度与教师晋级制度创新,形成了注重绩效责任、数据说话、公开公正的学校管理氛围。

　　领导变革。为实现"责任教育"与理念,践行"学习场"的学校教育信条,学校在"权力为责任服务"的领导变革思想指导下,实行权力下放、责任上移。校长"面子、里子、骨子"文化建设思路明确,校长"学习导向"领导转型,主打"责任与创新"两张牌。干部团队管理中以绩效责任为主要影响力,改变了领导与下属之间的权力关系,"责任、阳光、公正"的管理氛围逐步形成。随着"说到做到、爱的教育、铁的纪律"的管理理念逐步深化,促使教师与学校、教师之间的合作与信任关系日益建立,"在责任担当中力求卓越"的组织氛围与文化得以重塑。学校与政府合作日益密切,强强联手优势互补,进而突破了民办学校办学体制的制约,致使教师个体、学校组织与环境和谐发展。

　　(三) G 学校课堂教学改革引发学校组织变革的过程

　　G 学校课堂教学改革引发学校组织变革分四个系统展开,如下表 6 - 3 G 学校课堂教学改革引发学校组织变革的过程所示,具体内容如下:

表6-3　G学校课堂教学改革引发学校组织变革的过程

系统	过程			
	理性探究	决策行动	策略应对	制度化
课堂教学改革启动及学校环境关系改变	课堂教学改革是素质教育与应试教育的结合点	实验中建构教学模式	确立学校转型发展的信念、选择分步实验的改革启动方式、制定实验方案；实验团队组建与教学建模；与高校合作加强学术引进	"主体"课堂教学模式教学改革及实验方式；学校与外部环境开放互动关系
教学系统重建	"主体性"价值实现	"教研式"改革	班级管理中还权于学生；开展系列化教研活动；增加课堂教学评价的权重；强化研究团队职能	"主体"课堂教学方式；班级自主管理制度；教学评价制度；教研活动规范；实验团队建制化
管理系统改进	整合行政权力与学术权威	重建学术权威、专业自治机构、议事规则	三权（学生自主委员会、教师校务委员会、学校行政会）决策议事机构建设；1+1+1议事程序；"一制三权"校长负责制创新	"一制三权"内部管理制度；1+1+1议事规则；实现科层制与专业自治和谐关系
领导变革	学校是培养"会读书的人"的地方；教师是君子的职业；校长理应是教育专家	重建教师学术权威；"一个中心、三个维度、四个团队"文化建设思路	"专业"领导转型：理念引领与行动示范策略；学术与行政权力整合主动权力调整策略；自主与尊严文化营造的一致性策略；强化学术成果输出策略	学校学术权威重建、行政为学术服务；"价值统一"中的"对话"关系；学生认可、取得成就才有尊严价值认同；教师"自主"行为方式转变

课堂教学改革启动及学校环境关系改变。"课堂教学改革是素质教育与应试教育的结合点"的理念引领下,学校确立了以培养学生自主学习能力为核心的改革理念与改革目标,采用实验中求解的方式启动了改革,为建构"主体"课堂教学模式,按照实验室试验、试点、推广的分步行动策略,制定了实验方案,初步组建实验团队,启动了"主体"课堂教学建模实验。启动过程中,学校积极争取政府支持,获得科研立项和经费支持,与985教育学院合作,聘请知名学者、教授入校讲学,推送教师进入高校开展课程教学专题培训,加强学校

与政府、高校的互动合作关系。课堂教学改革顺利启动,教学研究与实验成为改革的主要路径与方式,"主体"课堂教学模式初步成型。

教学系统重建。学校确立了"主体性"价值的教学系统重建理念,采用统一理念中"对话"的"教研式"改革方式,开展了课堂教学改革理论学习、课堂教学观摩、评价、教研活动,"主体"课堂教学模式得以实施。针对教学模式实施中教师学科素养有待提升的问题,学校实施了包括班级管理还权于学生、系列化教研活动开展、课堂教学评价的权重增加、研究团队职能强化等组织策略,促使师生教与学的行为方式转变,班级自主管理转型,教学评价体系逐步形成,教研活动效能提升,教学改革实验团队初步建制化。

管理系统改进。主体教育管理观影响下,学校确立了重建学术权威与教师专业自治的目标。通过"一制三权"校长负责制创新,整合了行政权力与学术权威。组建学生自主管理委员会、教师校务委员会、学校行政会三个决策议事机构,重大事项的决策管理遵循"1+1+1"议事规则,"一制三权"内部管理制度与"1+1+1"议事规则成为学校决策与管理的主要方式与方法,学校增设了教学改革与教材开发研究室,调整了原教务处与政教处的职责权限,将专业评价权与质询评议权调整到教学改革与教材开发研究室、学生自主管理委员会,致使科层制与专业自治平衡和谐。

领导变革。在"学校是培养会读书的人的地方"的办学思想和使命影响下,"一个中心、三个维度、四个团队"学校文化建设思路日渐成熟。校长"专业"领导转型,学术与行政权力整合,行政为学术服务,管理求简、学术求真的"对话"氛围日渐凸显,"学生信服、家长认可、取得成就才有尊严"成为大多数教师一致认同的职业理想和信念,"在自主研究中实现专业发展进而赢得尊严"成为教师的行为方式、共同信念和职业追求。学术权威得以重建,教师专业自主性得以激发,一大批教师成为研究者和学科专家。"自主与尊严"学校文化得以重塑,学校学术成果输出强化等策略实施,创造了教师自主研究与学术发展的组织环境与条件,致使教师学术影响力与学校效能在同类学校中居于领军地位。

二、课堂教学改革引发学校组织变革演进分析

回顾案例学校课堂教学改革启动及学校环境关系改变、教学系统重建、管理系统改进与领导变革的研究历程,虽然三所学校改革的具体目标及所针对的问题、采取的对策与方法各具特色,但变革的演进过程与规律是相同的。为

便于分析,将课堂教学改革引发学校组织系统变革演进过程划分为四个阶段,即课堂教学改革启动(及学校环境关系改变)、基于课堂教学改革的学校组织行为转变、基于课堂教学改革的管理系统改进及基于课堂教学改革的领导变革。如表6-4课堂教学改革引发学校组织变革的演进所示:

表6-4　课堂教学改革引发学校组织变革的演进

系统	演进过程			
	探究理性 ⟹	决策行动 ⟹	应对策略 ⟹	制度化
课堂教学改革启动	育人价值提升应以课堂教学改革为落脚点	课堂教学改革启动及其环境关系改变	校长行动策略制度环境管理任务环境管理	教学模式学校环境关系改变
基于课堂教学改革的学校组织行为转变	主体性教学价值实现	教学行为方式转变及学校教学系统重建	实施教学模式班级自主管理教学评价系统化备课组建制化	教学模式常态化班级文化转变教学评价制度教研制度
基于课堂教学改革的管理系统改进	科层制与专业自治和谐	管理行为方式转变与学校管理系统改进	组织结构转变管理流程改造学校制度创新	结构扁平化绩效考评制度自主管理流程薪岗四选制度议事规则民主决策制度
基于课堂教学改革的领导变革	学习共同体学校特质(成长责任自主)	领导行为方式转变及领导变革	理念引领与行动示范权力调配组织文化营造强化输出	领导力改变下属关系改变文化重塑学校环境关系改善

（一）课堂教学改革启动

在"课堂教学改革应当成为学校育人价值提升的落脚点和出发点"理念主导下,以校长为核心的学校领导者作出了课堂教学改革启动的决策与行动。随着课堂教学改革启动,学校结合各自条件与外部环境纷纷出台对策:"退耦"与"代码规则"的制度环境管理策略,学校组织内部规划策略、预测与探测策略与学校外部"组织间联盟"等任务环境管理策略;校长行动策略,包括树立紧迫感、教学改革领导团队组建、具体的行动计划与实施、教学信念与价值观重树等。通过以上策略实施,课堂教学结构、流程、教学工具、教学评价等得以形式

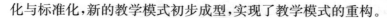

化与标准化,新的教学模式初步成型,实现了教学模式的重构。

（二）基于课堂教学改革的学校组织行为转变

为使新教学理念转化为教师的日常教学行为,学校通过理论学习与教学教研培训,促使教师理解教学本质与要素关系,领会现代教学的"主体性"核心思想。结合模式实施中的问题与困难,学校进行了教学系统重建。学校先后采取了相应的策略,领导深入课堂实践进程,以学科教研组为单位,实施推广新教学模式;加强班级组织建设与文化建设,促进班级自主管理转型,营造学生"主体性"班级氛围与文化;从课堂教学行为评价拓展到教师教学评价系统化和整体优化;加强备课组建设,教研活动规范化与制度化。策略实施促使教学行为方式转变常态化,班级自主管理转型,教学评价制度优化,教研组建制化,教研活动规范化,班级与教学管理的组织与制度得以重建。

（三）基于课堂教学改革的管理系统改进

"主体性"价值教学系统重建致使学校管理实践遭遇困境,迫使学校对科层制管理传统进行反思。为促进课堂教学改革深入持续,在主体教育管理观主导下,学校逐步实现了科层控制与教师专业自治平衡的学校管理系统改进。随着组织管理实践转型与理念转变的决策与行动,领导者理念转变——学校管理应当向着教师个体的自主与自由发展;学校管理应当以师生学习与发展为中心,教学改革需求是学校管理与决策的依据;重建学术权威,行政权力应服务于学术权力。组织策略实施中,学校以"扁平与网状化"结构为切入点进行管理系统转变,改变了金字塔式的权力分配结构,强化了管理中的沟通与反馈,促使协调与沟通相融通、参与式管理转型。学校以问题为起点,改造了发现问题、确定目标、行动落实、结果反馈、总结反思五环节管理流程,改变了传统管理计划、执行、检测与反馈的循环回路,实现了以人的自主管理能力为目标的流程再造;通过学生自主管理权、教师代表多方协商与民主表决权赋予,促使学校行政管理团队、教师团队与学生团队之间的科层威权与师生自治的平衡与和谐。以上管理变革策略的持续深入实施,致使学校组织管理系统整体性转变。

（四）基于课堂教学改革的领导变革

领导的"组织变革实践"本质表明,领导活动及其职能不仅仅是领导者个体转变,而且还应当通过人的自主发展、自我激励与自我领导进而实现组织转型发展。学校领导应当通过营造公正、责任、民主与开放的组织氛围与文化,争取学校外部环境的支持,有效促进学生自主学习能力与教师主动发展,最终实现人与组织和谐发展。转型时代与素质教育背景下,"变革学校"成为校长的核心使命,追求"公共性、民主主义与卓越性"的学习共同体特质,进而实现学习共同体的学校再造已经成为学校发展与改革的主流。教育领导理论为学校领导变革提供了实践参照。为促使学校领导变革目标实现,以校长为核心的学校领导者通过"专业"领导、"学习导向"领导、"道德"领导转型,角色认识与角色行为发生了转变,施行了领导变革的系统策略,旨在通过领导者角色转变的行为示范与理念引领策略,领导者运用权力调配策略,文化营造中注重概念重设、信念与价值观改变、行动改变的一致性策略,效能提升中的强化输出等策略实施,促使学校教育的主要概念重构,学校管理观、教学观、学校领导观等价值观与信念重建,教师教学行为方式、学校管理方式与学校领导方式转变,进而促使"自主""责任""反思"学校文化得以重塑,学校效能提升,学校环境关系进一步改善。学校的主体性得以彰显,逐步成为课堂教学改革及学校变革的引领者、环境的改造者。

以上组织变革演进分析是从过程发展的视域,归纳了学校不同变革阶段变革理念、决策与行动、策略实施与制度化的演进过程,描绘了学校组织变革施行的路线图。更进一步地探寻变革演进过程的规律,还需归纳演进的逻辑,从更深入、立体的层面揭示其运行的内在机理。

三、课堂教学改革引发学校组织变革演进的逻辑及启示

(一)课堂教学改革引发学校组织变革演进的逻辑

探究学校变革演进的逻辑,旨在归纳组织变革演进的内在运行机理,概括组织变革行动的知识。纵观课堂教学改革引发学校组织变革的过程,虽然不同变革时期针对的阶段目标各有侧重,但其运行的不同阶段遵循了理性探究→决策行动→策略应对→制度化的运行规律,即以"理性"探究为起点,通过权力驱动下的决策与行动,基于变革问题解决施以相应的组织策略,通过策略实施及其持续不断地改进提升,逐步将策略与经验形式化、制度化,最终促使组织行为模式化。显而易见,理性→行动→策略→制度化这一循环往复的运行规律是课堂教学改革引发学校组织变革的逻辑。

关于理性。"理性"作为组织变革逻辑的起点,意味着变革主体的实践应

当思考三个问题[①]：第一，我(们)能知道什么，即事物是怎样的以及为什么是这样的。第二，我(们)应当做什么，即为了满足自身的需要、实现自身的目的应该做什么与怎么做。第三，我(们)可以期望什么，对期望创造应当存在的东西的探求。这是从理论理性上升到实践理性、打通科学与人文的阻隔、实现从知识主体到实践主体的转化，进而确立人的主体性的过程。这种主体性表现在对客观世界与规律的认识，更表现为人对自身的规范。更进一步，是解构"唯我论"，消解主体的绝对性，把主体性哲学推进到"主体间性"，开辟到主体间的平等交往与对话。正如康德的实践理性所主张的："每个人都不应该把自己和别人仅仅看作工具，而应该永远同时看作是目的自身"，进而建立实践理性所主张的目的王国(理想)，即"人在共同法则下形成的一个和谐系统的主体间的联合体。"[②]理性引导下的组织建构，预示着组织朝着有可能成就人人作为实践主体的实践理性。具体地说，就是教师作为实践主体、感性活动的主体，在学校教育实践中所形成的正确认识自然事物与社会事务的本质，并在此基础上，合理妥善解决人与自然、人与社会、人与他人交往关系的能力。简言之，即教师使自己的社会实践有效的能力。也正源于此，学校组织变革的不同阶段，必定以实践主体的主要活动时空和内容——课堂教学作为学校育人价值提升的切入点和中心。以"主体性"教学为核心价值进行教学系统重建，以专业自主性激发为目的走向教师专业自治，进而激发教师的"主体性"。通过领导变革，人人成为学习共同体的"主人公"，最终实现学习共同体学校改造的变革目标。

关于行动。行动是指组织中的行动，是权力驱动下的变革决策或决定。权力是一种影响力，是一种行动者的行动能力。组织行动的动力主要受制于行动者的权力与组织规则。除了人际关系中的权力配置，还应从组织系统变革过程的视角把握学校组织变革不同阶段的权力的主要来源。诸如对组织与环境关系的控制、不可替代的职业技能与专业技能、信息的不对称以及对组织规则的利用等不同方面。[③] 整合好不同时期的权力关系与权力作用，并通过

---

① 石永泽.浅析康德哲学的理性概念——兼谈康德哲学的思想渊源[J].兰州学刊,2003(5)：27-29.

② 钱广华.重读康德的理性概念——德国古典哲学的一种现代意义[J].学术月刊,2002(10)：21-25.

③ 费埃德伯格.权力与规则——组织行动的动力[M].张月,等译.上海：上海人民出版社,2007：9-10.

建构相应的组织规则与制度,促进行动者"合作"与"交换",建立协作与信任关系,提升教师与管理者的行动能力,进而实现最大可能的"行动",致使教师全员参与行动并成为学校变革行动者。

关于策略。策略是指理性主导下基于决策实施中问题解决的组织运作。不同时期的学校变革策略是在"主体性"价值统筹下,根据组织变革的系统特征与阶段目标,结合组织面临的问题、条件与环境,兼顾策略实施过程中不断出现的新情况与新问题,进而保障改革主体的利益与学校改革目标实现。亟需把握组织变革策略实施中的具体规律:一是认识改革启动中学校组织环境、校长与学校组织三个要素之间动态化的关系;二是理解教学系统重建是基于教学行为方式转变的组织策略实施,旨在实现"主体性"教学价值;三是运用组织管理系统改进策略运行的三种机制,即组织控制与个体沟通相融的改进机制,规划与专业自主共生的改造机制,科层纪律与主体解放平衡的创新机制;四是掌握领导变革实施原理,变革实施中领导者与教师相结合的主体性原理,主观能动性与环境制约性相结合的效用性原理,组织变革的有机整体性与分系统变革的相对独立性相结合的和谐性原理。在分析变革策略的运行规律基础上,把握组织策略的整体性特征,以保障不同变革时期策略的科学性、可行性与关联性及其实施效果,进而实现系统策略效能最大化。

关于制度化。"制度化"一词兴起于社会学领域,有社会学家着重从行为模式的制度化解释,认为制度化就是协调和模式化行为,使其导向既定方向而非其他方向。社会学制度主义者詹姆斯·G.马奇等指出,制度的产生加上制度框架内行动者行为的模式化就完成了制度化。这就实现了行动者对解决冲突的机构或者集体决定之权威的认可。[①] 总之,从组织过程的层面与组织行为视角,制度化是组织控制和运行机制的模式化、程序化与规范化,进而实现组织成员行为的规制化、规范化与文化——认知一致性。制度化内涵理解前提下应把握制度化过程中具有基础性作用的三种生成机制[②],即基于回报递增的制度化、基于承诺递增的制度化与随着日益客观化而出现的制度化。基于回报递增的制度化,是以正反馈过程为基础的制度系统的形成与维持过程,侧重强调利益回报的激励;基于承诺递增的制度化则强调承诺与忠诚机制的

① 郁建兴,秦上人.制度化:内涵、类型学、生成机制与评价[J].学术月刊,2015(3):109-117.
② 斯科特.制度与组织——思想观念与物质利益[M].姚伟,王黎芳,译.北京:中国人民大学出版社,2010:130-135.

作用,承诺的核心要素包括规范与价值观、结构与程序以及个体与集体行动者。"从其最重要的意义来看,'制度化'就是向手头任务灌输技术要求之外的价值观"①,使行为进入一种规范秩序,以及使行为成为其自身历史的"人质"。② 即强调身份的作用,强调我(们)是谁,这种情境中我(们)适当的行为方式应当是什么;随着日益客观化而出现的制度化,是以共同信念的日益客观化在制度中起着重要作用为基础。客观化是指行动者在社会互动过程中产生的各种意义,相对于行动者而言日益成为外在于行动者的事实的过程。即强调"这些事情应该如何被完成"的"最好的实践",组织成员在向他者——新一代的扩散过程中,制度世界的客观性"日益浓厚和固化"。回顾案例学校组织系统变革实践,以上制度化的三种机制在案例学校的变革历程中都不同程度地被运用,并各有侧重。X 学校侧重承诺递增的制度化机制,如学校"五环节"自主管理流程与"薪酬四选"制度中强调的"自我管理者"与"自我领导者"身份认同与承诺等。C 学校"三横六纵一个圆"结构职能转变中,注重教师专业评价与绩效薪酬挂钩的激励制度,属于侧重回报递增的制度化机制。G 学校则偏向于日益客观化而出现的制度化生成机制,如学校统使用学校编写的学习指导手册,"一制三权"校长负责制与"1+1+1"议事规则等,旨在强调"学校里这些事情应该这样做"的客观实在性。

学校组织变革演进逻辑不仅是从实践中归纳与建构理论的尝试,而且提供了理论与实践之间交互转化的新视角,促使我们以理论反观实践并有所启示。

(二)课堂教学改革引发学校组织变革演进逻辑的启示

第一,学校组织变革应以教学"理性"探究为起点。以理性探究为起点而不是权力驱动的变革逻辑,为那种普遍存在的来自学校外部行政驱动、自上而下的学校改革未能真正改善教学和促进学业质量提升的教育变革提供了新的思路和经验,显示了课堂教学改革引发学校组织变革这种自内而外的学校组织变革模式的正当性与有效性。课堂教学作为学校技术的核心,直接体现着"培养什么样的人"的学校育人价值与目标。通过改变教学行为方式,进而改

---

① SELZNICK, PHILIP. Leadership in administration[M]. New York: Harper & Row, 1957: 16-17.

② SELZNICK, PHILIP. The moral commonwealth: social theory and the promise of community [M]. Berkeley: University of California Press, 1992:232.

变管理方式与领导方式,也是学校"怎样培养人"思路与策略的根本体现。由此,"主体性"教学价值势必会成为学校组织变革的价值导向与核心,与管理系统改进实现教师专业自治的实践理性、领导变革的学习共同体的学校改造的价值追求相辅相成。由于组织变革的出发点与落脚点是课堂教学改革,师生的主体性及其教学行为方式转变成为其他分系统变革的根本指向,这是系统变革及其效能提升的基础。

第二,领导者的重要职能应是培养行动者。领导者应当在引领、合作与示范中培养行动者,促使教师人人成为领导,成为自我管理者,而不仅仅是将有行动能力的人置于改革的前沿。校长首先要完成"学习导向"领导角色转变,领导者首先是一个学习信奉者、行动研究者、教育思想和理念引领者。领导者应遵循"促进合作与学习"是领导与管理的关键的变革指导思想,营造教师合作的学校氛围,注重在问题解决中培养教师的变革行动能力。领导要成为学习与变革示范者,树立"领导即变革实践"的领导观,保持开放与积极的心态,创新思维方式,进而使专业影响力与道德领导力成为学校权威的主要来源,促进教师人人成为教学变革领导。这是学校组织变革的关键。

第三,把握组织系统变革策略之间的关系。由于策略是基于组织变革各系统之间要素矛盾及问题的解决,所以,理应重视学校环境之间的关系、各系统变革要素之间的相互影响,把握教学系统重建过程、管理系统改进机制与领导变革实施原理等,并促使各系统策略之间相互协调、相互促进。例如,课堂教学改革的启动阶段,学校环境关系改变,学校需要化解外部环境干扰,降低不确定性,通过环境管理策略加强环境输入,以取得专业支持、肯定与认同。领导变革阶段,学校则强化输出,赢得赞誉和信任,拓展学校与教师成长与发展的空间,学校因此逐步摆脱了改革启动初期的种种局限与束缚,致使变革有效持续。这是学校组织变革的重要支撑。

第四,认识"学习"之于组织变革的新意义。"学习"之于组织变革的新意义不仅仅是对"为什么要走向学习共同体学校改造"这一组织变革理性的回应,而且是对组织变革逻辑"理性→行动→策略→制度化"过程中"认知干预"与"组织建构"的实践反思。组织不仅仅是结构、机制与制度意义上的组织,也是组织成员的组织,是行动者的组织。组织变革的实质是组织"学习",即组织成员的"学习"。一定意义上说,组织变革的成功,应是组织成员进入一种"学习"状态。这意味着教师对教育现象新的观察方式的习得,重新认识自己在组织中的实际状况、组织的环境与条件以及能够动用的资源,重新理解自己所从事的教育教学工作,保持一种积极开放的心态,重新对具体情况进行领悟,把握新的机遇和新的可能性,并适时作出新的决定、采取有效的行动,在与他人的合作与交流中促进自己成功与成长。学校理应树立"变革发展"组织观,在不确定性中把握确定性,致力于自主、合作与探究的教学方式转变,强化专业自治,营造信任与合作的组织氛围,促进组织健康持续地"学习""成长""变革"。这是学校组织变革持续深化的有力保障。

第二节　课堂教学改革何以引发学校组织变革

课堂教学改革何以引发学校组织变革分析旨在回答课堂教学改革是怎样引发学校组织变革的,即通过哪些关键因素及其作用引发及其实施原则是什么。以上学校组织变革演进的逻辑,是组织变革过程维度的历时性分析,揭示了课堂教学启动促使教学系统重建、教学系统重建引发组织管理系统改进、组织不同层面的变革对组织的影响引发了领导变革的演进规律。在以上变革实践及其演进分析的基础上,还需探讨课堂教学改革引发学校组织变革不同时期系统重建的价值、目标、策略与影响这四个关键因素之间的关联性,以揭示课堂教学改革引发学校组织变革的要素之间的相互作用及其实施原则。

一、课堂教学改革引发学校组织变革关键因素相关性分析

前文(第二、三、四、五章)各个分系统变革之间的关系分析发现,课堂教学改革引发学校组织变革的关键在于课堂教学改革与其他分系统变革中四个关键因素的高度相关性,主要体现在价值统领、目标递进、策略关联、影响交互四个方面。

（一）价值统领

课堂教学改革引发学校组织变革过程中各个分系统变革是在"主体性"价值统领下的系统变革。具体体现在:

第一,"主体性"价值引领课堂教学改革。各学校确立了"应把课堂还给学生、赋予学生学习的主体性、提升育人价值"教学改革理念,以教学模式重建为切入点,通过"主体性"价值引领促使教师在反思中转变观念,在尝试、模仿与实验中启动改革。

第二,"主体性"教学价值引领教学系统重建。教学系统重建过程中,通过

"主体性"教学模式建构与"自主、合作与探究"教学行为方式转变,师生"主体间"教学关系得以重建,问题式教研活动、教研组建制化、与班级自主管理转型致使教师教学自主性激发,进而实现"主体性"价值重建。

第三,主体教育管理观主导的管理系统改进。管理系统改进旨在促使科层制与专业自治的和谐,学校通过结构转变、管理流程改造、学校制度创新等策略实施,使教师成为教学决策者、评价者、督查者和反馈者,赋予师生参与学校决策权、重大事务管理权,促使教师成为自我管理者、成为责任的典范和追求卓越的研究者和教学专家,保障了教师专业自主性发挥。

第四,"主体性"价值引领下的领导变革。领导变革是学校系统改造与领导者自身改造相统一的过程,领导变革过程中,领导者角色转变,领导者权威扩大,充分发挥其自身专业与道德影响力,行动示范与理念引领中领导者的主体性得以发挥。通过向教师和管理者授权与分权,改变了下属关系中的影响力,促使管理者与教师"主体性"充分发挥,教师与管理团队自主发展。通过学校"自主与尊严""反思与规则""责任与卓越"变革文化营造,促使教师人人成为学校的主体,学校效能与信用提升,在引领与改造环境中提升了学校的"主体性",学校环境"主体间"关系得以改善。

(二)目标递进

学校组织变革过程建构了一个教师教学行为转变、组织管理方式转变、实现学习共同体的学校改造的目标体系,其目标递进体现在:

第一,从课堂教学改革启动的教学行为方式转变,到教学系统重建的"主体性"教学价值实现。改革从教学行为转变提升为教学目标与价值转变,是第一次目标递进。

第二,从教学系统重建到管理系统改进,即实现教师专业自治与科层制和谐的管理目标,改革从教学价值转变提升到组织管理目标与方式转变,是第二次目标递进。

第三,从组织管理方式转变提升到领导变革,领导职能转变、学校文化转型与学校效能提升,促使学校组织系统变革目标实现,是第三次目标递进。

显而易见,以上形成的以课堂教学改革为出发点,围绕师生教学行为方式转变、组织管理方式转变、领导变革,进而促进人、学校组织与环境和谐发展的层层递进、相互促进的目标系统,是一个从个体到群体进而抵及组织整体变革的最深处——学校文化重塑的系统性变革。分系统目标的递进关系致使组织变革策略也随之呈现了高度关联的态势。

（三）策略关联

策略关联不仅体现在策略内容的密切关联，而且是共同价值主导下的组织变革策略系统。

第一，策略所针对问题的密切关系致使多项策略之间高度关联。综观组织变革的历程，根据不同分系统变革的目标，不同层面各有侧重的焦点问题与策略：启动阶段，学校针对"怎样进行教学行为转变"问题，以教学模式建构为主策略；教学系统重建阶段，学校针对"怎样使教学行为转变常态化进而实现教学改革主体性价值"问题，以教学模式实施推广、班级自主管理转型、教研活动强化、教研组建制化为主策略；管理系统改进阶段，学校针对"怎样促使教学改革运行制度化、程序化"问题，以组织结构及职能改进、管理流程改造与学校制度创新为主策略；学校领导变革中，基于"如何使教学文化沉淀为组织文化"问题，以领导者理念引领与行动示范策略、权力调整与学校文化重塑为主策略。显而易见，各系统策略之间的关联性表现为：前者对后者施以价值影响，是后者的实践基础并为后者提供了决策依据；后者为前者提供了强有力的组织保障，是对前者组织需求的回应。

第二，从策略的价值导向看，"主体性"价值贯穿并主导了课堂教学改革启动、教学系统重建、管理系统改进、领导变革各系统变革的策略。例如，"主体性"价值主导并贯穿于校长行动示范与学校理念引领策略、权力调整策略、组织文化营造等领导变革策略。贯穿于备课组建制化策略、班级自主管理转型等教学系统重建策略；管理系统改进中，结构改进策略、管理流程再造策略、与学校管理制度创新策略都以凸显教师的专业自主性为价值主导，皆是对权力、责任与利益再分配进而激发教师"主体性"发挥的策略。

综上，课堂教学改革引发学校组织变革中，分系统变革所聚焦的问题高度相关致使系统策略密切关联，是"主体性"价值统领下的系统策略，这些高度关联的组织策略极大地促使学校教学、管理与领导等系统变革动力凝聚，为学校系统变革运行提供了源源不断的内生力量。

（四）影响交互

影响交互是指各分系统变革的组织影响及其相互作用。主要体现在各个分系统变革的组织影响相关联。

第一，改革启动与教学系统重建之间交互影响。一方面，课堂教学改革启动建构了新的教学模式，为教学系统重建提供了实践的基础。另一方面，基于启动中亟需"主体性"教学行为方式与价值转变的问题解决,学校施以教学管理的系统策略,促使教学系统重建。

第二,教学系统重建与学校管理系统改进之间相互影响。一方面,管理系统改进是基于教学系统重建中怎样激发教师的专业自主性的组织要求。例如,明确教学系统重建在学校组织发展中的战略定位与使命,创设有利于教学改革与管理的部门设置、职能划分与制度设计,完善评价激励机制等。这势必促使管理系统改进中教师专业自治与科层制和谐目标确立。另一方面,教学系统重建中师生主体地位诞生,决定了学校管理系统改进实践的"教师是自我实现人"假设,促使管理系统改进的主体教育管理观确立与教师专业自治目标转型。

第三,教学系统重建与领导变革之间相互影响。教学系统重建过程提升了校长学术领导力,促进了领导者角色转变。"主体性"价值观进一步明确了学校领导变革指向。领导变革为教学系统重建施以理念引领与行动示范,通过"主体间"权力赋予及其关系改变,营造了有利于"主体性"教学价值实现的组织氛围。

第四,组织管理系统改进与领导变革之间的相互影响。一方面,领导变革为管理系统改进提供了学校管理变革的理念与路径。诸如,权力服务于责任、人人都有建构规则的权力、重建学术权威等,这些价值引领有效地协调了管理系统改进中的冲突,通过领导变革中的权力调整策略改变了管理关系中的权威类型。另一方面,管理系统调整目标实现营造了有利于师生自主发展的组织环境,为领导变革提供有力的组织基础与制度保障,极大地促进了学校文化重塑及学校效能提升。

以上这些关键因素之间形成的价值统一、目标递进、策略关联、影响交互的关系特征,促使"主体性"价值彰显,致使课堂教学改革引发学校组织系统变革有效、持续与深入,进而促使学校整体性转变。

二、推进课堂教学改革的学校组织变革实施原则

推进课堂教学改革的学校组织变革实施原则,旨在在对价值、目标、策略与影响四个关键因素关系分析的基础上,概括其运行的基本规律,以使理论与实践相结合。其主要原则有三个,以课堂教学改革为核心构筑阶段目标体系,为满足课堂教学改革的需求设计系统关联策略,以课堂教学改革价值观为核心重塑学校文化。具体阐述如下:

（一）以课堂教学改革为核心构筑目标体系

学校组织变革的实践及其理论分析发现，为使课堂教学改革与组织变革能够持续有效，关键在于围绕课堂教学改革运用系统思维进行"目标体系构筑"，即基于课堂教学改革的本质从三个维度——教学行为方式转变、教学管理过程转变与教学文化创新构筑阶段目标体系。体系构筑有助于我们从时间、空间与环境条件等多维视角，兼顾个体、群体与组织整体的行动，以理清不同阶段的主要矛盾问题，把握矛盾的主要方面及其具体问题，进行科学决策与目标制定，并辅之以相应的策略。在此基础上，分析系统变革策略实施中的组织影响，并结合不断变化的情况适时调整计划。目标体系构筑促使各阶段目标既保持了各自的相对独立性，又形成了一个层层递进的目标系统。由于目标呈现出系统性，而策略实施是基于目标、发现问题并解决问题的过程，自然促成了系统策略之间的相关性。学校组织变革应围绕"教学行为转变"的问题解决，构筑教学系统重建关于"如何推进教学行为转变"目标、管理系统改进关注"如何使教学转变过程组织化与制度化"。目标、领导变革旨在实现"如何使教学文化沉淀为组织文化"、改变教师的职业"惯习"目标，进而形成以课堂教学改革为核心的目标体系。

（二）为满足课堂教学改革需求设计系统关联策略

围绕课堂教学改革的需求设计系统关联策略，即针对课堂教学改革实施中的问题与需求进行教学系统重建、管理系统改进、领导变革系统策略的关联设计。关联设计旨在消解系统策略之间的冲突与内耗，以促使不同阶段各系统策略之间改革力量的整合。关联设计除了考虑同一系统中"目标、策略与影响"等关键因素之间的关联，还要兼顾与其他系统中因素之间的关系，尽可能化解因素冲突，以保持系统之间的协调与相互促进。关联策略设计与实施关键在于兼顾分系统策略的组织影响、分系统变革策略之间的呼应与转化。换言之，某一个系统策略实施的影响应成为另一个系统策略确定的主要参考和依据，以促使分系统策略在交互影响中能够持续"接力"，集聚来自"理性主导"与"实践需求"的双重力量，以利于变革中问题与困难化解，促使科层制与专业自治之间协调与沟通，各种变革力量得以整合。

（三）以课堂教学改革的价值观为核心重塑学校文化

坚持以课堂教学改革的价值观为核心重塑学校文化的原则就是将教学改革所倡导的"主体性"价值观渗透深化到学校组织系统的各个方面。学校变革实践中,随着"主体性"教学价值与目标实现,管理系统改进旨在激发教师主体性、实现专业自治实践转型,学校随之确立唤醒自主意识、培养自主能力强化自主精神的办学理念。显而易见,学校组织变革是"主体性"价值观与信念主导下的变革系统重建。"主体性"价值成为学校组织文化重塑的核心是从三个方面植入的:行为层面,包括"主体性"教学行为、管理方式和领导方式;信念与价值观层面,"主体性"教学观、"主体"教育管理观与"变革性实践"的领导观;认知与假定层面,人的假定,即能够自主发展的人。学校质量的假定,学校质量不仅仅指学业成绩,而是自主学习能力与正确的学校理念。权力的假定,权力即影响力,学校中权威主要来源于人的"主体性"即自主性、主动性与创造性行动——专业权力与参照权力。课堂教学引发的学校组织变革理应是"主体性"价值观主导下的体系构建。换言之,也只有课堂教学改革的核心价值观能够渗透到学校组织的方方面面,或者说,教学改革价值观与学校组织变革的价值观和谐一致,学校变革才可能发生或者正在发生。否则,就像普遍存在的"热潮型"课堂教学改革那样,课堂教学改革由于缺乏来自组织的基础性力量与支撑,或者未能引起组织管理与组织氛围的变化最终遭遇"短命"的下场。显而易见,围绕课堂教学改革的目标体系构筑、策略关联设计与主体性价值引领,在相互依赖、相互促进中形成了课堂教学改革引发学校组织变革的整体性合力,势必促使组织系统之间更深更广的"促进与变化",直至学校组织系统整体转型。

第三节 课堂教学改革引发学校组织变革的模型

建构课堂教学改革引发学校组织变革的模型,旨在从动态生成的视角,运用理论与实践相结合的方法,综合学校组织变革的局部与系统、过程与内容、策略与方法,并在此基础上概括组织变革的一般规律,提炼组织变革的实践智慧。

一、课堂教学改革引发学校组织变革模型建构

(一)"漩涡"模型隐喻

课堂教学改革引发的学校组织变革就像漩涡形成及其运动的过程,漩涡的中心是课堂教学改革。校长运用权威启动课堂教学改革,开始形成漩涡。随着改革启动,一系列新目标及其问题相继出现,组织变革的策略应对紧随其

后,不断形成的持续变革的力量引致教学系统重建、学校管理系统改进、学校领导变革,最终促使组织系统变革与组织效能提升。为便于刻画组织变革系统的运行,以下用漩涡俯视图来建构课堂教学改革引发学校组织变革模型。

(二)模型构图

课堂教学改革引发学校组织变革的模型是一个漩涡俯视图。如下图6-1课堂教学改革引发学校组织变革的模型所示:

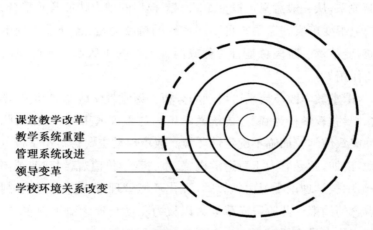

课堂教学改革
教学系统重建
管理系统改进
领导变革
学校环境关系改变

图6-1 课堂教学改革引发学校组织变革的模型

模型说明:以课堂教学改革为中心,自内向外的五个同心环线依次为课堂教学改革、教学系统重建、管理系统改进、领导变革、学校环境关系改变。其动态演进过程为,其一,课堂教学改革启动,教学行为与育人理念转变、学校环境管理强化、学校环境关系发生改变。其二,基于课堂教学改革教学系统重建,"主体性"教学行为转变与育人价值确立,课堂教学改革启动期进入教学系统重建阶段。其三,教学系统重建的专业化诉求催生组织结构、管理流程与学校制度改变,实现了教师专业自治与科层制和谐,管理系统得以改进,教学系统重建引发学校管理系统改进。其四,领导角色转变,领导力及其与下属关系改变,教师团队发展,组织文化重塑,学校组织系统整体性改造,学校效能提升与环境超越。其五,学校环境关系改变,由于学校组织整体转型、效能提升,促使学校环境关系改善。由此,形成了由内向外的漩涡式组织系统变革的演进过程。

伴随课堂教学改革启动期、教学系统重建期、管理系统改进与领导变革不同时期,教学行为模式化的惯性、管理改进制度化、领导力转化等力量从不同层面、不同角度、不同程度地发挥作用,不断凝聚为驱动组织系统变革的持续力量。

二、课堂教学改革引发学校组织变革模型动力分析

课堂教学改革引发学校组织变革模型动力分析旨在揭示学校变革实践中的力场及其力量作用,主要关注组织系统变革运行过程中的动力来源,以及它们之间的关系,从一般意义上概括组织变革模型的动力特征及其整合方式。

学校组织变革实践需要来自不同系统的持续力量,各分系统变革依赖的力量不同,变革每一阶段总是有一种或两种主要的矛盾运动所产生的力量发挥着重要作用。

第一,课堂教学改革启动阶段动力分析。课堂教学改革启动中,学校面临教学观念制约、教学行为痼习、传统教学组织与管理的束缚,以及因此引起的风险与冲突致使学校面临不确定性环境。改革启动主要得益于学校领导的决策与行动,诸如,领导着力于营造危机感、重树教学价值观、组建改革团队培养行动者,组织教学理论学习引领教师,强化环境管理等,进而打破了制度环境与传统观念的约束。此阶段变革动力以权力驱动与理念引领为主,组织策略转化和制度化力量为辅。

第二,教学系统重建阶段动力分析。教学系统重建过程中,学校主要面临因教学行为方式转变引发的相关问题与矛盾,"主体性"核心价值观引领下,围绕教学行为转变与教学改革目标,学校采取的策略包括,教学管理及其制度改变、确立新的教学目标与教学文化、班级管理转型与教学关系重建、改变评价制度、教研活动系统化与教研组建制化等。此阶段理念引领与组织策略转化发挥主要力量,权力驱动与制度化为辅助力量。

第三,管理系统改进阶段动力分析。管理系统改进中,学校在主体教育管理观引领下,针对教学重建的组织诉求与问题解决,学校强化授权、分权与放权,通过组织结构转变、管理流程改造与学校管理制度创新等学校组织管理转型策略,为教学系统重建提供了强大的组织力量,并通过策略的制度化保障了教学系统与管理系统的有序与稳定。此阶段制度化与组织策略转化是主要力量,理念引领与权力驱动是辅助力量。

第四,领导变革阶段动力分析。学校通过权力再分配和管理制度完善,进一步整合了来自人、组织与环境的各种力量,完善固化改革成果,运用多种制度化机制,进行文化重塑与环境改造,促进学校观念、价值观与组织行为的一

致性。同时,学校采取强化输出策略,促使环境为组织发展提供支持,学校环境关系进一步改善。此阶段权力驱动与制度维系是主要力量,理念引领与组织策略转化为辅助力量。

综上,学校组织变革的动力可以归纳为理念引领、权力驱动、组织策略转化、制度维系四种力量的整合,如下图6-2 课堂教学改革引发学校组织变革模型动力分析所示:

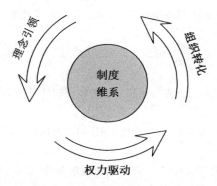

图6-2　课堂教学改革引发学校组织变革模型动力分析

其中,制度维系是纽带,处于其他三种力量中间,不断地调和、聚拢与稳固着三种力量,像涡轮的轴心一样起着重要的加固支撑作用。从学校组织变革整体性视角,漩涡模型运行依赖组织不同层面的四种力量,这是四种力量在"主体性"价值主导下、在变革的不同时期不同程度地发挥着引领、驱动、策略转化与固化的作用,通过局部的模式化、程序化与制度化,最终促使学校组织文化重塑。从变革阶段的局部视角,随着理念引领、权力驱动与组织策略转化三种力量的凝聚,不同阶段都实现了不同层面的制度化。教学系统重建实现了教学行为模式化,教学行为方式得以转化。管理系统改进促使组织结构扁平化、管理流程科学化与程序化、校长负责制创新。领导变革阶段,领导角色转变中领导行为方式及其风格改变,权力调整改变了学校人际关系和教师行为方式,学校文化得以重塑,学校环境关系得以改善。以上行为方式、管理关系与学校文化的改变意味着学校组织整体转型,组织变革得以制度化。

参考文献

[1] 沙因. 组织文化与领导力(第四版)[M]. 章凯,罗文豪,朱超威,等译. 北京:中国人民大学出版社,2014.

[2] 费埃德伯格. 权力与规则——组织行动的动力[M]. 张月,等译. 上海:上海人民出版社,2007.

[3] 克罗齐耶,费埃德伯格. 行动者与系统——集体行动的政治学[M]. 张月,等译. 上海:上海人民出版社,2007.

[4] 达林. 理论与战略:国际视野中的学校发展[M]. 范国睿,主译. 北京:教育科学出版社,2002.

[5] 伯克. 组织变革:理论和实践[M]. 燕清联合组织翻译. 北京:中国劳动社会保障出版社,2005.

[6] 学会生存:教育世界的今天和明天[M]. 联合国教科文组织总部中文科,译. 北京:教育科学出版社,1996.

[7] 冯大鸣. 美、英、澳教育管理前沿图景[M]. 北京:教育科学出版社,2004.

[8] 皮尔森. 文化战略[M]. 刘利圭,蒋国田,李维善,译. 北京:中国社会科学院,1992.

[9] 卡斯特,罗森茨韦克. 组织与管理:系统方法与权变方法[M]. 傅严,等译. 北京:中国社会科学出版社,2000.

[10] 孔茨,韦里克. 管理学(第十版)[M]. 张晓君,等编译. 北京:经济科学出版社,1998.

[11] 霍伊,米斯克尔. 教育管理学:理论 研究 实践[M]. 范国睿,译. 北京:教育科学出版社,2007.

[12] 霍尔,霍德. 实施变革:模式、原则与困境[M]. 吴晓玲,译. 杭州:浙江教育出版社,2004.

[13] 欧文斯. 教育组织行为学——适应型领导与学校变革(第8版)[M]. 窦卫霖,温建平,译. 北京:中国人民大学出版社,2007.

[14] 哈里斯. 分布式领导:不同的视角[M]. 冯大鸣,译. 上海:上海教育出版社,2012.

[15] 殷. 案例研究:设计与方法(第四版)[M]. 周海涛,李永贤,李虔,译. 重庆:重庆大学出版社,2004.

[16] 克雷斯威尔. 研究设计与写作指导:定性、定量与混合研究的路径[M]. 崔延强,主译. 重庆:重庆大学出版社,2007.

[17] 富兰. 变革的力量——透视教育改革[M]. 中央教育科学研究所,加拿大多伦多国际学院,组织翻译. 北京:教育科学出版社,2004.

[18] 富兰. 教育变革新意义[M]. 赵中建,陈霞,李敏,译. 北京:教育科学出版社,2005.

[19] 富兰. 变革的挑战:学校改进的路径与策略[M]. 叶颖,高耀明,周小晓,译. 北京:北京大学出版社,2013.

[20] 斯科特,戴维斯. 组织理论:理性、自然与开放系统的视角[M]. 高俊山,译. 北京:中国人民大学出版社,2011.

[21] 萨乔万尼. 道德领导:抵及学校改善的核心[M]. 冯大鸣,译. 上海:上海教育出版社,2002.

[22] 霍伊,米斯克尔. 教育管理学:理论·研究·实践[M]. 范国睿,译. 北京:教育科学出版社,2007.

[23] 吴遵民,李家成. 学校转型中的管理变革——21世纪中国新型学校管理理论的构建[M]. 北京:教育科学出版社,2007.

[24] 吴志宏,冯大鸣,魏志春. 新编教育管理学(第二版)[M]. 上海:华东师范大学出版社,2008.

[25] 杨小微,刘良华. 学校转型性变革的方法论[M]. 北京:教育科学出版社,2011.

[26] 杨小微. 全球化进程中的学校变革:一种方法论的视角[M]. 上海:华东师范大学出版社,2004.

[27] 叶澜. 新基础教育论:关于当代中国学校变革的探究与认识[M]. 北京:教育科学出版社,2006.

[28] 科特. 领导变革[M]. 徐中,译. 北京:北京机械工业出版社,2015.

[29] 查有梁. 教育建模[M]. 南宁:广西教育出版社,2001.

[30] 郑燕祥. 教育领导与改革:新范式[M]. 上海:上海教育出版社,2005.

[31] 裴娣娜. 教学论[M]. 北京:教育科学出版社,2007.

[32] 辛鸣. 制度论——关于制度哲学的理论建构[M]. 北京:人民出版社,2005

[33] 蔡宝来. 教学改革基本理论研究:问题域、进展及走向[J]. 教育研究,2008(12).

[34] 操太圣,卢乃桂. 论学校组织变革中的教师认同[J]. 华东师范大学学报,2005(03).

[35] 崔波. 以教师专业发展为导向的学校组织变革研究[J]. 教学与管理,2010(24).

[36] 李春玲. 我国学校组织变革研究现状及展望[J]. 华东师范大学学报,2006(09).

[37] 李春玲. 国外学校组织变革研究进展[J]. 全球教育展望,2007(04).

[38] 李伟胜. 学校组织变革中的教师团队[J]. 教育发展研究,2006(21).

[39] 龙君伟. 新课程与学校组织变革[J]. 教育理论与实践,2003(19).

[40] 陆云泉. 以教学方式变革为导向的学校组织变革的策略选择[J]. 中小学管理,2013(09).

[41] 卢乃桂,李晓雷,黎万红. 西方变革领导理论对中国教育改革的启示[J]. 复旦教育论坛,2010(05).

[42] 吕蕾,王晓玲,陈丽,胡荣堃. 学校组织变革:来自322位北京高中校长的判断与思考[J]. 中小学管理,2013(08).

[43] 孙友林,廖辉. 学校变革中的校长领导策略[J]. 乐山师范学院学报,2009(11).

[44] 郜雨峰,王红岩.学校组织变革的范式研究[J].教育教学论坛,2012(37).

[45] 王富伟.个案研究的意义和限度[J].社会学研究,2012(05).

[46] 杨季兵.近三十年教学价值观研究述评[J].中小学管理,2010(04).

[47] 杨小微.转型中的学校组织变革与制度[J].基础教育,2006(03).

[48] 张新平.校长角色转型研究——基于伯恩斯变革型领导理论的思考[J].教育发展研究,2008(5-6).

[49] 张兆芹.学校变革与发展的理论策略和分析[J].教育发展研究,2004(11).

[50] 赵英超.领导本质演化逻辑及其变迁启示[J].湖北文理学院学报,2016(03).

[51] 钟晨音,刘迎春.基础教育课程改革与学校组织变革[J].浙江师范大学学报(社会科学版),2007(06).

[52] 朱丹.建设现代学校制度的思考与探索[J].河南教育,2011(04).

[53] 朱炜.强化校长的文化领导力:学校组织变革的成功之道[J].教育发展研究,2013(24).

[54] 佐藤学.学校再生的哲学——学习共同体与活动系统[J].钟启泉译.全球教育展望,2011(03).

[55] 范国睿.多维视野中的学校及其变革[J].教育发展研究,2004,(10).

[56] 冯大鸣.美英澳教育领导理论十年(1993—2002)进展述要[J].教育研究,2004(03).

[57] 楚旋.基础教育改革背景下的学校改进范式研究[D].北京:北京师范大学,2011.

[58] 费蓉英.学校组织变革进程中校长干预行为的研究——以上海市一所小学为个案[D].上海:华东师范大学,2006.

[59] 龚厚忠.试论新课程推行中的学校组织变革[D].武汉:华中师范大学,2006.

[60] 李春玲.理想的现实建构:政府主导型学校变革研究[D].上海:华东师范大学,2007.

[61] 吴刚.工作场所中基于项目行动学习的理论模型研究——扎根理论方法的应用[D].上海:华东师范大学,2013.

[62] 王红岩.课程改革推进中的学校组织变革研究——以一所小学为个案[D].长春:东北师范大学,2012.

[63] 王应玉.教学方式变革中的学校组织理论与实践研究[D].西安:陕西师范大学,2014.

[64] 王有升.理念的力量——基础教育学校改革的社会学研究[D].上海:华东师范大学,2004.

[65] 任琳琳.学校变革发生机制研究[D].长春:东北师范大学,2011.

[66] 于学友.学校组织变革研究[D].北京:北京师范大学,2009.

[67] 张立新.当代我国学校内部组织变革研究[D].上海:华东师范大学,2007.

[68] 张水玲.社会转型期我国公立中小学组织变革研究[D].杭州:浙江师范大学,2002.